Stakeholder Capitalism

利益相关者

［德］克劳斯·施瓦布（Klaus Schwab）
［比］彼得·万哈姆（Peter Vanham） 著
思齐 李艳 译

中信出版集团 | 北京

图书在版编目（CIP）数据

利益相关者 /（德）克劳斯·施瓦布，（比）彼得·
万哈姆著；思齐，李艳译 . -- 北京：中信出版社，
2021.6
书名原文：Stakeholder Capitalism
ISBN 978-7-5217-3027-2

Ⅰ. ①利… Ⅱ. ①克… ②彼… ③思… ④李… Ⅲ.
①世界经济—经济可持续发展—研究 Ⅳ. ① F11

中国版本图书馆 CIP 数据核字（2021）第 056571 号

本书仅限中国大陆地区发行销售

利益相关者

著　　者：[德]克劳斯·施瓦布　[比]彼得·万哈姆
译　　者：思齐　李艳
出版发行：中信出版集团股份有限公司
　　　　　（北京市朝阳区惠新东街甲 4 号富盛大厦 2 座　邮编　100029）
承 印 者：河北鹏润印刷有限公司

开　　本：880mm×1230mm　1/32　　印　张：12.25　　字　数：308 千字
版　　次：2021 年 6 月第 1 版　　　　印　次：2021 年 6 月第 1 次印刷
京权图字：01-2021-2872
书　　号：ISBN 978-7-5217-3027-2
定　　价：79.00 元

目　　录

进步和问题的驱动因素

利益相关者模式

2020年2月初的一天，我在日内瓦，正与一位同事相对而坐，讨论这本书。这时，我办公室的电话响了。事实证明，正是这一时刻堪称开启了人类历史的一个新纪元——新冠纪元前（AC）与新冠纪元后（BC），人类的关注点就此从新冠肺炎疫情暴发之前的时代转向新冠肺炎疫情暴发后的现实。

在接到那通电话之前，我和同事一直在致力于研究世界经济发展所面临的长期挑战，比如气候变化、不平等问题。自二战结束至今已有75年时间，自世界经济论坛成立至今已有50年时间，我对于在此期间所建立的全球经济体系进行了深入思考，探究当前我们这个全球化世界的优势、弊端以及需要进行的权衡等，思索在未来50年或75年里我们需要对该体系做出何种改变才能确保它对后代而言更公平、更可持续、更具韧性。

但就因这通电话，这一长期议程被彻底颠覆了。我开始将研究焦点转移，转向我们所有人——生活在这个地球上的每个国家的每个人所即将面临的直接危机。

位于电话那端的是世界经济论坛北京代表处的负责人。通常情况下，这类通话所探讨的都是一些常规事务，让我有机会了解那些既定倡议和计划的进展情况。但这次不同往常。这位负责人打电话给我，是为了向我汇报那个冬季对中国造成猛烈冲击的一场大流行病——新冠肺炎疫情的情况。这种会引发严重呼吸道疾病的新型冠状病毒，最初仅出现在武汉市内，但后来迅速蔓延，发展成为一场全国性的公共卫生事件。据我们在北京的同事解释，因为当时正值中国的春节期间，北京大部分人口都回到位于全国各地的家乡庆祝春节。春节过后，各地人员返京加剧了病毒的蔓延，北京最终采取了封禁措施。

我的同事冷静地向我说明了一些客观情况，解释了封禁措施对于我们的员工以及机构的运营来说究竟意味着什么。尽管如此，从他的声音中，我还是能感觉到他非常担心。他的家人，甚至是出现在他生活中的每一个人都受到了影响——他们都面临着被感染的危险，受到封禁措施的限制。当局采取了强力的防控措施。员工被迫无限期在家办公，想要走出家门都有严格的条件限制。一旦有人出现疑似感染症状，就要立即接受病毒检测，同时会被隔离起来。然而，即便是采取了如此强力的防控措施，也无法保证这一威胁人类健康的病毒能够得到控制。疫情蔓延得如此之快，人们即使待在家里，也不免担心会感染病毒。与此同时，从医院传出的消息是，这种疾病来势汹汹，难以治愈，给医疗卫生系统造成了极大的压力。

在瑞士，早在2020年1月下旬世界经济论坛年会举办时，我们就已经对导致这场新冠肺炎疫情的新型冠状病毒有所耳闻。在年会上，当来自亚洲的参会者以及那些主要业务活动在亚洲的参会者探讨公共卫生领域的问题时，该疫情便成为一个话题点。但我一直寄希望于这场疫情持续的时间不会太久，扩散的范围不会太广，就像当年的SARS（严重急性呼吸综合征，也被称为"非典"）疫情和MERS（中东呼吸综合征）疫情一样得到控制，寄希望于它不会对我的同事、朋友和家人的生活造成影响，直到我接到那通电话。

这通电话改变了我对全球公共卫生威胁的理解。在随后的几天和几周里，我停止了这本书的创作工作，整个世界经济论坛都进入了危机模式。我们成立了一个特别工作组，要求所有员工在家办公，并且集中全部力量协助应对此次国际紧急事件。所幸我们的行动还不算太晚。一周后，疫情就蔓延至欧洲，迫使欧洲大部分地区实施封禁；几周后，包括美国在内的世界上大部分地区都陷入类似的境地。在接下来的几个月里，数百万人失去了生命或重病住院，上亿人失去了工作或收入，还有无数企业和政府或已经破产，或名存实亡。

我于2020年秋写下这篇序言。此时，第一波新冠肺炎疫情导致的全球紧急状态已经基本消退，但新一波感染浪潮使世界再次进入高度警戒状态。世界各国正谨慎地恢复社会生活和经济活动，但经济复苏非常不均衡。中国是首批结束封禁、恢复商业运营的主要国家之一，甚至有望在 2020 年全年实现经济增长。与之相比，在世界经济论坛其他的办公室所在地——日内瓦、纽约、旧金山和东京，公共生活虽已部分恢复，但形势还非常不稳定。在世界各地，许多人失去了生命和生计；数十亿美元被消耗，以维持人们的生活以及企业和政府的运转；原有的社会分歧有所加剧，同时又有新的分歧显现。

截至目前，随着最初的危机逐渐退去，包括我自己在内的许多人都开始意识到，这场大流行病及其带来的影响与我们已经识别出的现有全球经济体制存在的问题有着深刻的联系。这一想法将我带回 2020 年 2 月接到那通从北京打来的电话之前，我正在与人探讨的问题。我们之前所做的许多分析，比以往任何时候都更加符合现实。在这本书中，你将看到这些分析。我将在本书中呈现自己对于以下问题的观察：不平等的加剧、经济增长的放缓、生产力增长的乏力、债务水平的不可持续、气候变化的加速、社会问题的深化，以及在应对世界上最具紧迫性的挑战时全球合作的缺乏。我希望你们同样能够认识到，在新冠肺炎疫情暴发之后，这些观察的有效性丝毫未减。

不过，在"新冠纪元前"与"新冠纪元后"之间的过渡时期，有一件事情发生了改变。我注意到，民众、商业领袖和政府都更好地认识到，要打造一个更美好的世界是需要共同努力的。有一个观点得到了广泛认可，那就是我们需要以不同的方式构建后疫情时代。相比气候变化或日益加剧的不平等所带来的渐进式影响，新冠肺炎疫情以一种突如其来且横扫一切之势，让我们清楚地意识到，由自利目标和短期利益驱动的经济体制是不可持续的。这种经济体制是不平衡的、脆弱的，会增加社会、环境和公共卫生危机爆发的可能性。正如新冠肺炎疫情所表明的，一旦危机来袭，公共体系就将被置于难以承受的重压之下。

在这本书中，我将论证，我们当前这个由追求短期利益最大化、逃避税收和监管、环境危害的外部化等自利动机驱动的经济体制已经无法持续。我们需要的是一个旨在关切全人类和整个地球的社会、经济体和国际社会。具体而言，我们应该从过去50年西方世界盛行的"股东资本主义"体制和在亚洲占据主导地位、强调国家利益至上的经济发展体制，转向"利益相关者"体制。这正是本书的核心内容。紧接着，我展示了如何构建这样一种经济发展体制，以及为什么我们现在就需要这样做。

本书第一部分（第一章至第四章）概括性地梳理了1945年以来西方世界和亚洲的经济发展史，探讨了我们当前的经济体制取得的主要成就以及存在的主要缺陷，比如实现了经济的较快发展，但也造成了不平等加剧，环境恶化，给后代留下了巨额债务。该部分还探究了政治极化日益严重等社会趋势与我们当前的经济体制和治理体系之间存在着何种关联。第二部分（第五章至第七章）深入挖掘了我们当前经济体制存在的问题和取得的成就背后可能的驱动因素，审视了技术创新、全球化和贸易扮演的角色，以及对自然资源的使用问题。第三部分（第八章至第十章）探讨了我们的全球经济体制可能发生的转变，给出了"利益相关者模式"的定义，并展示了在具体实践层面该模式对于企业、政府、国际组织和公民社会而言可能意味着什么。

在整本书中，无论是呈现我们正面临的全球性问题并且探讨这些问题可能的原因及结果时，还是提出我认为有助于打造未来更美好世界的解决方案时，我都尽力做到公正、客观。但我必须要补充的一点是，我在这本书中所展示的都仅仅是个人观点，这些观点不可避免地会受到我的个人生活经历影响。我在本书第一章中谈到自己在儿童时期、学生时期以及初入职场时的一些成长经历。我希望这些描述能够帮助读者了解我的世界观。我坚信，无论是对于一个社会还是对于一个经济体来说，最优的成果都来源于合作——公共部门与私人部门的合作，或是各个国家之间以及各国人民之间的合作。

无论你是谁，我都希望这本书能够对你有所启发，促使你积极投身这一体制的构建。通过合力打造一个以包容性、可持续性和平等为基础的经济体制，我们可以转变新冠肺炎疫情的后续影响。尽管这场疫情已经不可避免地导致了人口死亡，对人们的生命与生计都造成了沉重的打击，但也许它能够帮助我们通往一个更具韧性的世界。我希望，后疫情时代之于我们的后辈，正如同二战后的那段时期之于我父母那一代人——那是一个团结的时代，人人都以刚经历的那段历史为戒，牢牢抓住当下和未来的时机，构建一个所有人都能共享繁荣的世界。

在战后的几十年里，为实现这一目标，在国内层面，我们致力于重建社会契约——比如，欧洲致力于建立社会市场经济，美国致力于打造"伟大社会"。在国际层面，我们创建了一个多边体制，旨在维护和平，促进合作，还构建一个包括世界银行、国际货币基金组织和联合国等机构在内的国际金融体系。

现在，我希望我们能够借后疫情时代的复苏之势，在国家层面实施利益相关者模式，同时在国际层面建立一个更加可持续的全球经济体制。

感谢你抽出时间阅读本书！

克劳斯·施瓦布
2020 年 12 月于日内瓦

01

我所成长的世界

第一章

全球经济增长与发展的 75 年

　　自二战结束至今，已过去 75 年。在这 75 年里，全球经济发展突飞猛进。尽管如此，现实世界依然在上演"双城记"。

　　一方面，我们的生活几乎从未像今天这般富足。我们所处的这个时代，时局相对和平，经济水平称得上绝对富裕。与先辈们相比，多数现代人的寿命更长，且身体健康水平普遍提升。我们的子女可以接受学校教育，甚至普遍能够接受大学教育。计算机、智能手机以及其他高科技设备的发明，使我们可以与整个世界相连。哪怕只往前追溯一两代人，也就是我们的父辈和祖辈，如今许多人所享有的生活方式，以及丰富的能源、技术的进步和全球贸易给我们带来的奢侈享受，于他们而言都还是梦想。

　　另一方面，当今世界和公民社会所充斥的不平等现象令人沮丧，发展道路的不可持续性更是散发着危险的信号。现实生活中并非人人平等，在新冠肺炎疫情这一公共健康危机事件中所暴露的不平等问题只是其中一个例证。那些经济条件更好、人脉关系更广、生活在富人区的人感染新冠肺炎病毒的概率要比其他人低得多，因为他们更有条件实现居家办公，更容易远离人口密集的区域，而且一旦感染病毒也能够得到更好的医疗服务。而这不过是众多社会早已习以为常的模式的延续。面对全球性危机风暴，穷人一次又一次饱受冲击，而富人总是能够轻松应对。

我们是何以走到今天这一步的？我们要如何摆脱当下的境况？要回答这些问题，我们就必须回到过去，追溯全球经济体系的起源。我们必须要重新审视战后世界经济发展的图景，关注那些里程碑事件。从逻辑上看，故事的起始时间应该是现代世界经济的"零年"，也就是1945年；最佳的起始地点则应该是德国。对于德国来说，这一年是一个真正意义上的新起点。

战后全球经济秩序的基石

在德国，像我这一代人，在1945年时刚上小学。那时的我们还太小，不明白自己所在的国家之前为何会卷入战争，也不明白这个国家在接下来的几年里为何会经历那般剧变。但我们都很清楚，要不惜一切代价避免战争的再次发生。就如同在一战结束后的那几年，德国举国上下回荡着一句口号——"永不再战"（Nie

Wieder Krieg）。人们已经受够了战争的蹂躏，渴望能够在和平的环境中重新开始，携手打造更好的生活。

无论是对于德国，还是对于其他国家来说，这都绝非易事。当二战终于结束时，整个德国已经沦为一片废墟。在德国主要的城市中，幸存下来的历史建筑不足 1/5，数以百万计的房屋被摧毁。在我的家乡——德国南部的士瓦本地区，情况也不例外。在该地区工业化程度最高的城市腓特烈港，几乎所有的工厂都被夷为平地，其中就包括两家传奇企业——汽车制造商迈巴赫和飞艇制造商齐柏林的工厂。在二战期间，它们都被纳粹政府征用，用于生产军备物资。

我最早期的记忆之一，就是站在父母家的房顶上，眼见 18 公里之外的腓特烈港在一次次的交火中被摧毁。我们祈祷自己所在的小镇不会遭到突袭，所幸我们的愿望成真。然而，光是针对腓特烈港发动的最后一次突袭，就导致 700 人丧生。我至今依然记得父母在听到这则新闻时悲恸落泪的场景，他们与这座相邻城市中的许多人都有来往。腓特烈港原有 28 000 名居民，到战争结束时，只剩下不到 1/4，[1] 其余的人死的死，逃的逃，还有人就此失去行踪。

当时我所在的地方名叫拉芬斯堡，是为数不多的侥幸逃过盟军轰炸的城镇之一。这很可能是因为拉芬斯堡不具备军工生产能力。但战争的阴霾一直笼罩着这个城镇。当战争接近尾声，法国盟军进驻这里时，拉芬斯堡已经变成一个巨大的避难所，大批国内难民、强制劳工、战俘和伤员纷纷流入。[2] 整个城镇彻底陷入混乱。1945 年 5 月 8 日午夜，仅有的一线希望降临——这场战争终于结束了。在德国，我们把这一时刻称为"零时"（Stunde Null）。包括伊恩·布鲁玛在内的历史学家则将紧接着的这一年称作"零年"。[3] 此时的德国经济已经彻底崩溃，它唯一的希望就是能够有机会在这片废墟之上改过自新、从头开始。

同为轴心国集团主要成员的意大利和日本，与德国面临着同样的境况。战后，所有轴心国的生产能力均被严重削弱。都灵、米兰、热那亚等意大利城市遭受了猛烈的轰炸，广岛和长崎则尝到了原子弹爆炸所带来的空前破坏力。其他欧洲国家也都因饱受炮火袭击而一度陷入混乱。若将视线转向远东，便可看到此时中国和东南亚大部分地区都深陷内战的泥淖。非洲、中东和东南亚地区各经济体依然未能摆脱殖民主义的枷锁。苏联在二战中损失惨重。只有以美国为首的美洲各经济体基本上安然无恙地度过了这场战争。

由此带来的结果是，美国和苏联各自形成了自己的势力范围，并在其势力范围内引领战后局势。战后的德国被盟军分区占领，士瓦本所属区域的未来很大程度上掌握在美国手中。

此时的美国面临着一项艰难的权衡。一战后，于 1919 年签署的《凡尔赛和约》使作为战败方的同盟国（德国、奥匈帝国、奥斯曼帝国和保加利亚）背上了沉重的债务，这抑制了它们的经济发展，导致其无法走上稳定的经济复苏之路，从而为二战的爆发埋下了祸根。美国决意不再重蹈这一覆辙。

二战后，美国采取了不同以往的举措。它希望重振位于其势力范围内的欧洲地区的经济，其中包括在英国、法国和美国占领下的德国领土。在这些区域，美国旨在促进贸易发展，推进一体化进程，实现政治合作。早在 1944 年，美国及其盟国就已着手建立国际货币基金组织和国际复兴开发银行（如今世界银行的成员机构之一）等经济机构。[4] 在随后的几十年里，它们持续努力，致力于在联邦德国和整个西欧地区打造一个稳定的、不断发展的经济体制。

从 1948 年起，美国和加拿大还提供了具体的区域性援助。美国出台了以时任美国国务卿乔治·马歇尔命名的"马歇尔计划"，旨在帮助西欧国家（其中包括德国和意大利）采购美国商品，重建工业产业。向之前的轴心国提供援助，这一决定虽充满争议，但仍被认为是必要的。原因就在于，缺失了德国这一欧洲工业发展的引擎，欧洲的富强与工业化发展就无从谈起。（经合组织的前身——欧洲经济合作组织，是该援助计划的重要执行机构之一。）

除了提供援助之外，美国还采取了其他举措。它通过在欧洲打造一个煤炭、钢铁和其他大宗商品的统一市场来鼓励贸易发展，这促成了当前欧盟的雏形——欧洲煤钢共同体（ECSC）的成立。在亚洲，美国也向包括日本、中国、韩国和菲律宾在内的国家提供了援助和信贷。在其他地区，苏联不断扩大自己的势力范围，推动建立了一种以中央计划经济和生产公有制为基础的经济模式。

在德国的战后重建过程中，地方政府、产业和工人也发挥着重要作用。例如，在 1947 年，齐柏林基金会将其旗下几乎所有资产都转移至腓特烈港，[5] 以期帮助齐柏林飞艇公司及其工人重燃希望，共同打造一个繁荣的未来。与此同时，腓特烈港的市民加班加点地工作，只为重建家园。其间，女性贡献出了非比寻常的力量，参与了许多最初的重建工作。德国《明镜》周刊后来在追忆这段往事时称："由于大量男性在战争中丧生，盟军要依赖女性来从事艰苦的战后清理工作。"[6]

玩拼图游戏时，我们需要把每一块拼图都放在恰当的位置，才能最终拼出一幅完整的图片。重建工作也是如此，它需要充分利用每一种资源，充分调动每个人的力量。对于整个德国社会来说，重建工作是重中之重。在拉芬斯堡，有一家生产拼图和童书的家族企业，是该地区规模最大、经营最成功的企业之一，它甚至直接更名为"拉芬斯堡人"（Ravensburger，在中国被翻译成"睿思"）。[7] 战后，该企业继续从事拼图和童书出版业务，并且一直经营至今。在腓特烈港，齐柏林基金会旗下子公司、汽车零部件制造商采埃孚（ZF）东山再起。像采埃孚这类企业一般都是以中小型企业起家，德国正因这些中小型企业著称，它们构成了德国经济的中流砥柱，在德国战后经济转型中发挥了关键作用。

西方世界的辉煌三十年

对于许多生活在欧洲的人（包括我自己）来说，这场战争

　　　　　　　　　　　　　　　利益相关者

结束所带来的宽慰之感并未持续多久，很快我们就陷入了对另一场战争的恐惧之中。联邦德国和西欧其他地区属于美国的势力范围，所采取的是自由市场模式，而民主德国和东欧其他地区属于苏联的势力范围，所采取的是中央计划经济模式，这两种模式产生了冲突。究竟哪种模式会占据上风？两种模式是否有可能和平共存？还是说两者之间终将爆发正面冲突？唯有时间能给我们答案。

那时候，无论是我们还是其他地区的人，都不清楚结局将会如何。这是一场意识形态、经济体制和地缘政治霸权之争。在几十年里，两个超级大国不断巩固自己的地位，不断深化彼此之间相互对抗的体制。在亚洲、非洲和拉丁美洲，均上演了同样的资本主义和共产主义之间的意识形态之战。

回过头来看，我们意识到美国基于资本主义和自由市场所建立的经济体制，为即将到来的空前的共同繁荣时期打下了基础。再加上许多西方民众都有重建家园的强烈意愿，这一切都为西方接下来几十年的经济持续增长，以及西方在经济领域远超世界"其他地区"做好了准备。苏联的中央计划经济模式最初也取得了成效，并实现了初期的繁荣，后来却走向崩溃。

除了经济格局的转变，还有其他因素参与塑造了我们的现代世界。包括美国和欧洲在内的世界多个地区均出现了婴儿潮。劳动者从为满足虚无主义需求的战时生产转向和平时期的社会生产工作。教育和工业活动的规模不断扩大。此外，各国政府首脑（比如二战后联邦德国第一任总理康拉德·阿登纳和二战后日本第一任首相吉田茂）的领导力，也是其中一项关键因素。他们自身和他们所领导的政府都致力于以一种包容的方式重建本国经济和社会，与盟国建立牢固的关系，以实现持久的和平。他们没有屈服于复仇情绪，在一战后，这种情绪曾占据上风。国家重心被放在社区和经济重建上，社会凝聚力有所增强（关于这一点，本书第四章将进行更深入的讨论）。

从 1945 年开始，至 20 世纪 70 年代初，在上述因素的共同推动下，德国和其他欧洲国家创造了经济奇迹。美国、日本和韩国（以及最初的苏联）也经历了类似的繁荣。西方迎来了资本主义发展的黄金时代，第二次工业革命的创新成果得到了广泛应用：各地高速公路网络的建成使汽车和卡车运输更加便利，商业飞行时代已经开启，纵观全球各地的海上航线均可见到集装箱船的影子。

在士瓦本，经济奇迹同样带来了新技术的广泛应用。例如，在 20 世纪 50 年代，"拉芬斯堡人"的销售额增长了两倍，这促使该企业于 1962 年开始进入大规模工业生产阶段。随着婴儿潮一代的孩子渐渐长大，像"莱恩河之旅"（Rheinreise）这样的家庭桌游开始大受欢迎。[8]20 世纪 60 年代，"拉芬斯堡人"将拼图游戏引入其产品线，企业规模进一步扩大。[9]（该品牌的商标，即印在产品包装盒一角的一个蓝色三角形，当时成为一个象征性的标志。）同样是在 20 世纪 50 年代，位于腓特烈港的采埃孚公司作为汽车变速器制造商回归市场，并于 20 世纪 60 年代中期引入自动变速器，丰富了其产品种类。[10]在欧洲汽车行业蓬勃发展

　　　　　　　　　　　　　利益相关者

时期，它助推了宝马、奥迪、奔驰、保时捷等德国汽车制造商成为行业领导者。（时至今日，采埃孚依旧运营得十分成功，其2019年的全球营收超过400亿美元，在全世界拥有近15万名员工，业务范围遍及40多个国家。）

从全球主要经济体的经济指标来看，似乎人人都是赢家。有些国家的年度经济增长率高达5%、6%，甚至7%。GDP（国内生产总值）指的是一个国家在其领土范围内所生产的产品和服务的货币价值之和，它通常被用作一国经济活动的衡量指标。在接下来的一二十年里，有些西方经济体的GDP增长了一倍、两倍，甚至三倍。有越来越多的人接受了高中教育，获得了体面的工作，从而步入中产阶级的行列。婴儿潮一代中，有许多人成为整个家族走出的第一个大学生，他们摆脱了原属阶层，社会地位和经济状况不断提升。

对于女性来说，实现社会地位和经济状况的提升则还要考虑另一维度。在西方社会，女性解放的进程最初十分缓慢，后来才渐趋平稳。其间，越来越多的女性得以接受高等教育，进入职场并且可以一直留在职场，更有意识地平衡工作与生活。这一方面要归功于经济的繁荣为女性提供了足够的空间，另一方面也离不开医疗避孕技术的进步、家用电器的普及，以及女性解放运动的发展。例如，1950—1970年，美国女性的劳动参与率从大约28%上升至43%，增幅达15%。[11] 德国的大学生中，女性所占的比例从1948年的12%，增至1972年的32%。[12]

在"拉芬斯堡人"内部，女性也开始走到台前。自1952年起，该公司创始人奥托·迈尔的孙女多萝特·赫斯–迈尔与她的堂兄奥托·尤里乌斯共同执掌企业，成为该公司第一位女性掌门人。其背后所代表的是一种更为广泛的趋势。在 20 世纪接下来的时间里，女性解放运动持续推进，直至进入 21 世纪。2021 年，在世界上的很多国家，无论是美国还是沙特阿拉伯，大学生中的女性占比都已经超过男性，[13] 劳动力市场上的女性占比已经接近 50%。尽管如此，在薪酬和其他领域依然存在着不平等现象。[14]

在战后最初的几十年里，许多国家将其在经济领域获得的巨额财富用于打造社会市场经济的基础。在西欧，最引人注目的是，国家为民众提供了失业补贴、儿童抚养与教育补助、全民医保和养老金。在美国，亲社会性政策没有像在欧洲那么流行。但由于美国经济发展迅速，中产阶级的队伍不断扩大，社会保障计划所覆盖的范围越来越广，社会保障资金也越来越充裕，尤其是在 1950—1970 年这 20 年间，这种趋势更甚。[15] 居民收入中位数急剧攀升，贫困率明显下降。

在法国、德国、比荷卢三国和斯堪的纳维亚国家，劳资双方集体谈判制度得到推广。例如，在德国，根据 1952 年《企业委员会法》的规定，大多数企业的监事会中必须有 1/3 的成员由工人选出。家族企业不受该法限制，因为这类企业中的劳工群体和管理层之间通常关系密切，社会冲突相对较少。

成长于这一黄金时代的我，对于当时美国在德国和欧洲其他国家战后发展中所发挥的引导作用极为欣赏。我深信，经济合作和政治一体化是打造和平与繁荣社会的关键。我曾分别在德国和瑞士学习，并慢慢意识到，欧洲各国之间的边界终有一天会消失。在20世纪60年代，我有机会到美国留学一年，得以进一步了解这个国家的经济和管理模式。这段经历为我之后的一切打下了基础。

一个团结统一的中产阶级社会在欧洲各国逐渐发展起来，我们这一代人中的许多人都受益于此，我也不例外。很早的时候，我就对企业和政府在塑造国家未来的过程中所发挥的互补作用产生了极大的兴趣。为此，我的一篇毕业论文探讨的就是私人投资和公共投资之间的平衡问题。曾有一年多的时间，我在不同企业的车间一线工作，亲身体验了真正的体力工作，并对工人阶级在经济财富创造中所做出的贡献产生特别的敬意。我认为，企业和社会其他利益相关者一样，在创造和维持共同繁荣方面可以有所作为。我认为，企业要做到这一点，最佳途径是采用利益相关者模式。根据这一模式，企业不光要服务于股东的利益，还要服务于社会。

我决定将这一想法付诸实践，具体方式是通过组织一场管理论坛，让企业领袖、政府代表和学者齐聚一堂。坐落于阿尔卑斯山上的瑞士达沃斯小镇，在维多利亚时代曾作为肺结核患者的疗养胜地而著名（那时候，异烟肼和利福平[16]等治疗结核病的抗生素还未面世）。在我看来，它非常符合人们口中的地球村[17]的设定。在这个海拔较高、风景如画、空气清新的地方，参会者可以交流彼此的成功经验、最新理念，就有关全球社会、经济和环境的迫切问题进行沟通。鉴于此，我于 1971 年在那里组织了欧洲管理论坛（世界经济论坛的前身）首届会议，参会嘉宾有哈佛大学商学院院长乔治·皮尔斯·贝克、哥伦比亚大学教授芭芭拉·沃德、IBM 世界贸易公司董事长雅克·迈松鲁热，还有欧盟委员会的数位成员。[18]

跌宕起伏的 20 世纪 70 年代和 80 年代

然而，进入 20 世纪 70 年代，经济奇迹显然已经无法持续太久。当我们齐聚达沃斯时，体制性裂痕已经浮出水面。战后的繁荣已经趋于平稳，社会、经济、环境等问题逐渐显现。但我寄希望于，通过更积极地学习美国成功的管理经验，欧洲的企业家、政治家和学者可以继续刺激欧洲大陆的繁荣。

事实上，许多欧洲企业确实向邻近的国际市场迈出了一步。欧洲煤钢共同体，顾名思义，是一个致力于打造几种关键资源的共同市场的机构。前些年，它发展成为涵盖范围更广的欧洲经济共同体（EEC）。该机构的成立使得商品和服务可以在欧洲大陆上更自由地流通。许多中小型企业利用这一机会，纷纷建立分支机构，将产品销往邻近的欧洲经济共同体其他成员。正是由于区域内贸易的增加，欧洲的经济增长在 20 世纪 70 年代才得以持续。

但一些会对经济增长、就业和通货膨胀产生决定性影响的经济变量，比如能源价格，在这一时期并不利好。石油作为世界上最重要的能源，曾与煤炭共同推动了战后经济的繁荣，但它也给经济带来了第一次系统性冲击。石油价格于 1973 年上涨了三倍，并于 1979 年再次翻番，这是因为世界上主要的石油生产和出口国（即石油输出国组织，简称欧佩克）开始发力。当时，全球绝大部分石油供给都掌控在欧佩克成员手中。随着第四次中东战争的爆发，欧佩克成员中的许多阿拉伯国家为了对抗以色列（因为以色列不断在该地区扩张自己的领土），对包括美国和英国在内的以色列西方盟友实施了石油禁运。事实证明，禁运措施非常有效。

欧佩克成员展示了其新获得的市场力量，这也许并不令人感到意外。欧佩克成员中有许多之前都是欧洲殖民者在亚洲、中东和非洲的殖民地。在此前的 20 年里，它们好不容易获得了独立。在那个时代，与大多数西方国家不同的是，发展中国家普遍因深陷政治和社会动荡而国力损耗严重。对于亚洲、中东和非洲的许多新独立国家来说，欧美的经济繁荣依然是遥不可及的。欧佩克成员则是少数例外，因为它们最重要的资源——石油，是世界经济发展的动力之源。

面对战后初期 30 年里西方国家在经济和工业领域取得的飞速发展，一些人发出了警示的声音，称这种发展是不可持续的，人类将需要一种新的经济体制，一种对于整个地球、对于有限的自然资源，以及对于人类自身来说都更可持续的经济体制。这些声音有的就出自欧洲的科学家和罗马俱乐部的实业家，他们已经开始意识到，当前世界的状况，尤其是地球环境的恶化，是人类社会面临的一个重大问题。确实，只要留心，任何人都能发现一些非常明显的征兆。在达沃斯论坛上，我们密切关注这一问题。在 1973 年的达沃斯，罗马俱乐部主席奥雷利奥·佩切伊就该组织的一些研究结果发表了主题演讲，并提出了增长即将结束的警示。

不过，在经历了数次经济衰退，并采取了夏令时和无车日等节能措施之后，世界在 20 世纪 80 年代最终回归增长趋势。尽管年均 5%~6% 的 GDP 增长率已经成为历史（至少在西方国家如此），但 3%~4% 的 GDP 增长率成为常态。包括亚洲四小龙（韩国、中国台湾、中国香港、新加坡）在内的其他经济体则弥补了个别地方的增速不足。

但是，从 20 世纪 80 年代开始，对于是什么推动了战后经济的增长，人们的观点开始发生根本性改变。战后初期，人们认为经济繁荣的成果离不开每个人的功劳，因此应由所有人共享。这是一种基于企业所有者与劳动者之间存在合作伙伴关系的工业发展模式。相比之下，20 世纪 80 年代的经济增长更多的是基于市场原教旨主义和个人主义，国家干预或建立社会契约的作用被弱化了。

我认为这是不对的。利益相关者模式要求企业在做决策时不能只考虑直接的、基本的利益，还应该考虑员工和所在社区关心的问题。在最初几年的达沃斯会议上，与会者甚至通过一份《达沃斯宣言》致力于实现这一点。[19]

1973 年《达沃斯宣言》

A. 专业化管理的目的是为客户、股东、员工和社会服务，协调各利益相关者的不同利益。

B. 1. 管理者必须为其客户服务。他必须满足客户的需求，并为客户提供最佳价值。企业之间的竞争是确保客户能够获得最佳价值选择的常见、公认的方式。管理者的目标是将新的理念和技术转化为商业产品和服务。

2. 管理者必须为其投资者服务，要为投资者提供高于政府债券的投资回报率。这里较高的投资回报率有必要将风险溢价纳入资本成本。管理者是股东的受托人。

3. 管理者必须要为其员工服务，因为在一个自由社会里，领导者必须要把被领导者的利益考虑进来。特别是，管理者必须确保员工的持续性、员工实际收入的提升和工作场所的人性化。

4. 管理者必须为社会服务。他必须认识到自己只是暂时受托管理这个物质世界，终有一天要将其交到子孙后代手中。他必须以最优的方式支配自己手中的物质资源和非物质资源。他必须在管理和技术领域持续拓展知识边界。他还必须确保自己的企业向社区缴纳适当额度的税款，以帮助社区达成其宗旨。管理者还必须将自己的知识和经验向社区分享。

C. 管理者可以通过所负责的经济企业来实现上述目标。为此，管理者必须确保企业能够长期存在。企业要想长期存在，就必须拥有足够的盈利能力。因此，确保企业的盈利能力是管理者为客户、股东、员工和社会服务的必要途径。

然而，尽管《达沃斯宣言》及其所倡导的以利益相关者为中心的理念在最初引起了人们极大的兴致，但以股东为中心的狭隘范式还是占了上风，尤其是在美国。这种以股东为中心的理念是由芝加哥大学经济学家、诺贝尔奖得主米尔顿·弗里德曼于1970年首次提出，他认为，"企业唯一的社会责任就是增加利润"[20]，自由市场的重要性超越一切。（本书第八章将对这一点进行详细探讨。）

这种情况导致了增长的不平衡。20世纪80年代，经济恢复增长，但经济增长所惠及的人群越来越少，而且这种增长是以对地球造成更大的损害为代价的。工会的规模开始缩小，集体谈判制度的推行也不如之前那么普遍（不过，直到21世纪，包括德国、法国和意大利在内的许多欧洲大陆国家依旧坚持实施集体谈判制度，比利时到今天依然如此）。西方的两个主要经济体——英国和美国，开始走上大规模放松管制、自由化和私有化之路，坚信"无形的手"会引领市场实现最优。许多其他的西方国家步它们的后尘，其中有些国家是在左派政权重启经济增长的尝试宣告失败后才走上这条道路的。从积极的一面来看，新技术的发展为经济增长做出了贡献，引领了第三次工业革命。在这一时期，个人电脑被发明出来，之后便成为每个组织不可或缺的要素之一。

转折时刻

上述趋势并不是孤立发生的。进入 20 世纪 80 年代之后，东欧各经济体日渐走向崩溃。值此工业化转型时刻，东欧经济体的失败表明，相比西方倡导的市场经济模式，苏联提出的政府主导型经济模式缺乏弹性。中国则在新一届领导人邓小平的带领下，于 1978 年走上了改革开放之路，逐步建立了社会主义市场经济体制（见本书第三章）。

1989 年，将德国一分为二的柏林墙被推倒，德国上下一片欢腾。不久之后，德国终于实现了政治统一。1991 年，苏联正式解体。原来处于苏联势力范围内的多个经济体，其中包括民主德国、波罗的海三国、波兰、匈牙利和罗马尼亚，纷纷转向西方阵营，采纳了资本主义的自由市场模式。弗朗西斯·福山口中的"历史的终结"[21] 似乎已经到来。欧洲迎来又一波发展，进一步促进政治和经济一体化，还建立起共同市场和货币联盟，并确定欧元为统一货币。

在达沃斯，我们也感受到了这股变革之风。欧洲管理论坛的参与者最初主要是来自欧洲和美国的学者、政策制定者和商界人士。在 20 世纪 80 年代，它逐渐变成一个全球性论坛，还汇聚了来自中国、印度、中东和其他地区的代表，并制定了共同的全球性议程。到 1987 年，欧洲管理论坛这个名字明显已经不再适用。

于是，它转而以世界经济论坛的名字进入大众的视野。面对随之而至的全球化时代，这个名字再合适不过。

20 世纪 90 年代和 21 世纪最初 10 年

事实上，在苏联解体之后的十多年里，世界各经济体之间的关系更加错综复杂。国家之间开始签署自由贸易协定，全球经济增长的动力前所未有地多样化。欧洲的地位相对有所下降，而所谓的新兴市场，如韩国、新加坡，以及巴西、俄罗斯、印度、南非，当然还有中国等较大的经济体，开始崭露头角。（新兴市场并没有官方的定义，因为这是由某些私人金融机构所做的区分，但它们有一个共同点，那就是它们都非西方经济体，并且经济增长率往往高于平均水平或是在过去数年里持续高于平均水平。按照这种趋势，它们步入或者重新回归发达经济体行列指日可待。）

就这样，全球化成为一种主导性的经济力量。所谓全球化，指的是世界各经济体之间的相互依存度不断提升的过程，其标志是商品、服务、人员和资本的流动日渐增多。以国际贸易额占全球 GDP 的比重来衡量，贸易的全球化在 1945 年，即"零年"，处于 4% 的最低点，到 2001 年时则已经攀升至有史以来的最高水平——15%。

士瓦本的一些知名企业也成为这股全球化浪潮中的"弄潮儿"。"在采埃孚公司的发展议程中，中国是重中之重。"[22] 在该公司官网上有关公司发展历程的文字介绍中，采埃孚公司当时的杰出管理者西格弗里德·戈尔这样说道，"早在20世纪80年代，我们就已开始发展业务关系，最初是通过许可合同的形式。到2006年我退休的时候，我们在中国已经有不少于20个生产基地。"根据该公司自己的记录，"第一家合资企业成立于1993年"，到1998年，"采埃孚在中国的地位已经非常稳固，在中国成立第一家独资子公司成为可能，这就是采埃孚传动技术（苏州）有限公司"。

然而，对于一些国家来说，这一全球化的步子迈得太大，也太快。1997年，几个亚洲新兴经济体遭遇了一场严重的金融危机，至于危机爆发的原因，很大程度上要归结于未受监管的金融全球化，或者说热钱流动。所谓热钱，是指会轻易从一个国家流入另一个国家的国际投资资本。热钱流动为的是追逐更高的收益、更宽松的资本管制环境和实施股票投机活动。与此同时，在西方，随着跨国公司开始对国家经济拥有更大的控制权，一场反全球化运动开始兴起。

就连"拉芬斯堡人"也没有逃过被反噬的命运。1997年，该公司的管理层宣布，希望"制定一项'生产基地保护协议'，作为'维持国内和国际竞争力的预防性举措'"，欧洲劳动生活观察站（EurWORK）在后来针对这一问题进行的一项案例研究中如此写道。[23] 所谓的《拉芬斯堡人协议》由此出台，根据该协议，公司向其员工提供就业保障，以换取员工在其他方面的让步。

尽管大多数员工接受了这项协议，但劳资关系由此恶化。行业工会认为，这一协议违背了该行业的集体谈判协议，而且是不必要的，因为该公司的经济效益良好。这一引发激烈争辩的协议最终促使各方重新思考彼此之间的关系。此前在这家家族企业中力量通常较为微弱的工会，此时力量得到增强，管理层对待工会的态度也比之前更具建设性。

在德国，围绕经济增长、就业和前民主德国各州的一体化问题，类似的社会和企业压力最终导致 21 世纪初期新的社会契约的形成，德国针对共同决策、"迷你工"① 和失业救助等问题制定了新的法律。但这一新的社会平衡对于一些人来说不如之前有利，尽管之后德国再次迎来经济高速增长期。在其他的许多发达经济体，形势很快就变得更加不稳定。

第一个预警信号是于 2000 年底至 2001 年初爆发的互联网股灾，当时美国的科技股暴跌。但是，接下来，2001 年发生的另一事件对美国社会和国际经济体制造成了更大冲击。这一年，美国遭遇了"9·11"恐怖袭击，这是自二战时期"偷袭珍珠港"事件以来，美国领土上发生的最严重的攻击行动。位于曼哈顿的世贸双子塔和位于华盛顿特区的国防部五角大楼，分别象征着美国的经济和军事心脏，在这次恐怖袭击中均被击中。

那一天，我也身在纽约，正因公出访联合国。那里的每一个人，包括我在内，都陷入极度震惊与悲伤的情绪。这一事件带走了数千人的生命，美国瞬间陷入停滞。次年 1 月，我们把一年一度的世界经济论坛年会的会场搬到纽约，以示团结，这是我

---

① "迷你工"，即月收入不超过 450 欧元的临时工。——编者注

们首次在达沃斯之外的地方举行论坛年会。经历了互联网股灾和"9·11"恐怖袭击事件之后，西方经济进入了衰退期。一时间，通过贸易和技术进步实现经济增长的路径变得岌岌可危。

不过，另一波经济增长的种子已经播下。采埃孚公司在中国市场的不断发展就是一个例证。中国作为世界上人口最多的国家，经过20年的改革开放进程，已经步入经济增长最快的经济体行列，并在2001年加入世界贸易组织。当其他国家的经济发展陷入无力时，中国的经济发展势头强劲，并且超过了其他国家。中国变身"世界工厂"，使数亿中国民众摆脱了贫困。在巅峰时期，中国对世界经济增长的贡献率超过1/3。中国的这一发展进程，也惠及了从拉丁美洲到中东地区、非洲的大宗商品生产者，以及西方消费者。

与此同时，在互联网股灾的废墟之上，幸存的和新建的技术企业为第四次工业革命的发端奠定了基础。物联网等技术崭露头角，机器学习——现在被称为"人工智能"重新进入大众视野，并且取得迅速发展。贸易与技术作为全球经济增长的双引擎，再次回归。到2007年，全球化进程与全球GDP均达到新的高峰。但此时，全球化已经进入最后的狂欢。

体制的崩溃

从2007年开始，全球经济开始恶化。世界主要经济体增长疲软。美国首当其冲，一场住房与金融危机引发了持续数个季度的大衰退。欧洲紧随其后，从 2009 年开始深陷债务危机，并且持续了数年时间。全球大多数经济体的状况都介于两者之间——在 2009 年遭遇经济衰退，随后的 10 年间，实际经济增长率徘徊在 2%~3%。（具体来说，根据世界银行的统计，这些经济体在 2011 年和 2019 年处于 2.5% 的低点，在 2017 年达到 3.3% 的高点。[24]）

随着经济增长的原动力——生产力增长日渐乏力，缓慢增长似乎成为新常态。许多西方人陷入工作报酬低且缺乏保障的困境，而且对未来彻底绝望。此外，国际货币基金组织早在新冠肺炎疫情暴发之前就已经指出，世界债务已经达到不可持续的水平。[25] 20 世纪 70 年代，公共债务水平曾达到高位。2020 年，许多国家的债务已经接近当时的水平，甚至创下新高。根据国际货币基金组织 2020 年度《财政监测报告》，在新冠肺炎疫情暴发之后，发达经济体的公共债务占 GDP 的比重已经超过 120%，一年内增长了 15% 以上；新兴经济体的公共债务占 GDP 的比重则（从 2019 年的 50% 多一点儿）飙升至 60% 以上。[26]

最后，越来越多的人甚至开始质疑，将经济增长作为衡量社会进步的指标究竟是否有意义。根据全球足迹网络①的调查，[27] 上一次全球经济的发展没有以"透支"地球的自然资源为代价，还是在 1969 年时。50 年过去了，如今我们的生态足迹比以往任何时候都要大，因为我们消耗自然资源的速度是地球资源再生速

---

① 这是一家全球性智库，它曾与一家英国智库提出"地球生态超载日"的概念，是指地球在当天已经用完了全年度可再生的自然资源总量。——译者注

度的 1.75 倍。

所有这些宏观经济趋势、社会趋势和环境趋势都反映在个人、企业和地方政府及国家政府所做决策的渐进效益中。已经从战争、贫困和废墟中走出来的社会，不得不面临一个新的现实：更加富裕，却是以发展不平等和不可持续为代价。

* * *

21世纪的土瓦本，从很多方面来看都处于前所未有的富裕状态，工资水平高，失业率低，休闲活动丰富。拉芬斯堡和腓特烈港的市中心已经丝毫不见1945年的惨状。拉芬斯堡依旧愿意接纳难民，只不过这些难民不再来自国内，而是来自国境之外的遥远战区。就连这座城市的那家拼图游戏制造商，面对全球供应链和拼图游戏市场被数字游戏扰乱的情况，也已经逐渐适应。

但是，对这个地区与世界其他所有地区的人们、动力传动系统制造商、拼图游戏制造商以及其他社会利益相关者而言，所面临的难题并不容易解决。这是一个全球性难题，就像一个拼图游戏，各部分之间的关系错综复杂且相互依赖。因此，在试图解决这个问题之前，我们首先需要列出其各个组成部分。这正是我们接下来一章要完成的任务。在这一过程中，我们将借助一位著名经济学家的指引。

第二章

库兹涅茨的诅咒：当今世界经济的问题

倘若把当今世界经济比作一幅拼图，那么能够把它完整拼凑起来的人可能非西蒙·库兹涅茨莫属。这位俄裔美国经济学家[1]、诺贝尔奖得主，已于 1985 年与世长辞。

这乍一看似乎很奇怪，一个于 20 世纪 80 年代中期就已离世的人，竟对当今全球经济面临的挑战具有如此重要的意义。但在我看来，如果我们当初听取了他的教诲，那么我们今天面临的问题也许就不至于如此棘手。

事实上，库兹涅茨早在 80 多年前就已经警告称，GDP 是一项糟糕的经济决策工具。具有讽刺意味的是，再往前追溯几年，库兹涅茨不仅协助创造了 GDP 这一概念，而且亲手参与将其打造成为经济发展的"圣杯"。他提出的库兹涅茨曲线表明，在经济发展到一定水平后，收入不平等状况将会逐渐缓解。但他警告称，自己的这一曲线所基于的是"脆弱数据"[2]，这里指的是来源于 20 世纪 50 年代西方创下战后经济奇迹的那段相对短暂时期的数据。如果他研究的这段时期并非常态，那么库兹涅茨曲线理论就会被证明是错误的。由库兹涅茨曲线衍生出的环境库兹涅茨曲线也并未获得库兹涅茨本人的认可。根据该曲线，各国在发展到一定水平后，它们对环境造成损害的程度会逐渐减缓。

今天，我们所面临的就是分析不够严谨、信仰过于教条化所带来的后果。我们不惜一切代价，只为追求 GDP 增长，而它却已经停滞不前。我们的经济从未像今天这般发达，而不平等问题也从未像今天这般严重。我们没有如人们所希望的那般，看到环境污染的减轻，反而深陷全球环境危机之中。

今天的我们面临着无数经济危机，这很可能就是库兹涅茨的诅咒。就好像一位经常被误解的经济学家终于有机会说出："我早就提醒过你。"人们之所以会有一种被领导者背叛的感觉，根源便在于此。但在深入探究这个诅咒之前，让我们先来看看西蒙·库兹涅茨究竟是谁，以及他因为什么而为大众所记住。

第一个库兹涅茨诅咒："唯 GDP 论"

西蒙·史密斯·库兹涅茨，1901 年出生于俄国的平斯克市，父母都是犹太人。[3] 库兹涅茨在上学的时候就展现出了数学方面的天赋，后来进入哈尔科夫大学（现位于乌克兰）学习经济学和统计学。尽管学习成绩十分优异，但成年之后的库兹涅茨还是离开了那里。随着弗拉基米尔·列宁领导的十月革命获得胜利，苏联于 1922 年成立，那里有成千上万人移居美国，库兹涅茨就是其中一员。到美国后，库兹涅茨先是在哥伦比亚大学获得了经济学博士学位，后来加入了美国国家经济研究局（NBER），这是一家享有盛誉的经济智库。正是在这里，库兹涅茨成就了自己辉煌的职业生涯。

他对时机把握得非常好。在他到达美国之后的几十年里，美国成长为世界经济的龙头。库兹涅茨帮助这个国家理解这个新定位的含义。他所开创的国民收入（GDP 的前身）和年度经济增长率等关键概念，至今仍在经济学和政策制定中占据支配地位。在这一过程中，库兹涅茨成为世界上最著名的经济学家之一。

那些年，美国的经济发展曲线呈现出动荡趋势。在 20 世纪20 年代，美国已经从一战的影响中走出，迎来了经济繁荣时期。美国以一个政治和经济强国的姿态，与当时已经衰落的大英帝国比肩。英国在第一次工业革命期间成为世界的主导者，在 1914年之前，它所控制的领土面积占全球总面积的 1/3。美国则成为第二次工业革命的领头羊，在一战后迎来了经济腾飞。美国的制造商将汽车、收音机等商品引入庞大的国内市场，满足了大众对于现代商品的渴求。并且，在自由贸易精神和资本主义原则的协助下，投资、创新、生产、消费和贸易之间形成了一个良性循环。美国由此成为世界上人均 GDP 最高的国家。

然而，这令人兴奋、陶醉的"咆哮的二十年代"最终走向了灾难性的大萧条。到 1929 年，美国的经济已经失控，不平等程度令人发指。巨额的财富和经济资产都掌握在约翰·D. 洛克菲勒等屈指可数的几个人手中，而许多劳动者的生活变得更加艰难，只能指望定期领取的微薄薪水和农业收成。此外，在股票市场上，股价一路飞涨，而其背后作为支撑的实体经济却未见丝毫起色，这意味着金融投机已经达到狂热的程度。1929 年 10 月下旬，美国股票市场大崩盘，并在全世界引起了连锁反应。民众无法偿还贷款，信贷市场枯竭，失业率飙升，消费者停止消费，保护主义势力抬头，世界陷入危机。直到二战结束后，整个世界才从这场危机中恢复过来。

当美国的政策制定者煞费苦心地思考如何遏制和结束国内的这场危机时，他们未能回答一个最基本的问题：实际情况究竟有多么糟糕？我们如何能够知道我们的应对政策是否有效？当时，经济指标稀缺，GDP 这一我们今天用于衡量经济价值的指标尚未被提出。

西蒙·库兹涅茨，作为统计学、数学和经济学领域的专家，构建了一种衡量美国国民总收入（GNI）和国民生产总值（GNP）的标准方法。他相信，通过这种衡量方法可以更好地了解美国企业在一年内生产出了多少商品和提供了多少服务。几年后，他又开发了一个与之略有不同但密切相关的概念——GDP，并在 1937 年向美国国会提交的一份报告中正式提出了这一概念。[4]（GDP 的衡量范围只包括在一国境内生产的商品和提供的服务，而 GNI 或 GNP 的衡量范围还包括一国公民在境外所获得的收入或在境外拥有的企业所生产的产品。）库兹涅茨也因此被称为"GDP

　　　　　　　　　　　　　　利益相关者

之父"。

这是一项天才之举。在 20 世纪 30 年代接下来的时间里，在其他经济学家的帮助之下，这一经济产出的衡量指标被标准化和普及化。在 1944 年召开的布雷顿森林会议上，GDP 被正式确立为衡量一国经济的主要工具。[5] 当时人们对 GDP 所做的定义到今天仍然有效：GDP 是一个国家（或地区）在一定时期内所生产的所有最终产品的价值总和，根据该国的贸易差额进行调整。GDP 的计算方法有很多种，但其中最常用的可能是所谓的支出法。根据这种方法，一国的 GDP 等于该国在一定时期内用于消费最终产品的总支出（根据该国的贸易差额进行调整），可用公式表达如下：

$$GDP = 消费支出 + 政府支出 + 私人投资 + 出口 - 进口$$

从那时起，在世界银行和国际货币基金组织针对具体国家所做报告中，GDP 就成为一项必不可少的衡量指标。当一国 GDP 上升时，其国民和企业就会对未来充满希望；当一国 GDP 下降时，该国政府就会采取一切政策措施来扭转这一趋势。在此期间，全球经济虽然经历了一些危机和挫折，但总体呈现增长趋势，因此"增长是好事"始终是一个不可动摇的理念。

但是，这个故事的结局并不美好。如果我们当初能够更好地听取西蒙·库兹涅茨的观点，也许我们就能预见这个结局。早在《布雷顿森林协议》出台之前，1934 年时，库兹涅茨就警告美国国会，不要过于狭隘地只关注 GNP 或 GDP。"很难通过衡量一国的国民收入来推测其国民的幸福程度。"库兹涅茨这样说道。[6] 在这一点上，他是对的。一国的 GDP 能够反映国民的消费情况，但不能反映他们的福祉；能够反映一国的生产情况，但不能反映所造成的污染或资源使用状况；能够反映一国的政府开支和私人投资情况，但不能反映国民的生活质量。剑桥大学经济学家戴安娜·科伊尔在 2019 年 8 月接受我们的采访时说道，[7] 实际上，GDP 是"一个战时指标"。它能够告诉你在战争时期一国经济能够生产出什么，但它不能告诉你在和平时代如何能让人们感到幸福。

尽管早已有人发出警告，但没有人听取。政策制定者和各国央行使出浑身解数支撑 GDP 的增长。现在，他们都已经精疲力竭。GDP 不再像过去那样增长迅速，而人们的福祉还停留在多年前的水平。一种持续的危机感笼罩着社会，而这并非毫无缘由。正如库兹涅茨早已认识到的，我们在制定政策时永远不应该只围绕着 GDP 的增长。唉，可我们现在正在这么做。GDP 的增长是我们衡量一国经济的关键标准，而 GDP 增速已经永久性放缓。

低 GDP 增长

正如我们在第一章中所概述的，在过去 75 年里，全球经济经历了多次快速扩张期，同时也遭遇了一些重大衰退期。但从 2010 年起，全球经济扩张一直不温不火。全球经济增长率[8] 在

20 世纪 70 年代前期达到年均 6% 及以上的高点，在 2008 年之前的几年里仍然超过 4%。但自那之后，全球经济增长率便回落到年均 3% 甚至更低的水平[9]。

3% 是个很关键的数字，因为有很长一段时间，它在标准经济理论中被视为评价经济发展状况合格与否的标准。事实上，直到大约 10 年前，《华尔街日报》还指出，"过去国际货币基金组织的首席经济学家会将全球经济增长率低于 3% 或 2.5%（不同的首席经济学家对这一数值的界定有所不同）的情况，视为全球经济已经陷入衰退"。[10] 有一种解释是基于简单的数学计算：从 20 世纪 50 年代到 20 世纪 90 年代初，全球人口增长率几乎一直保持在每年 1.5% 或者更高的水平。[11] 倘若全球经济增长率仅略高于人口增长率，则意味着世界上大部分人口实际上处于零经济增长或负经济增长状态。这种经济环境会令劳动者、企业和政策制定者都感到灰心丧气，因为它代表着几乎没有任何发展的机会。

也许是为了应对经济增长放缓的态势，经济学家后来改变了他们对于全球经济衰退的定义。但这并不能改变一个事实，即自那之后，全球经济增长势头微弱。事实上，年经济增长率不到 3% 似乎成为新常态。即便在新冠肺炎疫情暴发之前，根据国际货币基金组织的预测，在接下来的 5 年里，全球 GDP 增长率也不会重新突破 3% 的临界值。[12, 13, 14] 而这百年一遇的公共健康危机事件，更是为全球经济发展前景蒙上了一层阴影。

从传统的经济观点来看，这可能会导致系统性断层，因为人们习惯了经济增长。其原因有二。

第一，全球 GDP 增长率是一个总体性衡量指标，它掩盖了部分国家和地区经济发展状况相对不容乐观的现实。例如，在欧洲、拉丁美洲和北非，实际经济增长率正逐渐接近零。对于中欧和东欧国家来说，它们与西欧或北欧国家的经济状况仍有差距，还需要加大马力赶超这些邻近国家。增长率如此之低，难免令人灰心，这可能会加速这些国家的人才外流。那些有进取心、受过教育的人往往会去高收入国家寻求经济机会，从而导致他们母国的问题加剧。在中东、北非和拉丁美洲，同样存在这样的问题。在这些地区，有许多人仍未真正过上中产阶级的生活，能够提供经济保障的工作岗位稀缺，社会保障和养老金制度都不够健全。

第二，在经济增长率高于世界平均水平的地区，比如在撒哈拉以南非洲，即使总体经济增长率能够达到甚至超过 3%，也不足以带来人均收入水平的快速提升，因为这些地区的人口增长率同样很高。近年来，经济增长率相对较高的低收入和中低收入国家包括肯尼亚、埃塞俄比亚、尼日利亚和加纳。[15] 但是，即使这些国家在可预见的未来，年经济增长率维持在 5%，也需要整整一代人的时间（15~20 年）才能使其国民的收入水平翻一番。（而这是基于一个假设，即大部分经济发展成果都能被广泛共享，但事实情况往往并非如此。）

要想像 21 世纪初的中国那样，实现快速发展和经济发展成果共享，那些最不发达的经济体需要将实际经济增长率维持在 6%~8%。如果缺乏这种超级推动力，一些经济学家所预测的发达国家与发展中国家经济生活水平"大趋同"的实现过程将非常

　　　　　　　　　　　　　　　利益相关者

缓慢，甚至根本无法实现。正如国际金融协会（IIF）首席经济学家罗宾·布鲁克斯在2019年对话《金融时报》记者詹姆斯·惠特利时所说的："有越来越多的讨论认为，新兴市场的增长故事已经终结，增长红利已经成为过去时。"[16]

即便我们将视野转向GDP之外，经济发展的前景也不容乐观。其他的经济指标，尤其是债务和生产力都表现堪忧。

不断累积的债务

我们先来看不断累积的债务。根据国际金融协会的数据，截至2020年年中，全球债务总额（包括公共债务、企业债务和家庭债务）达到约258万亿美元，[17]是全球GDP的三倍多。人们对这个数字可能很难有明确的概念，因为它是如此之大，而且涵盖各种类型的债务——从以出售政府债券的形式所积累的公共债务到私人消费者的抵押贷款。

近年来，全球债务水平快速上升，这无疑"令人感到恐慌"，正如国际货币基金组织的杰弗里·冈本在2020年10月所说的。据《华尔街日报》统计，[18]自二战以来，发达经济体的债务水平从未如此之高，而且与战后时期不同的是，这些经济体"不再能够通过经济快速发展而受益"，从而减轻其未来的负担。

当然，新冠肺炎疫情的暴发，使各国债务负担尤其是政府债务的增长异常迅速。根据国际货币基金组织的预测，到2021年年中，与疫情暴发之前相比，在短短18个月内，"发达经济体的债务中位数预计将增长17%，新兴经济体将增长12%，低收入国家将增长 8%"[19]。

即使没有疫情的暴发，在过去 30 年里，债务水平也在不断攀升。举个例子，发达经济体的公共债务占 GDP 的比例在 1991年约为 55%，2001 年升至 70% 以上，2011 年直接突破 100%。据估计，到 2021 年，这一占比将达到 120% 以上。[20]

过去几十年里，全球经济增长放缓，特别是发达经济体增长放缓，而政府、企业和家庭债务仍在累积。这是明智的吗？从理论层面来说，是的！倘若能被用于投资生产性资产，债务确实可能成为撬动未来经济增长与繁荣的杠杆。不过，所有的债务当然都需要在某个时间点偿还（除非通货膨胀导致债务蒸发，但在过去 20 年中，发达经济体的通货膨胀率平均不超过 2%[21]）。除此之外的唯一选择就是违约，但这无疑会将自己置于非常危险的境地。

那么，近几十年来，全球都累积了哪些债务呢？政府债务往往是良性债务与不良债务的混合体。例如，用于现代基础设施建设或教育投资的债务就属于良性债务，这类债务随着时间的推移通常都能够得到偿还，甚至可能会产生投资回报，因此应该得到鼓励。相比之下，为刺激消费而出现的赤字性支出，则属于不良债务，这类债务随着时间的推移通常不会产生回报，因此应该尽量避免。

总体而言，可以肯定地说，全球的不良债务正在增加。在一定程度上，这是因为西方国家的低利率激励了贷款行为，从而导致借款人的消费行为开始变得不够谨慎。对于政府而言，近几十年来，赤字性支出已经成为常态，而非例外。2020 年初暴发的

　　　　　　　　　　　　　　　　　　　利益相关者

新冠肺炎疫情并没有使情况变得乐观。许多国家的政府事实上都已经采取"直升机撒钱"政策来维持经济：它们通过央行发行更多货币，从而欠下更高的债务，并以一次性补贴和消费券的形式将货币转移到民众和企业手中，以期能够安然无恙地度过疫情。短期内，为了防止经济崩溃的状况进一步恶化，这种做法是有必要的。但从长远来看，这类债务终究是要偿还的。总的来说，近年来，不良债务已经累积到很高的水平，而且还在持续增加，它们既没有被用于刺激长期经济增长，又没有被用于帮助经济体制向更可持续的发展方向转变。因此，这些债务将是许多国家政府难以摆脱的重担。

新兴市场和发展中市场为世界局势带来了一线希望。在新冠肺炎疫情暴发之前，这些国家的公共债务水平相对较低，占GDP 的比例为 50%~55%，[22] 其中大部分都被用于投资基础设施建设（但在新冠肺炎疫情期间，其债务水平提升了约 10%）。其中一些国家可以被认为享有人口红利，即其人口的平均年龄为20 岁出头，人口结构明显偏年轻化。这些国家即将迎来劳动年龄人口的激增，如果国内工作岗位数量能同样快速增加，那么这种金字塔型人口结构就会使偿债更为可行。（然而，事实上一些阿拉伯国家和非洲国家面临着工作岗位短缺的问题，在这种情况下，人口红利有可能会变成一颗定时炸弹。[23, 24]）

不过，在经济放缓的情况下，一些面临老龄化的西方国家应该如何偿还债务，这是一个非常值得怀疑的问题。日本和意大利历来是政府债务负担最重的经济体。除了债务负担，这两个国家的人口缩减和老龄化速度也是最快的。这一趋势可能会造成许多极为严峻的问题。虽然日本家庭的私人储蓄可以缓解其中一些问题，但鉴于在未来 30 年里，日本人口将会从 1.27 亿缩减到不足 1 亿，且劳动人口与退休人口的比率会进一步下降，政府债务迟早会成为困扰该国的一个问题。届时，其人均债务负担增加 1/4 或 1/3 都是很容易出现的情况。[25]

在其他欧洲国家，如法国、西班牙、比利时、葡萄牙，公共债务总额占 GDP 的比例均已超过 110%[26]（而且经常远超这一数值）。有一天，这些国家会发现它们面临着相似的命运。在进入 21 世纪第二个 10 年后不久，美国的公共债务占 GDP 的比例就突破了 100%。近年来，其债务水平持续快速上升，到 2020 年这一比例已经超过 130%。[27] 但美国的情况引发了一种特有的不确定性，因为美国的政府债券是世界上交易量最大的债券之一，美元是事实上的国际储备货币。鉴于美联储手握印钞机，美国政府违约的可能性不大。但美国政府一旦违约，就意味着我们所熟悉的全球经济体系可能会走向崩溃。

从金融的角度来看，高负债和低增长的结合导致了问题的出现。在预期经济增长率为 3% 或以上的环境下，政府债务会迅速蒸发：与不断增长的 GDP 相比，历史债务的相对重要性会下降。在不久前，德国和荷兰等国就因经济增长形势良好而大大降低了债务负担。但是，如果低增长真的成为新常态（这看起来是极有可能发生的），各国就没有一种简单的途径来偿还其历史债务。故意视而不见肯定是解决不了债务问题的。

　　　　　　　　　　　　　　　　　　利益相关者

低利率和低通胀

与现在不同的是，此前面对低增长和高负债的困境还存在一种缓解措施：低利率。能获得低息贷款是一件难得的好事，这一点许多房主或学生借款人都深有体会。它可以让你在偿还债务的时候，不用担心债务负担会越来越重。

自金融危机以来，各国央行进入一个低利率时代，为政府、企业和消费者提供低利率贷款，以缓解危机带来的影响。这一政策的目标是，通过促使人们增加消费，企业增加投资，政府增加支出，最终使经济恢复较高的增长率。

在美国，美联储于2009—2016年一直将利率维持在接近零的水平。随后，它逐渐将利率提升至2.5%，这只有历史上正常利率水平的一半。在2019年，美联储又连续数次降息[28]，当新冠肺炎疫情来袭时，利率回落到0.25%[29]。鉴于当前宏观经济环境充满挑战，美国在短期内回归高利率时代的可能性极小。其他发达经济体的利率水平更低。欧洲央行从2012年开始一直将欧元区的关键借款利率维持在1%以下，自2016年以来一直维持零利率。大多数其他欧洲国家的利率同样很低。日本和瑞士甚至向储户收取购买债券的费用，这实际上意味着它们的利率已经为负。

如前所述，这对于愿意承担并有能力承担新贷款的政府、企业和个人来说是好事，对于希望对自己的历史债务进行再融资的政府来说也是好事。一些观察家甚至表示，债务与GDP之比这一历史负担并不像表面看起来那么严重，因为它可以持续地进行再融资。

但持这种观点的人没有考虑到的是，随着其他负债的增加，政府资金缺口加大，偿债能力会很快失控。与养老金、医疗和基础设施相关的费用已经使政府肩上的担子越来越重，更不用说再加上消费补贴，比如政府为石油和天然气的消费提供部分价格补贴。[30] 由此产生的都是不良债务，但因为消费补贴深受选民欢迎，所以很难取消。

值得注意的是，根据世界卫生组织的数据，早在2000—2016年——新冠肺炎疫情暴发之前，公共医疗支出已经增长了66%。[31] 同期，经合组织成员的GDP仅增长了19%。总的来说，经合组织成员的公共医疗支出占GDP的比例目前接近7%，其中美国和瑞士的这一数值要再高出一倍，是经合组织成员中最高的。但随着人口日益老龄化，再加上越来越多的病毒，甚至还有一些非传染性疾病都在威胁着人类的健康，预计这一比例还将进一步上升。除非政府能够将这些成本转嫁到民众身上，否则许多政府都将越来越难以实现收支平衡。

政府面临的不断增长的负债还不止于此。根据全球基础设施中心的估算，2016—2040年，全球面临的基础设施建设资金缺口达15万亿美元。[32] 但基础设施建设是一种投资，可以产生相应的回报。与之相比，养老金和退休储蓄的资金缺口要高出一个数量级，而且回报率要低得多：根据世界经济论坛的估计，[33] 除非政策发生转向，否则到2050年，世界上养老金体系规模最大的8个国家的养老金储蓄缺口将激增至400万亿美元，其中无担保的公共养老金承诺占据的份额最大。

利益相关者

与这些债务负担并存的，还有低通胀。从历史上看，利率和通货膨胀率往往呈负相关关系。央行手握调整利率的权力，并以此为工具来抑制或刺激通货膨胀。通过设置高利率，央行可以鼓励人们、企业和政府存钱而不是花钱，从而缓解了价格上涨的压力。反之，通过设置低利率，央行可以鼓励人们花钱，从而推高物价，因为此时即使把钱存起来也不会产生太多利息。

然而，从大约10年前开始，利率和通货膨胀率之间的这种负相关关系在西方社会已经完全消失，欧洲和日本的情况尤为严峻。数年来，尽管利率已经达到接近零的水平，但通货膨胀率也常常接近零。虽然这在短期内不会造成什么问题，但可用于缓解债务负担的一个长期杠杆就此消失。在物价不断上涨的情况下，名义债务的负担往往会减轻。而在物价持平的情况下，无论是在今天还是在明天，历史债务的负担都一样沉重。

但是，低增长、低利率、低通胀和不断增加的债务之间的相互作用还伴随着另一要素——生产力增速下降，这可能是其中最为致命的。

生产力增速下降

除本章已经概述的许多结构性问题外，近年来生产力的提升也很缓慢。事实上，在二战后最初的几十年里，西方中产阶级的收入之所以能够快速增长，生产力的提升比人口增长所发挥的作用更大。

生产力的提升往往源于生产方式的创新。关于生产力的提升，有一些比较著名的案例：20 世纪初，福特公司引进了生产流水线；20 世纪 70 年代和 80 年代，数字计算机取代了打字机；今天，Waze 等地图应用优化了出租车行车路线。所有这些创新，都使得特定工人在产出相同或工作不变的前提下，工作时间大为缩短。这反过来促使企业员工的工资水平提升。

过去，世界上曾出现数个生产力快速提升期，并且生产力的提升直接转化为工资的快速增加。例如，在 20 世纪 50 年代和 60 年代，美国正处于资本主义的黄金时代，每年生产力增速达到近 3%。[34] 但之后生产力增速开始放缓，而且，问题在于，即便生产力有所提升，能转化成美国工人实际工资的比率也在变小。相反，生产力提升所带来的成果都保留在企业主和高管手中，这种现象被称为工资与生产力"脱钩"。[35]

自 2007—2009 年金融危机以来，美国的生产力增势微弱，年增长率仅为 1.3%。这就产生了一个问题，它意味着"把蛋糕做大"已经不再可行，所以经济成果的分配在今天已经成为"准零和博弈"。德国、丹麦、日本等国保持了较好的生产力增长势头，并且将其转化为工资水平的提升。但大趋势是明确无疑的：西方国家的生产力增速正显著放缓。

综上所述，本章所介绍的经济增速、利率、债务和生产力这 4 项指标都指向一点——西方的经济发展模式存在一个系统层面的设计失误。其繁荣模式大多建立在经济永久性增长和生产力永久性提升的基础上。现在，这种增长逐渐停止，在增长的表象之下不断滋生的问题日趋严重。

库兹涅茨的诅咒再次降临。GDP 从来都不是衡量国家福祉的完美指标。现在，随着 GDP 增长面临的挑战越来越大，我们将不得不处理一大堆其他问题，而这些问题都是我们在追求 GDP 增长的过程中造成的。

第二个库兹涅茨诅咒：不平等

近年来，我们因为盲目追求 GDP 的增长而遭遇最初的库兹涅茨诅咒。但除此之外，还存在第二个库兹涅茨诅咒，它与库兹涅茨曲线有着更为直接的关系。

20 世纪 50 年代，作为经济学家的库兹涅茨在工作过程中，开始对一个有趣的现象进行理论化研究。他注意到，二战后随着经济繁荣的增强，美国的收入不平等程度开始下降。这与二战前形成了鲜明的对比。在二战前，美国已经发展成为一个主要的经济强国，但收入和财富都集中在少数人手中。在许多其他发达国家中也可以看到类似的现象，尽管情况没有这么极端。

在发给美国经济学会的一篇论文以及当选美国经济学会会长的就职演讲中，库兹涅茨对他所发现的数据进行了理论构建。[36] 他推导出了发展经济学领域一个可能具有颠覆性的见解——前提是那些发现能够经得住时间的检验。事实上，这一见解中隐含着一种经济规律：当一个国家处于发展的起步阶段时，不平等现象会加剧，但随着国家的进一步发展，其不平等现象会逐渐缓解。换句话说，社会早期为发展所付出的代价——不平等，在后期会被发展程度较高、不平等程度较低的状况抵消。

库兹涅茨提出的这一理论在世界范围内引起了轰动，特别是在他因对国民收入核算领域做出的贡献（而不是库兹涅茨曲线理论）而荣获 1971 年诺贝尔经济学奖之后。在整个 20 世纪 80 年代，经济学家们基于库兹涅茨的乐观理论，绘制了一些图表，旨在说明该理论如何适用于不同国家和不同时期，并从而制定了经济发展模式。

但是有一个问题：随着时间的推移，这个理论不再成立。我们今天看到的一些事实便揭示了这一点。

事实上，在高度发达的国家，不平等现象又开始加剧。经济学家布兰科·米兰诺维奇在 2016 年提出，目前不平等程度的上升可以被视为"第二条库兹涅茨曲线"，或者可被称为"库兹涅茨波"（见图 2.1）。

收入不平等

在我们的全球经济体系中，有一个问题不断恶化，那就是不断加剧的收入不平等。

故事始于一个意料之外的转折。通过将世界各地每个人的收入水平绘制成图，我们会得出一个结果：在过去 30 年里，全球收入不平等程度实际上一直在稳步下降[37]（见图 2.2）。这可能会令许多读者大跌眼镜，毕竟人们对许多国家收入不平等情况的认知刚好与之相反。然而，全球趋势是清晰明确的：在世界各地，人们的收入变得越来越平等，而不是越来越不平等。

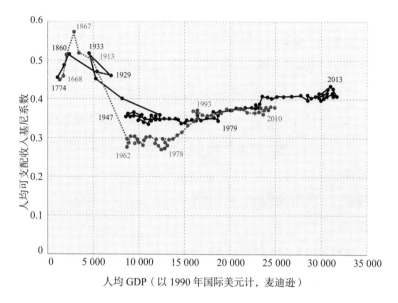

— 1774—2013 年美国的库兹涅茨关系

····· 1688—2010 年英国的库兹涅茨关系

图 2.1 库兹涅茨波：收入不平等程度如何在长期内波动

资料来源：基于以下资料重绘，Lindert, P. H., & Williamson, J. G. (1985). Growth, equality, and history. *Explorations in Economic History*, 22(4), 341–377。

这种不平等程度的下降要归因于一股极其强大的力量：世界上一些（之前属于最贫穷国家行列的）大国在收入水平上实现了大幅跃升。尤其是中国，自改革开放政策实施以来，已经由一个低收入国家跨入中高收入[38]国家行列。根据中国自己的统计数据，中国使大约 7.4 亿民众摆脱了贫困状态。[39]印度也经历了多个快速增长阶段，许多民众的收入都得到提升。

这两个国家对全球不平等状况的影响是全方位的。布鲁盖尔研究所的经济学家若尔特·道尔沃什表明，如果没有中国和印度做出的改变，全球不平等状况不会有任何变化，甚至基于特定的统计方法，不平等程度还会上升不少（见图 2.2）。

这阐明了当今世界不平等的真正问题所在。全球总体不平等状况可能已经有所缓解，但国家内部的不平等状况急剧恶化。

在许多人看来，更重要的不是与世界其他地区的人相比自己过得好不好，而是与本国人相比自己过得好不好。除了少数几个国家外，其他国家的不平等程度一直在上升，而且速度往往相当快。

基尼系数作为衡量不平等程度的传统指标，并不能公正地反映问题的严重性。基尼系数将一国的收入不平等程度量化为一个取值范围为 0~1 的数字，其中 0 代表每个人的收入水平都相同的状态，1 代表整体的经济收入都集中在一人手中的情况。随着时间的推移，如果基尼系数变大，就说明这个国家的收入不平等程度上升。但这反映在现实中究竟意味着什么，其实很难为人们所理解。以美国为例，其基尼系数从 1971 年的低点 0.43 上升到了今天的 0.58，为战后以来的最高点。[40] 当然，这意味着美国的收入不平等程度上升了。但确切地说，0.43 所代表的情况究竟有多好？0.58 所代表的情况究竟又有多糟糕呢？

法国经济学家托马斯·皮凯蒂以更好的方式阐述了这个问题。在 2013 年出版的《21 世纪资本论》[41] 一书中，皮凯蒂揭示了收入最高的 10% 群体的收入份额是如何随着时间的推移而演变的。他的数据显示，1971 年，收入最高的 10% 群体的总收入

　　　　　　　　　　　利益相关者

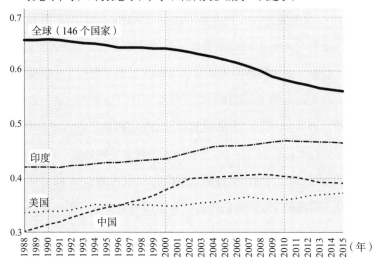

1988—2015 年全球和特定国家收入不平等状况的基尼系数，其中 0 代表绝对平等，1 代表绝对不平等（即所有收入集于一人之手）

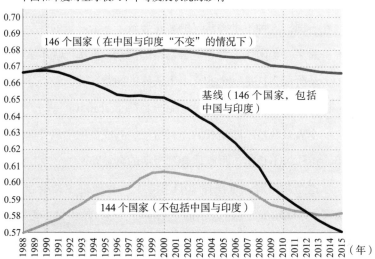

中国和印度对全球收入不平等发展状况的影响

图 2.2　中国和印度对全球收入不平等状况的影响（以基尼系数衡量）

资料来源：基于以下资料重绘，Zsolt Darvas, Global income inequality is declining—largely thanks to China and India, April 19, 2018。

约占整个国民收入的 1/3。进入 21 世纪第二个 10 年，收入最高的 10% 群体的总收入约占整个国民收入的一半。而占绝对多数的劳动者——剩余 90% 的群体，只能分摊剩余一半的国民收入。

后来，由皮凯蒂等人撰写的《世界不平等报告》中的数字显示，收入最高的 1% 群体的收入份额变化趋势更为显著。在同一时期，即 1971 年至 21 世纪第二个 10 年初期，收入最高的 1% 群体的收入份额翻了一番，[42] 收入水平增加了两倍多。这意味着，在 21 世纪第二个 10 年初期，整个国民收入的 20% 以上都流入了收入最高的 1% 群体的腰包。对于那些处于收入金字塔底层的人来说，情况则要暗淡得多。自 20 世纪 80 年代初以来，许多劳动者的实际收入和购买力都有所下降（见图 2.3）。英国也经历了类似的转变。

在美国，这种不平等状况的恶化导致了非常严重的社会后果和经济后果。美国作为世界上最富裕的国家，再次出现了大量贫穷的劳动阶层，这是一个非常令人头疼的问题。英国经济学家盖伊·斯坦丁甚至创造了"不稳定无产者"（precariat）一词，来指代"一个人口数量不断增长的新兴阶层，其成员的生活普遍缺乏保障，工作极不稳定，很难体会到生活的意义"[43]。

从这个角度看，难怪在 2011 年时，一家激进主义杂志《广告克星》（AdBusters）上发出的一则简短号召，便引发了美国 21 世纪最受支持的抗议运动之一。当时，该杂志的网页上是这样写的："9 月 17 日，华尔街，带上帐篷。"到 9 月 17 日那天，抗议者果真带着帐篷，出现在曼哈顿下城，"占领华尔街"运动由此

　　　　　　　　　　　利益相关者

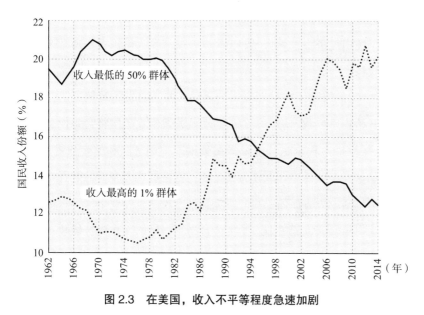

图2.3 在美国，收入不平等程度急速加剧

资料来源：根据皮凯蒂、塞斯和祖克曼撰写的 2018 年《世界不平等报告》重绘。

爆发。鉴于美国存在的极度不平等现状，抗议者打出了"我们是99%"的标语，谴责美国绝大部分的财富、收入和权力都聚集在最富裕的 1% 个人和企业手中。从图 2.3 可以看出，最富裕的 1%群体和剩余的 99% 群体之间的这种二元对立并不是想象出来的。

同样的模式也存在于世界其他地区。在一些国家，这种不平等现象所激起的民愤爆发出来时，强度丝毫不亚于英语国家。"占领华尔街"运动的发起人之一卡勒·拉森在 2012 年的一次采访中告诉我们，事实上，"占领华尔街"运动正是从地中海和中东地区的运动中得到启发。[44] 在 21 世纪第二个 10 年之初，西班牙"愤怒者"走上街头抗议。一年后，"阿拉伯之春"运动席卷了突尼斯、埃及、叙利亚和其他国家，抗议者上街游行，以表达他们对于国内经济不平等状况的愤怒。在突尼斯，抗议者还强行推动了政权更迭。

"我们看到了突尼斯爆发的运动，及其引发的政权更迭，于是开始集思广益，思考类似的运动倘若发生在美国将会是什么情况。"拉森这样说道。他说，在美国，一场"温和的政权更迭"就是从大企业手中夺取权力和金钱，就是那些大企业控制着"我日常生活的方方面面。我们感觉到自己当前已经处于这样一种境地——年轻人大量失业、学生债台高筑、好的工作岗位稀缺，如果我们再不主动为自己的未来而战，那么我们将没有未来可言。这是'占领华尔街'运动背后的核心推动力"。

在其他国家，尤其是在亚洲新兴国家，不平等程度加剧所引发的民愤相对没有那么强烈。在印度和许多东盟成员中，不平等程度都有所上升。然而，这些地区的总体经济增长率相对要高得多，正所谓水涨船高。不过，不同阶层之间的紧张关系也困扰着其中一些国家（见第三章）。

正如作家詹姆斯·克拉布特里在《亿万富翁拉吉》（*The Billionaire Raj*）一书中强调的，印度是当前世界上最不平等的国家之一，以至印度社会正经历一个"新镀金时代"。与印度不同的是，在中国，改革开放政策实施之初，大多数国民都处于同一起跑线。尽管如此，中国的收入不平等问题也日渐凸现，目前中国收入最高的 10% 群体掌握着其国民总收入的 41%。[45] 在许多其他新兴市场，情况甚至更糟糕。在中东国家、撒哈拉以南非洲国家，以及许多拉丁美洲国家，包括巴西，情况与美国相似，收入最高的10%群体的收入占国民总收入的一半以上。

欧洲大陆的不平等状况稍微没那么糟糕，收入最高的10%群体的收入占国民总收入的37%。其不平等程度虽然一直在上升，但速度比其他大多数主要经济体要慢得多。这在一定程度上是因为，欧洲有更强大的制衡制度来促进收入分配和再分配。

但在这一地区，现实情况也并非处处尽如人意。例如，在南欧和东欧大部分地区，失业率居高不下，尤其在年轻劳动者群体中，这一情况更甚。高薪工作越来越难找，这往往对于蓝领工人和受过大学教育的年轻人尤为不利。在2010年欧洲债务危机使整个欧洲经济发展承压的情况下，北欧经济体虽然保持不错的增长速度，但在过去10年里，其收入不平等程度也有所上升。比利时[46]、爱沙尼亚、罗马尼亚、斯洛伐克和捷克[47]等则是反例，出现了不平等程度下降的情况，但它们只是例外。

财富、健康和社会流动性

在研究其他的不平等指标时，库兹涅茨曲线也被推翻。财富不平等反映了个人拥有的储蓄、投资和其他资本存量的差异。在许多国家，这一指标甚至更加失衡。与财富不平等同步发生的是，高额的私立教育、高质量的医疗服务日益成为中上层阶级和上层阶级的特权。在缺乏适当的公立教育和公共医疗资源的国家，这种情况尤为突出。

在美国，人们对这一现实感受得最为深刻。从这个意义上来说，美国更像印度和墨西哥等新兴经济体，而不像发达经济体。根据经济学家伊曼纽尔·塞斯和加布里埃尔·祖克曼的计算，美国最富有的 1% 群体所拥有的财富份额在 20 世纪 70 年代时还不到 15%，到 21 世纪第二个 10 年之初则已经增加到 40% 以上。[48]如此看来，财富不平等程度要比收入不平等程度高出一倍。[49]

财富不平等与收入不平等建立在彼此的基础之上，从而形成一个恶性循环。[50] 2020 年，《金融时报》上的一篇文章总结道：截至 2019 年 9 月底，美国最富裕的 1% 家庭持有美国 56% 的股票资产，总价值达 21.4 万亿美元，刷新了历史纪录。仔细想想：美国一半以上的股票实际上都掌握在这 1% 的家庭手中。在过去30 年里，这个比例稳步上升，究其原因，在于"许多美国人的工资水平停滞不前，导致过去 10 年里股市的收益与他们无缘"。

最富裕的 0.1% 群体的财富份额更是实现跨越式增长。到 21世纪第二个 10 年，这一群体积累的财富远远超过全美的 1/5，这一份额与 20 世纪 70 年代中期相比，增长了两倍。然而，处于财富金字塔底层的人所拥有的财富份额和储蓄额都直线下降，甚至常常无力支付紧急性医疗费用和教育费用，[51] 这一点在 2020年的新冠肺炎疫情期间体现得非常明显，令人痛心。

诺贝尔经济学奖得主约瑟夫·斯蒂格利茨断言，这种日益扩大的贫富差距会导致的后果是，美国社会的流动性越来越差，甚至对于许多人来说，健康或者长寿都已经变得遥不可及。在2019 年出版的《美国真相：民众、政府和市场势力的失衡与再平衡》一书中，以及之前《科学美国人》杂志收录的一篇文章

　　　　　　　　　　　　　　　　　　　利益相关者

中，斯蒂格利茨谴责了这种情况。"处于底层的50%的家庭几乎没有能够应对突发状况的现金储备，"他写道，"一次汽车故障或者生一场病就可能导致一些人的生活彻底陷入无法摆脱的窘境，报纸上随处可见这种例子。这在很大程度上要归咎于高度的不平等，美国人的预期寿命本来就特别低，现在还在持续下降。"[52]

确实，安妮·凯斯和安格斯·迪顿所称的"绝望的死亡"[53]现象，在美国呈上升之势（在英国也日渐增多[54]）。阿片类药物滥用、抑郁症和其他健康问题正深深困扰着一些人，使他们经济状况进一步恶化，生活日渐萎靡，甚至死亡，而这些问题的存在本身就与糟糕的经济状况不无关系。

在美国，"财富与健康"之间存在的这种关系在新冠肺炎疫情中得到了最充分的体现。那些经济能力较差的人受新冠肺炎疫情影响的程度远远高于经济能力较好的人。纽约市就是一个典型的例子。在疫情暴发的最初几周里，许多住在曼哈顿的富人可以搬去他们位于北部度假区或者其他州的房子里居住，可以在私立医院接受治疗，还可以通过其他方式保护自己不被感染。相比之下，较贫穷的纽约人感染病毒的可能性要大得多。因为他们更有可能在无防护的环境下工作与生活，不太可能享有充分的医疗保障，而且基本没有能力搬去其他地方居住。这导致的结果就是，一项早期研究发现，"在纽约市各区中，布朗克斯区与新冠肺炎病毒相关的住院率和死亡率是最高的。这个区的非裔美国人占比最高（为38.3%），家庭收入中位数最低（为38 467美元），接受过大学教育的居民占比也最低（为20.7%）"。[55]在美国（甚至整个世界）的其他地方，都在上演相同的一幕。

虽然像新冠肺炎这种传染病在美国和在全球其他地区一样，都会对贫困社区造成更大的冲击，但在其他的发达经济体中，居民健康方面的差距迄今依然受到很大程度的制约，居民的预期寿命也在持续提升。这本不应该完全出人意料，因为除美国之外，几乎所有发达经济体都建立起了某种形式的全民医疗保障制度。例如，在经合组织的 36 个成员中，只有墨西哥的医保覆盖率低于美国，大多数国家都已经通过公共医疗保险或私人医疗保险的形式实现了 100% 覆盖。[56]

在社会经济流动性方面，全球各地的情况更为复杂。世界经济论坛发布的 2020 年《全球社会流动性报告》中提出了"全球社会流动性指数"，该指数表明，"只有少数国家具备增强社会流动性的适当条件"，"大多数国家在薪酬公平、社会保障、工作条件和终身学习这四个方面表现不佳"。而要实施基于利益相关者的经济模式，实现更高水平的社会流动性是其中一个重要组成部分。具体而言，该报告称：

> 纵观所有经济体和它们的平均收入水平，出身于相对不富裕家庭的儿童相比他们那些出身于相对富裕家庭的同龄人，在通往成功的道路上通常面临更大的障碍。此外，即使在经济快速发展的国家，不平等程度也在不断上升。在大多数国家，出身于某些群体的个人自古以来就处于劣势地位，社会流动性的减弱使这种不平等现象更为持续，并且使不平

　　　　　　　　　　　　　　　利益相关者

等程度加剧。反过来，这些不平等又会破坏经济和社会的凝聚力。[57]

其他的研究也发现了类似的动态机制。世界银行 2018 年的一份报告显示，在非洲和南亚等地区，只有 12% 的年轻人受教育程度超过了他们的父母。而要提升自己的社会经济阶层，接受更多的教育往往是先决条件。[58] 根据该报告，包括东亚、拉丁美洲、中东和北非在内的其他地区的经济流动性平均水平确实有所改善。但该报告也提出了警示："虽然随着经济体的经济状况逐渐提升，其流动性趋于改善，但这一过程并不是必然发生的。事实是，随着经济的发展，流动性得到改善的前提条件是机会变得更加平等。而机会变得更加平等的前提条件，是加大公共投资和优化政策。"[59] 换句话说，倘若缺乏公共投资（对于预算紧张的政府来说，这是一个越来越可能发生的现实），许多国家的经济流动性很可能会恶化，而不是得到改善。

鉴于上述许多发现都与库兹涅茨的理论相悖，他本人又会作何感想呢？

我们不需要去推测这一问题的答案。根据库兹涅茨在美国国家经济研究局的同事罗伯特·福格尔的说法，库兹涅茨曾一再警告称，他"所提到的那些零碎的数据并非证据，而是'纯粹的猜测'"[60]。换句话说，库兹涅茨非常清楚，他在 20 世纪 50 年代的发现可能只适用于极为特定的情况。事实上，资本主义的黄金时代正是那个极为特定的情况。福格尔还指出，甚至在当时，库兹涅茨就发现了"在经济增长过程中产生的一些因素，正是这些因素造就的压力促使不平等程度加剧或减弱"。

近来，世界银行前首席经济学家布兰科·米兰诺维奇试图根据这些见解，打造一条新的库兹涅茨曲线。库兹涅茨特别指出，技术是一个可能对不平等产生积极影响或消极影响的因素，米兰诺维奇从中推导出了一条不平等曲线。鉴于我们所见证的近几十年来的演变，这一曲线似乎更加完整。他将这一曲线称为"库兹涅茨波"。这一曲线显示了，随着一波又一波的技术进步和相应政策的落实，不平等程度也会发生起伏（见图2.4）。

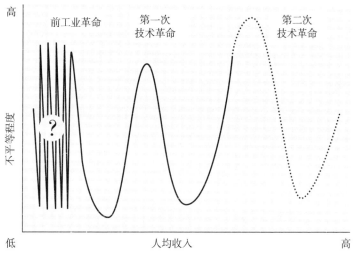

图2.4　不平等程度与人均收入的预期变化模式，基于技术革命的状况
资料来源：根据皮凯蒂、塞斯和祖克曼撰写的2018年《世界不平等报告》重绘。

在这张图中，米兰诺维奇所谓的第一次技术革命，大致相当于前两次工业革命，其中第一次工业革命见证了火车和蒸汽动力

　　　　　　　　　　　　　　　　利益相关者

的实现，第二次工业革命实现了内燃机和电力的广泛应用。第二次技术革命大致相当于第三次和第四次工业革命，这两次工业革命给我们带来了计算机和人工智能等创新。他的观点很明确：技术有使不平等加剧的趋势，但随着我们适应技术，并采取措施应对技术造成的不平等，我们就可以在之后减少不平等。我们将在本书的第二部分再谈这个概念。

但是，尽管前有库兹涅茨的早期警告，后有米兰诺维奇近期所做的努力，世界各地的政策制定者所执行的政策依然侧重于追求经济增长，而不是追求包容性发展，侧重于实现技术的快速部署，而不是实施更周密的技术治理。这就犯了一个错误，因为当前技术快速发展的潮流有一种加剧不平等的自然趋势。因此，对于政策制定者来说，当务之急是要采取应对措施来减缓或阻止这一趋势。但我们没有这么做，这就形成了第二个库兹涅茨诅咒，它意味着全世界有许多人正在为我们近期取得的技术进步付出高昂的代价。

第三个库兹涅茨诅咒：环境

还有第三个，也是最后一个库兹涅茨诅咒，它与环境有关。随着库兹涅茨曲线在 20 世纪 60 年代和 70 年代越来越受到重视，一些人开始担心西方国家的高经济增长率所带来的外部性：污染加剧、环境恶化和资源枯竭。随着消费主义在西方大行其道，全球人口迅速增长，人们有理由发问：我们的社会经济体系究竟对我们的全球公地造成了怎样的损害？在这个时代，汽车和工厂排放的废气使我们的城市上空始终笼罩着一层厚厚的浓烟，地球大气中起保护作用的臭氧层的空洞越来越大，核电站被建成，废弃物越来越多，塑料和其他有害材料被广泛使用，比如石棉就被广泛用于建筑中。

遵循与库兹涅茨对不平等问题的短期观察类似的思路，一些经济学家认为，对环境问题不必太过担心：他们在发现环境污染不断加剧的同时，也看到了一些鼓舞人心的迹象，这些迹象表明随着时间的推移，环境污染问题也会逐渐得到缓解。确实，随着生产方式的日渐成熟，生产过程会变得更加清洁，资源使用效率会得到提升。就每项产品的生产而言，所造成的环境破坏程度似乎遵循着一条环境库兹涅茨曲线。按照这些经济学家的想法，再过几年或几十年，环境问题就像之前的不平等问题一样，会自行得到解决。不幸的是，事情的发展并非如此。

不断恶化的环境

我们还必须面对最后一个现实，它也许是最具破坏性的，那就是我们的经济体制所造成的持续的、日益严重的环境恶化，以及全球变暖、极端天气和持续过度产生的废弃物与污染物对我们的生命造成的威胁。

今天，大多数有关环境的报道都聚焦于全球变暖问题，但这只是更大的问题集中的一个子集。我们所打造的这个经济体制是完全不可持续的，尽管环境库兹涅茨曲线中体现了一些鼓舞人心

　　　　　　　　　　　　　利益相关者

的迹象。1973 年，世界经济论坛首次就这一逐渐凸显的问题增强了人们的意识。随后，时任罗马俱乐部主席的奥雷利奥·佩切伊在达沃斯发表演讲，介绍了该智库所做的著名的"增长的极限"研究。此前一年，该研究的成果《增长的极限》一书一经出版，便"因质疑全球经济增长的可持续性而引起轰动"。几位合作研究者"研究了全球经济的几种不同情况"，并在达沃斯会议上概述了"社会为协调经济发展和环境制约因素而必须做出的选择"。[61]

他们警告称，按照当前的发展路径，未来几十年耕地资源将会陷入"突发性的严重短缺"状况。[62] 此外，地球上的淡水资源供给也是有限的，随着需求的增加，围绕淡水资源的获取问题将引发竞争与冲突。[63] 他们还警告称，石油、天然气等众多自然资源都已经被过度使用，这将导致污染问题急剧恶化。[64]

然而，他们的警告终究成为徒劳。罗马俱乐部列出的最糟糕的情况并没有发生，因此他们试图传达的信息大多数都被抛诸脑后。在经历了 20 世纪 70 年代的经济停滞后，经济生产几乎每年都创下新高，人类留下的生态足迹也越来越大。尽管罗马俱乐部关于短期内将出现资源枯竭的说法并不准确，但今天我们可以看到，罗马俱乐部还是富有先见之明的。1970 年，也就是《增长的极限》出版的前两年，人类的全球生态足迹尚未超出地球的再生能力，尽管两者之间的差距已经非常小。如果我们继续沿用当时的生产方式和消费方式，兴许当前的我们依然能保持在平衡状态，从而为后代留下一个宜居、富饶的地球。

但随着全球人口的持续增长，形势发生了转变。当今世界的人口相比 20 世纪 70 年代已经将近翻一番，而且人们的生活水平不断提高。根据全球足迹网络的计算[65]，2020 年，"地球生态超载日"在 8 月的某个时候到来，即人类在这个时候就已经耗尽了全年的"自然资源预算"，这意味着我们一年中有 4~5 个月的时间都在透支自然资源（见图 2.5）。（因为新冠肺炎疫情的暴发，各地实施了持续数月的强制封禁措施，许多经济活动暂停，这确实给"地球生态超载日"带来了积极的影响，[66] 不过这种情况肯定是不可持续的。）正如全球足迹网络的首席科学官林戴维

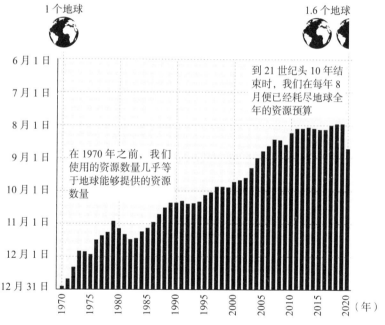

图 2.5　自 1970 年以来，"地球生态超载日"的到来几乎每年都会提前

资料来源：根据全球足迹网络的 2019 年国家生态足迹与生物承载力账户中有关"地球生态超载日"的资料重新绘制。

　　　　　　　　　　　　　　　利益相关者

（David Lin）告诉我们的，需要注意的是，我们的"生态足迹"当然只是一种粗略的计算方式：我们无法确定地说，经济生产和消费过程究竟会对自然造成多大的危害。但显而易见的是，人类对自然资源的使用是不可持续的，并且还在加剧许多其他有害趋势，比如全球变暖。我们在这方面的具体表现究竟如何呢？

首先来看化石燃料。化石燃料的形成需要花费数百万年时间，且只能使用一次。尽管如此，煤炭、石油和天然气仍占全球一次性能源消费总量的 85%[67]，它们为全球 2/3 的电力生产提供了能量来源 [68]。事实上，在过去的一个世纪里，这些化石燃料的使用量几乎每 20 年就增加一倍。尽管已经有人呼吁要逐步淘汰它们，但在 2018 年其产量不降反增。面对这一统计数据，就连英国石油公司（BP）首席经济学家斯宾塞·戴尔都深感不安。[69]"正值社会对于加速向低碳能源系统过渡的需求不断提升之际，"戴尔在 2019 年的《BP 世界能源统计年鉴》中这样写道，"2018 年的能源数据描绘出了一个令人担忧的境况。"

不光是化石燃料。从更广泛意义上说，根据联合国环境规划署国际资源小组的数据，在过去 50 年里，自然资源的使用量增加了两倍。[70] 该组织警告称，在过去的 20 年里，自然资源的开采和加工"增速"，"我们所面临的生物多样性损失和水资源压力，90% 以上都要归咎于此，大约一半的气候变化影响都源于此"。

与这些趋势相伴的是至少三种污染的加剧：水污染、空气污染和土壤污染。

我们首先谈水污染问题。联合国水机制是协调联合国水事务和环境卫生事务的机构。根据该机构的估计，全球有 20 亿人生活在水资源供给高度紧张的国家，[71] 这往往是由气候变化造成的。即便是在有水的情况下，水质也往往受到严重的污染。该机构称，在全球范围内，"可能有超过 80% 的废水没有经过适当处理就直接被排放到环境中"，污染的发生往往源于"集约化农业生产、工业生产、采矿和未经处理的城市径流与废水"。[72] 它威胁着从城市到农村各个地区的人们对清洁水资源的获取，并对健康构成了巨大威胁。

此外还有塑料污染问题。在未来几十年里，我们对这一问题的感受将最为明显，因为目前海洋中逐渐堆积的塑料可能会通过各种方式对陆地上的生命造成影响。微塑料在世界各地的水体中已经无处不在，部分原因在于微塑料需要几十年的时间才能被分解。根据人类目前的应对措施，估计到 2050 年，海洋中的塑料总量可能超过鱼类。[73] 大众印象中最触目惊心的例子是"大太平洋垃圾带"，它主要是由太平洋中的微塑料垃圾堆积而成。但这是一个全球性问题，影响的是世界各地的水体。

其次是空气污染问题。根据绿色和平组织的数据，世界上近 2/3 的城市都超出了世界卫生组织制定的有关空气污染的参考标准。[74] 亚洲许多大都市的空气污染非常严重，以致在室外行走都不利于身体健康，[75] 许多生活在那里或者去过那里的人都将能够证明这一点。

最后是土壤污染问题。根据联合国粮食及农业组织的说法，土壤污染在全世界是一个隐藏的现实，直接威胁着人类的健康。[76]

　　　　　　　　　　利益相关者

这种对资源的快速开发和污染问题已经开始对世界的自然生态系统造成严重破坏，并且有可能使全球变暖趋势失控，这会给深受气候变化影响的地区的人们和子孙后代带来严重的后果。还有其他数据也揭示了人类对环境的影响。

由联合国发起的生物多样性和生态系统服务政府间科学政策平台（IPBES）在 2019 年的一份报告中得出结论："在全球范围内，自然界正在以人类历史上前所未有的速度衰退"，物种灭绝的速度已经"比过去 1 000 万年的平均速度至少快几十倍到几百倍"。[77]《金融时报》援引了这一研究结果，并写道："在地球上的大约 800 万个动植物物种中，有 100 万个物种正面临灭绝的危险。"[78]

另一个联合国专门机构——政府间气候变化专门委员会（IPCC）在 2018 年末发出一项警告，称如果人类在 2030 年之前没有实现大幅度减排，当前的二氧化碳排放路径将使地球进入一个不可阻挡的全球变暖周期，这将对地球上的生命成长造成重大干扰。根据该机构的说法，"要将全球气候变暖幅度限制在 1.5℃以内，并且不使地球生态超载，或仅保持有限程度的生态超载状态，这需要能源、土地、城市和基础设施（包括交通和建筑）领域以及工业体系发生快速且深远的转变"[79]。然而，两年后，仅仅是将全球气候变暖幅度限制在 1.5℃以内的希望便已落空。同为联合国专门机构的世界气象组织在 2020 年 7 月表示，未来 5 年中（即 2020—2024 年），全球平均气温升高 1℃将成为现实，并且该组织认为，全球气温升幅在这一时期达到 1.5℃的概率为 20%。[80]

每个人都已经或多或少体会到一些气候变化的现实。就在我写下这些文字时，已经有连续两年的夏天都创下了高温纪录。[81]坐落于阿尔卑斯山上的瑞士小镇采尔马特，素有"冰川之城"的美誉。我夏天经常漫步于小镇之中，那里的气温通常相当适宜。但就是这样一个小镇，丝毫不夸张地说，也正在经受全球气候变暖和极端天气事件的冲击。特奥道尔冰川每年都在消融，我在2019年夏天到访那里时，冰川融化导致了山洪暴发，尽管已经连续数日滴雨未下。[82]

　　面对多年以来的这些变化，人们用一个简单的行动做出了回应：他们开始迁徙。如今，联合国移民署（IOM）提出警告："或循序渐进或突如其来的环境变化正在导致大量的人口流动。过去30年里，风暴、干旱和洪水灾害的数量增加了两倍，对那些弱势群体，尤其是发展中国家的弱势群体造成了毁灭性影响。"[83]该机构预计，截至2050年，气候移民的总数将达到2亿，这正是当前全球的国际移民数量。[84]

　　商业领袖们深知环境风险正在加剧，因为在世界经济论坛每年发布的《全球风险报告》中，他们将环境风险排在越来越突出的位置。2020年，"《全球风险报告》中排在前几位的长期风险全都是气候所面临的严重威胁"[85]，这种情况还是首次出现。该报告指向了极端天气事件、缓解和适应气候变化行动的失败、人为造成的环境破坏、生物多样性的重大损失（这导致了资源的严重枯竭）和重大自然灾害所带来的风险。

　　我们不应该再像20世纪70年代那样，对这些风险不甚重视。

特别是，我们的下一代已经开始有所警惕，担心我们究竟会给他们留下一个怎样的世界。如果我们再像以前那样，无异于是对后代的背叛。

事实上，这几年，全球气候变暖带来的危害已经成为下一代年轻人主要担心的一个问题，他们开始要求采取更紧迫的气候行动。因为深受瑞典学生格雷塔·通贝里等同龄人的启发，成千上万的气候活动家走上街头，向任何愿意倾听的人发表演讲，并尽可能改变自己的习惯。我们理解他们的担忧，还为此邀请了格雷塔·通贝里在 2019 年的达沃斯年会上发言。通贝里所传达的最重要的信息是，"我们的房子着火了"[86]，我们应该尽可能增强紧迫感，采取紧急行动。

距离奥雷利奥·佩切伊在 1973 年达沃斯年会上发表演讲，已经过去了几十年。在这几十年里，我们未能采取足够有效的行动，从而使子孙后代在经济、健康和环境方面的前景恶化，还有许多人在经济水平上远远落后于其他人。这是库兹涅茨最后的诅咒。毕竟，他从未暗示我们的经济体制可以无限期地持续下去。我们希望能够响应下一代的号召，相比 1973 年时，增强紧迫感，打造一个更加可持续的经济体制。

* * *

库兹涅茨曾谨慎地警告我们：GDP 在衡量总体的社会进步方面是一个糟糕的指标，因为它更适用于衡量生产能力，而不适用于衡量任何其他的繁荣迹象。他并不认为 20 世纪 50 年代出现的收入不平等程度的下降会成为一项永久性特征。相反地，他认为这不过是特定的技术进步所带来的暂时效应，这种技术进步在当时促进了包容性增长。而且，他从未认同所谓的"环境库兹涅茨曲线"，这一概念假设一个经济体在发展到一定水平后，对环境造成的损害会逐渐减小。可惜我们没有听从库兹涅茨的这些警示，现在的我们正在为此付出代价。

但是，在试图弥补经济发展中犯下的这些错误之前，我们必须先自问：当前是否已经存在另一条发展道路？我们有多大可能在东方，在亚洲的崛起中，发现这条道路？

第三章

亚洲的崛起

从中国南部的深圳河上望去，两岸的景象形成了鲜明对比。在南岸，目之所及，稻田遍布；在北岸，摩天大楼林立，勾勒出城市的天际线。

但这里一开始并非如此。40年前，深圳河两岸几乎都是一片荒芜的景象。南岸相对发达一些，几英里①外便是香港城区。当时还位于英国殖民统治下的香港与河对岸的中国内地之间，由铁轨相连。孤零零的中国卫兵会在渡口进行巡查。

当年曾到访那里的游客，肯定想象不到它在40年后的今天会呈现这种反差。南岸的稻田依然属于香港，这座城市是长期以来的亚洲金融中心；北岸的摩天大楼则属于当代中国的科技之

---

① 1英里≈1.609千米。——编者注

都——深圳，这是一座仿佛在一夜之间崛起的城市。

在这 40 年里，深圳河北岸所见证的也许是人类有史以来最伟大的经济奇迹。1979 年，那里的居民平均每天的收入不超过一美元。今天，深圳的人均 GDP 已接近 3 万美元，相比 1979 年增长了约 100 倍。这里不光驻扎着华为、腾讯、中兴等科技巨头[1]，还聚集着一些科技创业公司，是"创客运动"在中国的先发城市。香港并没有停滞不前，只不过现在它的旁边多了一个强大的孪生兄弟。

这种巨大的转变究竟是如何发生的？针对更广义层面上世界经济向东方的转移，它能够为我们提供何种启示？

中国的经济特区

我第一次到访中国是在 1979 年 4 月。那是以邓小平为核心的新一代中央领导集体执政的第二年，我所接触到的这片土地还处于深度贫困之中。在很长一段时间，中国饱受外国侵略和内战之苦，还在政策方面走了一段弯路。

中国的这种不利局面已经持续了近 150 年。在过去几千年的大部分时间里，中国一直是一个经济超级大国，同样强大的还有印度。但在 19 世纪，情况发生了转变。从 1840 年开始，中国经历了中华民族百年屈辱史。在这一时期，英国发动两次鸦片战争。中国被迫开放关键港口和城市，还将部分领土割让给了英国、法国和日本。二战期间，日本还侵占了中国大面积的领土。

中国遭遇这些失败的一个关键原因是，工业革命在中国没有得到发展，这使其对手在经济、军事和技术上均占据优势。

这场动乱也导致了中国既有政治体制的垮台。1912 年，清王朝被推翻。在那之后，中国各派政治势力纷纷登台争夺政权，这种状态持续了几十年，贯穿了 20 世纪三四十年代被日本占领时期，一直到二战结束之后。最初是以蒋介石为核心的国民党占据上风。在抗日战争结束后的最初几年里，蒋介石领导的国民政府无力控制日军撤退后留下的混乱局面，并且面临强大的内部反对势力，这导致的结果是，中国内战再次爆发，最终国民党被毛泽东领导的共产党打败。

1949—1976 年，在毛泽东的领导下，中国共产党成为执政党，较为彻底地结束了中国的政治动荡局面。

在社会和经济层面，早期的中华人民共和国并没有像美国、西欧和苏联等地那样实现快速发展。这个国家在粮食生产方面又回归了自给自足的模式，工业生产走上中央计划道路，政治和文化领域则实施了严格的管控。到 20 世纪 70 年代末，中国经济依然没有明显的起色。这个中央帝国（西方国家有时对中国的称呼）成为一个发展中国家，其众多国民都生活在贫困线以下。

邓小平想要改变中国的这种状况。1978 年，他访问了当时的"亚洲四小龙"之一新加坡。所谓的"亚洲四小龙"，是指在 20 世纪 60 年代和 70 年代，依靠外国直接投资（FDI）、保护区域内关键产业免受外部竞争的政策和出口导向型增长模式，从而实现了快速崛起的四个经济体——中国香港、中国台湾、新加坡和韩国。受到这个位于小岛上的城市之国启发，邓小平也为中国寻求了一种新的经济发展模式：始于1978年的改革开放。在这一模式下，实现经济形势好转的核心在于，在中国南方人口众多的广东沿海各地带成立经济特区，并吸引来自周边经济体（包括中国香港）的外来直接投资，允许境外投资者在经济特区设立企业。位于深圳河北岸的深圳，正是其中一个经济特区。

经济特区的设立，相当于为私营企业在中国的运营提供了一个沙盒环境。在中国的其他地区，针对私有制、公司注册和利润依然存在许多限制性规定，而且这种状况还会持续多年。中国毕竟是一个社会主义国家，但在经济特区内，境外投资者可以设立企业（前提是它要以出口为目的），可以持有或至少可以租赁资产，而且可以享受特殊的法律和税收待遇。

中国（深圳）综合开发研究院研究员刘国宏在2019年告诉我们[2]，设立经济特区的目的是让中国尝到"市场导向型经济"（邓小平称之为"具有中国特色的社会主义"，江泽民则提出了"社会主义市场经济"）的滋味。然而，当时的现实是，中国根本没有钱来发展任何经济活动。因此，在靠近香港（那里拥有大量的资金和制造业）的地方设立经济特区也是不得已而为之。

这个大胆的计划成功了。1982年，一家香港金融机构——南洋商业银行，在位于香港以北几英里的深圳设立了一家分行。这是中国内地第一家商业银行。[3]它代表着中国发展的分水岭。这家总部位于香港的银行为其在中国内地的分支机构提供了一笔跨境贷款。这使得南洋商业银行深圳分行可以为深圳的长期土地租

　　　　　　　　　　　　　　　　利益相关者

赁活动和开办工厂提供融资。

　　深圳当局也做了相应的工作。之前，中国的土地完全归于国有，这意味着私人投资者根本无法获得土地。现在，深圳政府允许境外投资者使用土地，以作商业用途和工业用途。1987 年，深圳经济特区甚至组织了一场公开的土地拍卖，这是自 1949 年中华人民共和国成立以来中国首场土地拍卖活动。[4]

　　在 20 世纪 80 年代，深圳成为整个中国经济发展的中心。效仿中国香港和新加坡的发展先例，深圳起初专门发展低成本、低价值的制造业。由于这里的人们起初的收入平均每人每天不到一美元，要提供有竞争力的薪酬并不难，工人们所生产的商品全都用于出口。

　　亚洲四小龙嗅到先机，率先转换生产场地。中国台湾、中国香港、新加坡和韩国的企业纷纷来到深圳，要么建立以出口为目的的外商独资企业，要么与中国内地投资者合作打造合资企业，这样其产品也可以在中国境内销售。

　　于是，来自中国各地的人们开始纷纷涌向各经济特区。这一方面源于那里的工作岗位有吸引力，另一方面则源于新生事物的诱惑力，他们迫不及待地想成为其中的一分子。在 20 世纪 80 年代初只有大约 3 万居民的深圳，一跃而成为人口超过 1 000 万的成熟的一线城市，与北京、上海和广州齐名。当年那个位于稻田旁边的"沉寂的小渔村"已经一去不复返。

　　随着第一批经济特区取得了空前的成功，中国政府进一步开放更多的城市，这些城市主要分布在中国东部沿海地区。1984

年，中国进一步批准大连、天津、福州等为沿海开放城市。其中，大连与韩国和日本距离较近，天津为服务首都北京的主要港口城市（这两个地方现在都已成为世界经济论坛夏季达沃斯年会的常驻举办城市），福州则是许多移民新加坡的华人的故乡。中国在 1990 年开放了上海浦东新区，随后又设立了十几个经济新区。

这种出口型发展模式起到了催化剂的作用。数以亿计的中国人迁往沿海经济新区，坚信那里的工厂、施工单位和服务性企业能够提供更高的薪水。中国的城市呈爆炸式增长，而内地的农村地区则陷入"空心化"。中国的年经济增长率达到 10% 及以上的峰值。1980 年时的中国，GDP 只有 2 000 亿美元。中国就是从这样一个穷国成长为一个中低收入国家，GDP 相比 1980 年增长了 5 倍（2000 年中国的 GDP 为 1.2 万亿美元）。

随着中国开始实施改革开放的经济政策，一些境内外人士希望中国的政治进程也能够发生改变，就像苏联及其势力范围内的波兰、匈牙利、捷克斯洛伐克、民主德国，当然还有俄罗斯所发生的那样。虽然这种政治变迁在欧洲最终导致了原有政权的瓦解以及新政权的诞生，但中国政府保持住了其在政治事务和经济事务中的核心地位。在 20 世纪 90 年代，中国迎来了经济的繁荣时期，许多西方企业将生产转移至中国，促进了中国的就业、薪酬和消费水平的提升。

到 2001 年，中国已经取得了非常大的发展，变身为一个出口强国，进入世界贸易组织（WTO）的时机已经成熟，这推动

利益相关者

了另一波出口导向型增长。对于将制造业转移到中国的可能性，有些西方企业之前持谨慎态度，或者根本没有意识到存在这种可能性，但现在这些企业纷纷来到中国。来自美国、欧洲和日本的企业成为中国大陆和台湾制造商服务的主要客户，其中有些还在当地建立了合资企业。

深圳作为中国发展初期表现最为耀眼的城市，并没有止步于此。随着时间的推移，深圳的产业活动面貌发生了改变。这个起初以廉价电子产品制造企业和本土"山寨"企业而著称的城市，逐渐成长为"硬件硅谷"，而且是"科技创客行动"的发源地，《连线》杂志如此写道。⁵来自中国各地的创业者，以及越来越多的来自世界各地的创业者开始相聚于深圳，交流想法，并在这一过程中孵化了新的创新企业。

如今，许多企业仍然在深圳设有庞大的生产基地。其中最著名的就是富士康的工厂。富士康是一家台湾的电子企业，雇用了几十万名员工，苹果公司的大部分手机都是在这里生产出来的（至少不久之前还是这样，近期迫于地缘政治方面的顾虑，"苹果公司开始悄悄地、逐渐地将生产线搬离中国"，转到富士康在印度新建的工厂⁶）。在深圳的台湾企业和香港企业还有很多，富士康只是其中的一个例子，就是这些企业为深圳早期的工业扩张贡献了骨干力量，它们至今仍在这个城市占据着重要位置。

不过，今天的深圳更为国际大众所知的可能在于其本土的科技企业。以华为为例，它是全球最大的电信设备制造商，它制造的硬件为整个第五代（5G）移动网络提供了动力，它生产的智能手机远销世界各地（美国除外），但近期中美之间的贸易战导致其扩张进度放缓。

华为的成功经历了一个漫长的过程。它的创始人任正非曾经应征入伍，后来于1983年转业来到深圳，成为深圳众多外来人口中的一员。他抱着碰运气的态度，投身于蓬勃发展的深圳电子行业。4年之后，他创办了华为。最初的华为是一家香港企业的设备代理商，规模很小。它在接下来30年里的崛起历程，在许多方面成为整个中国的写照。

在深圳，像这样的创业成功案例还有许多，现举例如下（括号内为企业在深圳成立的年份）。

- 中兴通讯（1985年）：包括电话在内的各种电信设备的制造商。

- 平安保险（1988年）：中国保险行业巨头，也是人工智能领域的主要参与者。目前拥有2亿用户，员工数量近40万，公布营收达1 600亿元。[7]

- 比亚迪（BYD）（1995年）：BYD的全称是"Build Your Dreams"（成就你的梦想）。据彭博社报道，比亚迪现在是世界上最大的电动汽车制造商，"在中国每月销售多达3万辆纯电动汽车和插电式混合动力汽车"[8]。

- 腾讯（1998年）：一家科技集团，旗下拥有中国知名的社交媒体应用QQ，是电商企业京东的最大股东，开发了广受欢迎的游戏《英雄联盟》。它是由一群在深圳的人创立的，其中包括现任 CEO（首席执行官）马化腾。腾讯现已成为全球最大的游戏公司，同时也是全球排名靠前的社交媒体公司和电商企业。

深圳早已不再是当年那个廉价制造业基地，但它依然为中国的发展指明了方向。当前，中国已经进入一个全新的发展阶段。中国作为"世界工厂"的时代已经过去，其全新的篇章已经翻开。现在的中国作为全球第二大经济体，成为带动亚洲和其他地区许多新兴市场经济体发展的"磁极"。

在这一阶段，以出口为重点的经济特区依然发挥着重要作用。但科技园、创业孵化器和创新中心等新型试验区的出现，使得经济特区日渐失色。在新型试验区中，科技初创企业和创新者正在孵化产品，以满足中国越来越精通技术、越来越富裕的消费者和企业的需求。在这一领域，深圳再次发挥了领头羊的作用。但北京海淀区中关村（开发了短视频社交平台 TikTok 的字节跳动就创立于此）、上海的张江高新技术产业开发区等也表现不俗。

前进的代价

今天，跨过深圳河，你就走进了一片混凝土丛林，这个不断扩张的城市就是深圳。在炎炎夏日，比起当年那个沉寂的小渔村，现在的深圳大街上并不能看到更多的行人。这一方面是因为随着全球气候变暖，这里夏日平均气温太高，人们在外面走不了几步路就会大汗淋漓。于是，人们将活动范围转移到了室内。他们穿行于有中央空调的地下商业街，比如连城新天地，或者待在有冷气的办公室，他们的办公室就坐落于那众多摩天大楼之中。有时候，深圳还会遭遇暴雨引发的洪水灾害 [9]——另一种随着气候变暖而恶化的气候现象。这座城市确实变得富裕起来，但所有的财富都无法保护这座城市免受自然灾害的影响。

对于中国而言，更大的问题可能在于迫在眉睫的债务负担。正如《金融时报》的马丁·沃尔夫在 2018 年的一篇文章中指出的，在 2008 年金融危机之前，中国的债务总额占 GDP 的比重为170%，与其他新兴市场差别不大。[10] 但在此后 10 年里，中国的这一占比呈爆发式增长。据国际金融协会估计，2019 年 7 月，中国的债务总额占 GDP 的比重达到 303%，新冠肺炎疫情暴发几个月之后，这一占比更是迅速攀升至 317%。[11]

这是一个危险的趋势，因为中国的债务大部分来自非金融类国有企业和地方政府，它们可能会在短期内通过举债来刺激经济产出。然而，随着近年来公共投资和私人投资的边际收益率急剧下降，总体经济增长也随之减速，债务积压越来越令人担忧。贸易局势紧张、人口增速下降或其他因素都可能引发经济增速进一步放缓。如果真的发生这种情况，那么中国的危机可能会波及全球。

过去几年中，在部署新的风能和太阳能装置方面，中国已经

　　　　　　　　　　　　　　利益相关者

领先全球。而且，中国国家主席习近平在 2020 年 9 月的联合国大会上宣布，中国要争取在 2060 年前实现碳中和。[12] 但要想实现这一目标，中国还需要克服一些重大障碍。首先，在 2019 年，中国新的可再生能源设施建设速度放缓，而且这一趋势已经延续至 20 年代。[13] 其次，在新冠肺炎疫情暴发后，中国的石油需求反弹速度比其他地区都要快。截至 2020 年初夏，中国的石油需求已经恢复至疫情暴发前的 90%。这对于全球经济复苏来说是个好兆头，但对于排放问题来说却不是个好消息，因为中国是全球第二大石油消费国，仅次于美国。最后，根据彭博社报道，在全球煤炭总需求中，亚洲所占的份额预计将从现在的 77% 左右提升到 2030 年的 81% 左右。[14] 英国石油公司在 2020 年《BP 世界能源统计年鉴》中表示，中国的煤炭产量和消费量均占全球总量的近一半，中国和印度尼西亚作为全球排在前列的煤炭生产国，在 2019 年的煤炭产量都比前一年有明显增加。[15]

紧随中国而起的新兴市场

在过去的几十年中，中国并不是唯一一个实现巨大发展飞跃的经济体。追随着中国的脚步，从拉丁美洲到非洲、从中东到东南亚的国家也纷纷崛起。中国对于许多大宗商品有需求，它的许多新兴市场伙伴刚好可以满足这种需求。

事实上，尽管中国在地理面积和人口规模方面都堪称"巨人"，但其在全球重要战略资源储量方面相对逊色，不过稀土矿资源除外。中国的发展伴随着新城市的建设、工厂的运营和基础设施的扩建，在这一过程中，中国就需要求助于其他国家，以获得必要的投入品。

对于其他新兴市场，尤其是中国周边市场（包括俄罗斯、日本、韩国和东盟地区，以及澳大利亚），还有之前竭尽全力想要实现高速增长的市场（包括拉丁美洲和非洲的许多发展中国家）来说，这是一件幸事。

中国的崛起，事实上助推了新兴市场的大繁荣。纵观世界银行和联合国 2018 年的贸易数据[16]，我们就能了解中国的崛起对其他国家做出了多大的贡献。今天的中国已经成为全球第二大商品和服务进口国，每年进口总额高达 2 万亿美元左右。在这一成长过程中，中国为多个经济体的发展提供了强大的推动力，每年从这些经济体购入大量商品。

以 2018 年为例[17]，中国从俄罗斯、沙特阿拉伯和安哥拉分别进口了价值达 370 亿美元、300 亿美元和 250 亿美元的石油。澳大利亚是中国进口铁矿石的主要来源国，在这一年的成交额达 600 亿美元，此外中国还从巴西和秘鲁分别进口了价值 190 亿美元和 110 亿美元的铁矿石。在钻石和黄金等贵重宝石方面，中国的第一大进口来源国是瑞士，其次是南非。此外，中国还从智利和赞比亚进口了铜，价值分别达 100 亿美元和 40 亿美元，从泰国进口了各种橡胶，价值达 50 亿美元。

这些都只是原材料。随着中国在全球价值链中的地位不断提升，它开始将部分生产活动外包，将工厂转移到越南、印度尼西亚和埃塞俄比亚等新的低成本经济体。曾经，中国需要通过建立中外合资企业引进某些技术，但现在中国已经能够独立研发这些技术。这使得中国能够将生产活动转移至国外，直接进口成品，最后再把这些成品出口至其他国家。

因此，不足为奇的是，就像中国一样，许多新兴市场在过去20年里也纷纷创造了经济奇迹。20世纪90年代，全球开始走上自由贸易之路，上述趋势便于那时缓慢起步；在2001年中国加入世界贸易组织之后的几年里，这一趋势开始加速发展。根据《金融时报》的计算[18]，在2002—2014年的10多年间，新兴市场的表现一直优于发达市场，这不仅体现在总体经济增长率，而且体现在人均GDP的增长率（见图3.1）。这带来的结果，就是经济学家理查德·鲍德温所称的"大合流"[19]：较贫穷的新兴市场在收入和GDP水平上逐渐向较富裕的发达市场靠拢。

遗憾的是，近年来，除了中国和印度外，大多数新兴市场的这一趋势已经终结。自2015年以来，30个最大的新兴市场的人均GDP增长率回落到22个最大的发达市场之下。中国这几年的经济增长率跌至7%以下，这并非例外。中国对于大宗商品的需求增长放缓，导致大宗商品的价格和交易量上涨态势"急刹车"。

但这并不意味着世界各地的经济增长均已趋于平缓。尤其是，有三个地区的经济依然表现良好。

首先是东盟经济共同体。该地区共有约6.5亿人口，覆盖了一些正在成长的大国，例如印度尼西亚（人口为2.64亿）、菲律

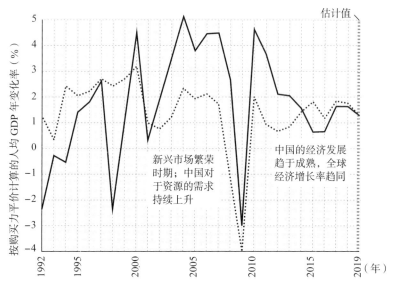

图中标注：
新兴市场繁荣时期；中国对于资源的需求持续上升

中国的经济发展趋于成熟，全球经济增长率趋同

纵轴：按购买力平价计算的人均 GDP 年变化率（%）

横轴：1992　1995　2000　2005　2010　2015　2019（年）

——　30 个最大的新兴市场（不包括中国和印度）
……　22 个最大的发达经济体（根据国际金融协会的界定）

图 3.1　在经历了 21 世纪最初 10 年里由中国推动的繁荣时期之后，新兴市场的增长率再次落后于发达经济体

资料来源：根据国际货币基金组织提供的 2020 年实际 GDP 增长率数据重新绘制。

宾（人口为 1.07 亿）、越南（人口为 9 500 万）、泰国（人口为 6 800 万）和马来西亚（人口为 5 300 万）。[20, 21] 虽然东盟各成员在文化层面和经济层面极其多元化，但整个东盟共同体很可能将回归其在新冠肺炎疫情暴发前几年的 GDP 增长路径，增长率为年均 5% 左右。[22] 国际货币基金组织在最新发布的 2020 年 10 月《世界经济展望》中预计，东盟最大的 5 个经济体在 2020 年的经济收缩幅度将小于全球平均水平（−3.4%），并在 2021 年恢复至 6.2% 的增长率。[23]

东盟各经济体之所以能够实现经济持续增长，第一个重要原因在于，它们作为一个整体，最有可能成为继中国之后的下一个世界工厂。越南、泰国、印度尼西亚、缅甸、老挝、柬埔寨等国的工资水平普遍比中国低，而且这些国家靠近中国以及世界上一些最重要的海上通道，这些因素都便于它们将产品出口到世界各地。目前，已经有来自中国、美国、欧洲、韩国、日本的数百家跨国企业在这一地区开展生产活动。

第二个原因在于，这一地区是世界两大经济强国都可以接受的中立区域。由于中美之间的贸易紧张局势仍在持续，许多企业为了避开关税壁垒，纷纷计划将生产活动搬离中国。至今未卷入贸易战的东盟，对那些企业来说无疑是个有吸引力的选择。在这方面，越南是明显的赢家。[24]

第三个原因，也是最后一个原因在于区域一体化和技术创新的结合。东盟可以说是继欧盟之后最为成功的区域经济共同体。其区域贸易量不断提升，一体化程度不断加深。此外，该区域还诞生了几家科技领域的独角兽（即市场估值达 10 亿美元及以上的私营企业）。根据贝恩咨询公司的数据，总部位于新加坡的打车租车服务供应商 Grab 是其中最著名的案例，但印度尼西亚的共享出行服务商 GoJek、电商平台 Tokopedia、在线旅游应用公司 Traveloka，还有新加坡的几家初创公司，以及越南的 VNG 和菲律宾预制房屋公司 Revolution Precrafted，也都成为行业独角兽（至少在新冠肺炎疫情暴发之前是这样）[25]（见图 3.2）。

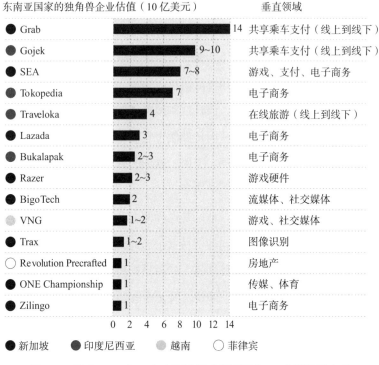

東南亚国家的独角兽企业估值（10亿美元）　　　　　　垂直领域

	估值	垂直领域
● Grab	14	共享乘车支付（线上到线下）
● Gojek	9~10	共享乘车支付（线上到线下）
● SEA	7~8	游戏、支付、电子商务
● Tokopedia	7	电子商务
● Traveloka	4	在线旅游（线上到线下）
● Lazada	3	电子商务
● Bukalapak	2~3	电子商务
● Razer	2~3	游戏硬件
● BigoTech	2	流媒体、社交媒体
○ VNG	1~2	游戏、社交媒体
● Trax	1~2	图像识别
○ Revolution Precrafted	1	房地产
● ONE Championship	1	传媒、体育
● Zilingo	1	电子商务

0　2　4　6　8　10　12　14

● 新加坡　　● 印度尼西亚　　● 越南　　○ 菲律宾

图 3.2　截至 2019 年，东南亚已经出现了至少 14 家科技独角兽

资料来源：根据贝恩公司 2019 年 10 月的数据重新绘制。

印度的增长

在新冠肺炎疫情暴发之前，另一个增长势头强劲的国家是印度。但在此次疫情期间，印度所遭受的冲击比大多数国家都更为严重。在获得独立之后的几十年里，印度一直在努力对抗所谓的"印度式经济增长率"，这是对于"低增长率"的一种委婉说

　　　　　　　　　　　　　　　　　　利益相关者

法。虽然这个国家因获得独立且拥有大量年轻劳动力而发展前景乐观，但它从未像亚洲四小龙或中国那样，实现经济腾飞。印度所谓的"许可证制度"（Licence Raj）滋生了官僚主义作风，从而导致了大量的垄断，再加上它所追求的保护主义措施，决定了这个国家无法实现那般迅速增长。

印度基本上还未实现工业化，仍有数以亿计的人口生活在农村，依赖小农生产方式度日。因此，直到 20 世纪 90 年代，这个国家的社会经济图景都停留在：大量农村人口挣扎在贫困线上或者生活在贫困线以下，还有很大一部分人口聚集在这个国家的特大城市中谋生。但与日本、亚洲四小龙和中国的城市相比，印度的城市所提供的发展机会很少。

然而，从 20 世纪 80 年代开始，印度的一些企业家开始致力于逐步改变这一城市化与工业化水平均较低的国家面貌。随着计算机革命的兴起，一些富有企业家精神的个人（他们通常毕业于印度理工学院）成功创立了印孚瑟斯（Infosys）、威普罗（Wipro）等世界一流的 IT（信息技术）外包公司。印度一些领先的实业家也开始涉足蓬勃发展的技术行业，创建了塔塔咨询服务公司（成立于 1968 年）、马衡达信息技术公司等分支机构。

印度还出现了一些工业企业，最初主要从事原材料、化工和纺织等基础产品的生产，但后来将业务范围扩展至电信和互联网等现代技术领域。其中最为著名且规模最大的企业当属穆克什·安巴尼领导的印度信实工业集团。通过扩大业务范围，投资于以第四次工业革命技术为核心的大型新项目，信实工业集团和印度其他的大型企业集团在开创印度数字时代的过程中发挥了实质性作用。这些企业的业务范围可与中国的一些大型科技公司相媲美，因为它们可以提供从电子商务到银行业务、从互联网到电视等的一切服务。

在遭到新冠肺炎疫情冲击之前，印度正采取结构性举措，以消除国内错综复杂的宏观经济遗留问题。于2014年上任的总理莫迪领导印度中央政府进行了实质性的市场改革，具体包括对商品和服务实施统一税制，允许外国投资进入印度多个行业，提高电信频谱拍卖活动的透明度。[26] 在2020年之前的几年里，印度的GDP年增长率徘徊在6%~7%，与中国几乎持平，甚至有时会高于中国。

然而，新冠肺炎疫情的暴发突然中止了印度的这一上升态势。国际货币基金组织在2020年底表示，印度经济预计将收缩10%以上，西班牙和意大利的经济收缩幅度也将达到这一水平，它们同属受疫情冲击最为严重的经济体之列。[27] 这种总体经济下滑的背后隐藏着更具戏剧性的场景：当印度于2020年3月24日宣布进入全国封锁状态时，该国数百万名居住在城市的贫民被迫徒步返回位于农村的家乡。1 000万农民工返乡，[28] 这构成了21世纪迄今为止最大规模的国内移民潮。他们中的许多人走了好几个星期才回到自己的家乡，希望能在那里更好地度过危机。但长途跋涉导致了许多额外的问题，尤其是对他们的身体健康和安全造成了影响。

不过，从长远来看，人们也有理由对印度的前景保持乐观。

因为这个国家很快将迎来世界上规模最大的劳动年龄人口（平均年龄为 25 岁），其政府已经消除了发展道路上一些重大的阻碍。之前对许多商品实行定量供给且限制竞争的"许可证制度"已经被废除，目前印度政府正逐步采取更多措施，以实现国内市场的统一。

可是，印度的 13 亿人口中仍有许多人尚未做好加入现代劳动力大军的准备。其中一个主要原因是印度国民的识字率低。到 2020 年，印度国民的识字率仍然只有 77.7%，[29] 这在很大程度上是因为这个国家的女孩入学率低。但这种情况完全是可以被改变的。在美国，当前已经有印度移民进入一些科技巨头企业担任领导者，比如谷歌的桑达尔·皮查伊、微软的萨提亚·纳德拉、Adobe 系统公司的山塔努·纳拉延。近年来，印度还诞生了 Paytm（印度最大的移动支付和商务平台）、Flipkart（印度最大的电子商务零售商）等科技独角兽。

但要想真正发挥自己的潜力，印度必须在教育、医疗和基础设施方面取得长足进步，从而使所有国民都能有机会实现自己的最大价值，使这个国家不断加剧的不平等问题得到控制。尽管近几年乃至几十年里，这个国家的总体经济增长不断加速，但其收入不平等与财富不平等程度也在急剧上升。宏观经济体制改革的实施使这一经济体的许多产业在国内市场和国际市场上更具竞争力。但这些举措未能帮助众多农村地区的农民和城市的工薪阶层改善生活状况，无论是在教育、医疗还是在收入方面，情况都是如此。

放眼全局

进入 21 世纪 20 年代，我们还可能会见证亚非关系的继续深化，这一情况可以与中国的崛起互为补充。几十年来，许多非洲经济体一直缺乏基本的基础设施、教育和医疗，以及充足的融资渠道。但是，随着中国的经济发展水平不断提升，且中国有对非洲投资的意愿，其中一些制约非洲发展的因素现在正在消失。

一旦东南亚的机会枯竭，中国可能会考虑将非洲作为下一个主要的制造业中心。实际上，非洲对于中国的意义就如同中国对于西方国家的意义。目前，安哥拉、埃塞俄比亚、肯尼亚等国家已经成为中国投资的主要受益国。[30] 据布鲁金斯学会统计，这些投资主要集中于交通和能源领域，但一旦公路、铁路和电力资源就位，也就为制造业的发展打下了基础。

因此，虽然新兴市场的整体经济增长可能会放缓，但非洲的一些市场可能会继续保持快速发展势头，[31] 其中一些市场与中国有着重大利益关系。例如，在东非，埃塞俄比亚、肯尼亚、坦桑尼亚和乌干达未来几年的经济增长率预计将达到 6%~8%，这部分得益于它们与中国的关系。在西非，科特迪瓦、加纳和尼日尔的前景也向好。然而，非洲的两个人口大国尼日利亚和南非的发展道路则渐趋狭窄。新冠肺炎疫情对南非造成的冲击尤其严重，尼日利亚在这场疫情到来之前，经济增速就已经放缓。

与我们在前几章中描绘的西方国家的经济增长情况不同，世

利益相关者

界其他地区，特别是东亚和东南亚的整体经济表现十分乐观。这在很大程度上要归功于中国，中国的发展为许多中国人和其他国家的人们带来了财富。正如我们在前文已经提到的，根据中国自己的统计数据，中国已使大约7.4亿民众摆脱了贫困状态。此外，它还助力其他新兴市场实现更高的增长率，在发展的高峰时期引领了全球经济的"合流"，尽管自那之后中国的发展势头便有所减弱。

这种中国效应带来的最重要的结果是，按照某些衡量标准，很多人所说的"亚洲世纪"已经开始。《金融时报》作者瓦伦蒂娜·罗梅伊和约翰·里德在2019年3月的一篇文章[32]中指出了一个显著的数据：按购买力平价计算，亚洲GDP在世界GDP中所占的份额在2020年将高于世界其他地区之和（见图3.3），这是两个世纪以来首次出现的情况。新冠肺炎疫情证实了这一前景。截至2020年10月，国际货币基金组织预测，[33]中国将是唯一一个在2020年实现全年经济增长的主要经济体，东盟则是除此之外唯一一个所遭遇的损失在可控范围内的地区。相比之下，大多数西方发达经济体，特别是欧洲的发达经济体，预计将出现历史性的经济收缩。

图3.3中所示的这一统计数字的重要性不应被低估：亚洲上一次主导世界经济是在19世纪初，正值第一次工业革命开始之时。2000年时，亚洲在全球总产出中的占比只有1/3。如今，在第四次工业革命来临之际，亚洲正逐渐夺回其曾持续数千年的主导地位。从中国的发展来看，从物联网到人工智能，中国很可能

在每个领域都超越世界上的其他国家，保持长达几十年的优势地位。

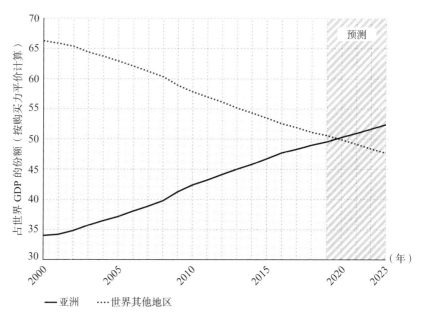

图 3.3　根据某些衡量标准，"亚洲世纪"已经开启

资料来源：根据《金融时报》上发表的瓦伦蒂娜·罗梅伊的文章和国际货币基金组织的数据重新绘制。

中国的崛起，以及紧随在中国之后的其他新兴市场的崛起，确实是世界历史上不可思议的里程碑式事件。但我们不应该因为这一点而忽视了全局。我们在第二章中勾勒出的全球趋势不光适用于西方世界，也适用于亚洲。整个世界已经走上一条不可持续的发展道路，导致自然环境和人类后代的命运都陷入危机。此外，中国、印度等国近年来虽在经济方面表现不俗，但它们面临

　　　　　　　　　　　　　　利益相关者

着和西方国家同样的问题——经济发展成果分配不平等。

我们首先来看亚洲的环境现状。中国、东南亚以及其他新兴市场的许多城市都正在经历环境恶化、污染和气候变化所带来的最恶劣影响。世界卫生组织曾在 2019 年表示，根据该组织的标准，世界上超过 90% 的人口所呼吸的空气都是不安全的。[34] 空气污染最严重的 20 个城市全都位于亚洲：印度有 15 个城市上榜，其中包括首都新德里；中国和巴基斯坦各有 2 个城市上榜；还有 1 个是孟加拉国的首都达卡。近年来，对于中国环境污染情况的严重性，人们的意识已经显著提升，近期的政策变化也反映了人们对此类问题的担忧。但无论你走到哪个大型工业城市，都会明显感受到污染仍是一个重大问题。

图 3.4 中展示了来自世界不平等研究实验室（WIL）的两张图，从中可以看到不平等问题是亚洲经济体面临的另一个主要挑战。根据该研究机构的报告，在印度"实施了以放松管制和改革开放为核心的深度经济变革之后，不平等现象从 20 世纪 80 年代起显著加剧"[35]。到 2014 年本届政府上台时，印度面临的收入不平等程度达到"历史新高"。同样地，在中国，从改革开放之初到 2010 年前后，收入不平等程度几乎是在持续攀升。在世界不平等研究实验室看来，这些政策带来了"国民收入的空前增长"，但同时也导致"国家的收入分配状况发生重大改变"。几乎每个群体都有所进步，但较高收入群体逐渐从开放政策中获得更多的好处。近 10 年来，这种不平等程度日益加剧的发展趋势似乎已经放缓或停止，但最终展现在我们面前的依然是一个高度不平等

印度和中国的不平等状况
（1978—2014 年，前 10% 群体和后 50% 群体所占的收入份额）

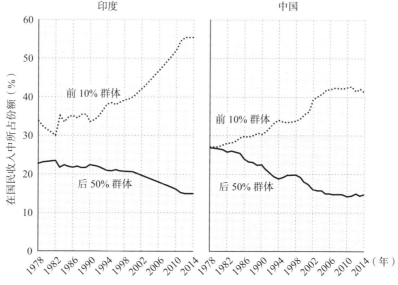

图 3.4　近年来，中国和印度的不平等程度急剧上升

资料来源：根据尚塞尔、皮凯蒂、杨利和祖克曼编写的《世界不平等报告》重新
绘制。

的现状。

　　最后，新冠肺炎疫情对包括亚洲在内的整个全球经济造成了额外的短期干扰。如果早期的指标被证明是正确的，那么中国、一些东盟经济体和东亚从这场危机中反弹的速度会超过许多西方国家，实现所谓的 V 形复苏。但是，正如我们已经看到的，在新冠肺炎疫情消退之后，西方社会和亚洲社会仍将面临一些共同的问题：不平等带来的挑战、发展路径不可持续，以及可能存在的韧性不足问题。

　　　　　　　　　　　　　　　　　　利益相关者

我们可以将希望寄托于亚洲，期望亚洲能利用自身重新获得的经济和政治力量，帮助我们解决当前面临的全球性挑战，比如气候变化、多边主义缺失，以及社会和经济的不平等。从原则上来说，儒家文化追求和谐的精神可以成为亚洲为打造一个良性的世界所做出的贡献。但我们还没有成功打造出这样一个世界。我们的全球经济体系已经失控。而且，在彻底扭转这一局势之前，我们还必须直面另一个痛苦的现实：当前，我们正生活在一个分裂的社会中。

第四章

分裂的社会

　　1961 年 8 月 12 日清晨，柏林人一觉醒来就不得不面对一个
残酷的现实：一堵墙赫然出现，将他们的城市从中间分割开来。
这是一场漫长的地缘政治利益冲突达到高潮的结果，给许多人带
来了残酷的冲击。自此，柏林墙持续竖立近 30 年，给数代德国
人留下了精神创伤。

　　再往前推 15 年，正值二战结束时，当时的德国已经被盟国
占领。苏联、美国、英国和法国打倒了纳粹政权，结束了人类历
史上最具破坏性的一场战争。但这场战争的结束也标志着另一场
战争的开始。德国从此被一分为二，柏林也是如此。东柏林最终
成为德意志民主共和国（简称民主德国）的一部分，这是一个在
德国东部领土上建立起来的、位于苏联势力范围内的国家。之前
被盟军占领的西柏林则成为德意志联邦共和国（简称联邦德国）

的一部分，这是一个在德国西部和南部领土上建立起来的、隶属于西方阵营的国家。

此时的柏林陷入一种尴尬的境地。它仍然是整个国家的首都，同时生活着"西佬"（即联邦德国的居民）和"东佬"（即民主德国的居民），前者居住在美国、法国、英国占领区，后者则居住在苏联占领区。这种情况注定无法持续。随着联邦德国与民主德国之间的关系越来越紧张，民众无法自由地从民主德国去往联邦德国。1961年，民主德国决定修建一堵边境墙。这堵墙将柏林这个城市从中间一分为二，阻断了所有民主德国公民前往联邦德国的通道，开启了该地区长达数十年的地缘政治分裂时期。

德国的分裂与统一

柏林墙出现的那个时刻，至今仍清晰地印在我的脑海中，这一刻对所有德国人和许多其他地区的人来说可能同样印象深刻。当时我23岁，对于自己出生的这个国家以及整个欧洲的政治现实已经有较为清晰的认知。我年轻时，曾花了大量时间在信仰自由主义的西欧各地旅行，还投身于一些青年运动中，以庆祝我们共同的"欧洲人"身份——无论我们是德国人、法国人、英国人还是意大利人。我们希望将这种共同的身份认同转化为一种政治和社会现实，欧洲经济共同体（即欧盟的前身）正是这个项目的缩影。

但当时还出现了另一种现实，即各国并没有走到一起，而是各自为政。柏林墙的建立正符合这一现实。以苏联为首的东方阵营与以美国为首的西方阵营之间爆发了冷战，而柏林墙的筑起只是冷战的一种体现。冷战的冲突体现在世界各地。就在柏林墙建成的前几个月，一些古巴流亡者在美国的援助下，试图向菲德尔·卡斯特罗领导的新成立的古巴共产主义政权发动入侵。这次拙劣的行动被称为"猪湾事件"。这一事件直接导致了两年后的古巴导弹危机。在随后的数月乃至数年中，苏联和美国各自加大了大规模杀伤性武器的储备，将世界推向了核战争的边缘。核战争一触即发。

让我们回到柏林。柏林墙给这个国家带来的分裂在勃兰登堡门前体现得最为明显。它是德国的一座标志性建筑，柏林墙从它旁边经过，直接阻断了从西柏林到勃兰登堡州东部的道路。柏林这整座城市就处在勃兰登堡州的环绕之下。由于被柏林墙和铁丝网阻隔，勃兰登堡门对于西柏林的人来说成了一个真正意义上的参照点。来自联邦德国和世界其他国家的政治领导人纷纷象征性地以勃兰登堡门为背景发表演讲。1963 年，时任美国总统约翰·肯尼迪正是在这里说出 "Ich bin ein Berliner"（我是柏林人），以表达他对所有柏林人的支持。[1] 1985 年，时任西柏林市长的里夏德·冯·魏茨泽克在这里说道："只要勃兰登堡门一日关闭，德国问题就一日得不到解决。" 1987 年，时任美国总统罗纳德·里根也是在这里呼吁苏联领导人哈伊尔·戈尔巴乔夫"打开这扇门"，"拆掉这堵墙"。[2]

然而，在长达近 30 年的时间里，这一切都只是徒劳。西柏林的居民只能遥望勃兰登堡门，与柏林墙另一边的家人或朋友几十年都不得相见。在柏林墙筑成后的几年里，有数百人因试图翻越柏林墙而丧命。就这样，柏林墙成了"铁幕"的实体化身，它不只是将柏林与德国一分为二，而是很快地将整个欧洲分割开来。只有西柏林人能够继续体验自由与民主。东柏林人和生活在勃兰登堡州等周边地区的人与西柏林人的生存环境将存在显著差异。这是一个切切实实的分裂的社会。

1989 年 11 月 9 日，这一切都发生了改变。那一天，上千名民众从东西两边爬上柏林墙，只因有传言称，联邦德国与民主德国的边境在未来某一时刻可能会重新开放。此时的苏联已经成为一个"泥足巨人"，从波兰到匈牙利，其边界已经开始出现裂痕。在一个分裂已久的社会中，这成了压垮骆驼的最后一根稻草。当军队就位时，振奋不已的人群已经爬上柏林墙，俯瞰勃兰登堡门。在历经两代人后，人们第一次将手伸到墙的对面。当那些男男女女爬上柏林墙时，他们所克服的不仅仅是一个实体障碍。联邦德国与民主德国的民众传达出的信息很明确：从现在开始，我们是一个团结的民族。民众爬上柏林墙的照片传遍了世界，其中也包括当时的民主德国。

11 月的那个夜晚引发了一连串的历史事件，很多读者时至今日应该都很难忘记这些事件。在接下来的几个月里，所谓的铁幕走向崩溃，其背后的政府也走向瓦解，其中就包括曾加入华沙条约组织的中欧和东欧国家的政府。民主德国的转向尤其令人印象深刻。1989 年 12 月，柏林墙被彻底拆除，勃兰登堡门正式重新开放。数十万人穿行于这座城市的东部与西部之间，大多都是为了与几十年未见的亲朋好友团聚。这也是世界经济论坛历史上的一个重要时刻。我在上一本有关世界经济论坛发展史的书中曾回忆道：[3]

> 1990 年的［达沃斯］年会成为促进德国统一进程的一个重要平台。联邦德国总理赫尔穆特·科尔与新当选的民主德国部长会议主席汉斯·莫德罗在达沃斯的首次接触，在决定德国统一进程的走向中起到了决定性作用。科尔认识到采取行动的紧迫性。［民主德国］正在从内部开始崩溃，迫切需要经济支持以维持金融稳定。深受影响的莫德罗则意识到，他不能再坚持德国统一后的"中立"立场。回到波恩后，科尔总理迅速采取行动。几天后，2 月 7 日，他的内阁正式确认了达成两德货币联盟的建议。8 个月后，这一进程完成。1990 年 10 月 3 日，德国完成了统一。[4]

在德国统一后的数年里，人们支持政府的政策，以真正修复联邦德国与民主德国之间的关系，使这个分裂的国家实现统一。在环绕柏林这座城市的勃兰登堡州，人们集体投票给两个"大帐篷"政党①，即基督教民主联盟（德语缩写为 CDU）和社会民主党（德语缩写为 SPD）。在第一次自由选举中，这两个政党共获

---

① "大帐篷"政党，又称全民党，相对于传统型政党而言，拥有更广泛的社会基础和兼容性的意识形态。——译者注

得了勃兰登堡州 2/3 的选票。德国其他各州的情况也是如此。由于得到了人民的广泛支持，德国得以在政治、社会和经济层面形成一个联盟。民主德国确实需要大量的财政援助以从经济一体化的冲击中恢复过来，而且经历了 40 年的分离之后，两地人民之间已经不可避免地变得疏离。然而，民众团结的热情非常高涨。

身处当时的场景，没有人能够预料到，在之后的 30 年里，德国社会发展的潮流会再次发生转向，分裂会再次出现。然而，事实的确如此。

在民众对于主要的中间派政党和它们所倡导的共同进步的支持持续了 20 年后，在之前的民主德国各州，形势发生了戏剧性的转变。在短短几年时间里，政治中心的崩溃随之而至。2019 年 9 月，最近一次的选举中出现了一些曾经令人意想不到的情况。两大主要政党的合计得票率远未及半数，只有 42%。即使加上一向排在第三位的德国左翼党，票数也并未有明显提升。从鼎盛到衰败，昔日德国政党中的"三巨头"在勃兰登堡州失去了几乎一半的选民。

这次选举中的胜出者是在社会和政治谱系中处于完全对立立场的两个政党。一个是聚焦气候问题的德国绿党，它在勃兰登堡州获得了大约 10% 的选票。这体现了社会对气候变化问题的关注度越来越高。对于绿党登上政治舞台，其他党派大多持欢迎态度。但更令人担忧的是，以反移民立场著称的极右翼政党德国选择党（AFD）获得了 23.5% 的历史性高得票率——上一次极右翼政党获得如此高的得票率还是在 20 世纪 30 年代的最后一次民主

　　　　　　　　　　　　　　利益相关者

选举中。

在整个德国也出现了类似的演变趋势，直到因在新冠肺炎疫情中应对得宜，德国传统的中间派政党——由默克尔总理带领的基督教民主联盟在民意调查中的支持率再次激增。但即便是中间派政治势力的重新崛起，也无法掩饰右翼势力日渐激进和左翼势力日益分裂的事实。尽管默克尔政府在应对新冠肺炎疫情中的表现获得了评论界和民众的一致好评，但仍有相当一部分人不仅对整个政府，而且对戴口罩、保持社交距离、疫苗接种等具体的公共卫生措施，都日渐怀疑。

就这样，2019 年德国东部各州的选举以及新冠肺炎疫情的暴发，为一个持续 30 年的周期画上了句号。曾经的勃兰登堡门象征着团结和希望，现在的勃兰登堡州却代表着一个完全不同的现实：一个更加分化且高度怀疑的社会。曾经将德国社会从中间分割开来的那堵墙已经不复存在，然而很多人已经放弃了中间派的政治立场，转向支持更极端、更激进或更分裂的政治党派。

究竟发生了什么？

中间派政治势力的崩溃，民粹主义、身份政治以及其他分裂性意识形态的抬头，并不仅限于勃兰登堡州，也不仅限于德国。在世界各地，主要中间派政党的支持者越来越少，持较极端或分裂观点的政党和候选人获得的支持越来越多。这最终会导致政治和社会局势走向两极化，并终将陷入瘫痪。西方战后形成的长期趋势是，大多数主流政党在吸纳成员和所持观点上往往较为包容。但现在这种趋势被打破。经验告诉我们，选择更具分裂性的政党往往会导致更多的分歧，而不会带来更加和谐的未来。而且，这些离心势力一旦启动，就很难被阻止。

我们很难找到一个单一的因素来完全解释这种极化现象。（我们将在本书的下一部分探讨一些社会和经济因素。）但极有可能的是，极化现象既是现有社会政治问题造成的结果，又是导致这些问题产生的原因之一。

那么，我们所面临的社会分裂到底有多广泛？它究竟源自何处？为了回答这些问题，让我们再看一些来自欧洲和世界其他地区的例子。

中间派政治势力的削弱

大多数人都熟知美国和英国的社会和政治发展状况。这两个国家拥有西方世界中立程度较高的社会。2016 年，美国人民迎来了他们印象中的首位非建制派总统。英国人民则针对是否脱欧展开了公投，也将整个社会近乎从中间割裂开来。在这两个国家，社会分裂问题自此之后一直存在，甚至有扩大的趋势。但极化趋势已经不光存在于盎格鲁－撒克逊人的世界，它比表面上看起来程度更深，影响也更远。

我们再来看欧洲大陆的议会民主制政体。在这里，政治格局长期由中左翼和中右翼政党主导，与德国的情况类似。但近年来，曾经占据领导地位的"全民党"往往要么走向解体，被更为极端的政党取代，要么经历了内部转型，化身更激进的政党。

首先来看中左翼政党。在"铁幕"落下，欧洲共产主义解体后，欧洲的许多前社会主义政党最初纷纷重塑形象，改为更加务实的中左翼政党。

它们获得了广泛的选民基础，从而成为真正的"大帐篷"政党，即具有广泛的且往往并非基于意识形态的吸引力的主要政治力量。但这种新的平衡并没有得以持续。在 21 世纪第一个 10 年即将结束时，欧洲许多国家的社会民主政党开始失势。从主权债务危机的酝酿阶段到危机爆发，再到随之而来的经济急剧衰退阶段，社会民主党始终是当权势力之一，这让选民对中左翼政治势力失去了信心。

这导致的结果是，这些政党在民调中的支持率急剧下降。1998 年，由时任德国总理格哈德·施罗德领导的德国社会民主党获得了 40% 以上的选票，得票率创下了德国统一之后的新高。相比之下，到 2019 年，德国社会民主党在民调中的支持率不到 15%。在 2012 年之前经常赢得总统之位以及议会绝对多数席位的法国社会党，在 2017 年濒临解体。（不过，一个新的中间派势力由此崛起，那就是由法国总统马克龙领导的共和国前进党。）在意大利，中左翼民主党的崩溃来得更为迅速。2013 年，意大利总理伦齐领导的民主党赢得了近半数议会席位，他带领的中左翼党派联盟在议会中轻松赢得了多数席位。5 年后，该政党遭遇溃败，只赢得了 1/6 的议会席位。

这些选民的动向因国家而异，但多数选民转而支持的往往并非中间派政党，而是那些对内主张激进改革、对外排斥欧盟和全球经济体系的政党。以法国为例，左翼民粹主义政党"不屈的法国"在 2017 年的总统选举中以 3∶1 的优势战胜法国社会党的候选人，差一点就得以晋级第二轮投票。该政党的目标之一是建立"第六共和国"，以取代战后的"第五共和国"。在 21 世纪第二个 10 年初，希腊的主权债务危机陷入失控之后，该国对紧缩性政策持反对态度的左翼激进联盟党上台。颇为引人关注的是，该政党与包括国际货币基金组织和欧盟在内的债权人发生了争执，拒绝了它们的融资条件。在西班牙，一个名为"我们能"的新兴极左翼政党，成功挑战了西班牙社会民主党。在那些愤怒的西班牙青年走上街头抗议之后不久，该政党就走到了台前。这些政党之所以能够联系在一起，就在于它们都希望退出现有的国际贸易协定，都要求实施改革或者脱离欧盟，并且普遍厌恶精英阶层。

其次来看中右翼政党。在欧洲，中右翼势力与中间派立场偏离得更为彻底。保守的基督教民主党在其近代以来的大部分时间里都是欧洲真正的"全民党"。它既没有依附于诞生自工业革命的社会主义意识形态，又没有依附于诞生自启蒙运动的自由主义意识形态，而是提出了一种社会人本主义愿景，在政治领域扮演了一种更加中间派的角色。近代以来，没有人比德国总理默克尔更能体现这种务实主义的政治作风。但早在默克尔上台之前，她所领导的德国执政联盟（由德国基督教民主联盟和基督教社会联盟组成）就是德国主要的"全民党"。该政党的主导地位可以追溯到 20 世纪 80 年代和 90 年代，当时赫尔穆特·科尔担任德国总理长达 16 年。甚至是在二战后领导德国近 15 年的康拉德·阿登纳总理，也常常在选举中获得接近半数或超过半数的选票（在多党代议制民主政体中，这是一项非常了不起的壮举）。

　　然而，近年来，德国基督教民主联盟受到来自右翼的施压，要求其脱离人本主义和中间派的固有特性。欧洲难民危机成为一个重要的触发因素。在2015年和2016年，超过100万名政治难民和经济难民从中东、非洲逃到欧洲，给难民接收国带来了重大的社会和政治挑战。默克尔和她所领导的德国执政联盟最初的反应是对难民敞开国门。她主张保持边界开放，无疑是铭记着几十年前"铁幕"和柏林墙带来的悲剧。"我们能够做到！"默克尔总理如此宣称。在德国统一后，面对大量民众从东部迁移到西部，我们做到了，这次我们也能够做到。但民众很快就不再像最初那般支持这种包容和欢迎移民的做法，因为事实证明，要使难民融入当地所遭遇的挑战超出了许多当地社区的承受能力。众多不会讲德语的年轻男性难民必须经历一段漫长的培训期来学习语言、克服行政障碍，然后才能加入劳动大军，这使许多城市的社会项目压力倍增。此外，媒体对难民危机初期出现的一些犯罪行为[5]，如针对女性的群体性攻击事件[6]，进行了大篇幅的报道，使当地人对难民产生了反感。正是在这种情况下，德国选择党崛起。它主张关闭边界，采取更强硬的移民融合政策，这使得它在民调中的支持率上升。在右翼势力的压制下，德国执政联盟被迫采取更加强硬的立场。2016年，默克尔总理收回了"我们能够做到"的口号。"我有时候认为这句话有点儿被夸大了，它被赋予过度的重视——以至我不愿意再重复这句话。"默克尔告诉德国《经济周刊》。在欧洲占据主要地位的"全民党"及其所属的欧洲人民党似乎就是由此开始走向终结，因为欧盟其他地区也发生了类似的情况。然而，默克尔所奉行的务实主义和包容性态度，在2020年出人意料地逆转了局势，因为事实证明她在面对新冠肺炎疫情时应对得力。默克尔是一名训练有素的科学家，她在管理公共卫生危机时采取了严格的、基于数据和证据的应对方法。因此，与法国、西班牙、意大利等许多国家相比，德国感受到的疫情带来的冲击要轻得多。于是，民众再次团结起来，支持这位务实的中间派领导者。

不过，在欧洲其他国家，基督教民主党势力并未像在德国那样在新冠肺炎疫情期间迎来反弹。与德国相比，这些国家不光缺乏有韧性的政府机构和公共卫生系统，还缺乏像默克尔这样经验丰富、稳健的领导者。相反地，欧洲大陆各国的主要中右翼政党都面临着两难困境：要么急速"右转"，以维持民众支持率，要么坚持强硬立场，代价是将失去大多数选民。无论做出哪种选择，都将意味着基督教民主党作为主要中间派"人民党"的地位走向终结。

其结果是，崇尚人本主义的中间派势力逐渐空心化。在意大利，中右翼联盟在二战以来的大部分历史时期都是该国最强大的政治力量，从理论上来说至今依然如此。然而，其内部组织方式已经发生巨大变化。在法西斯政权被推翻之后的第一次选举中，该联盟是由保守的中右翼政党基督教民主党领导的。但进入21世纪，该联盟便被西尔维奥·贝卢斯科尼领导的民粹主义政党意大利力量党接管。

近年来，在拥有强大民意支持的独立总理朱塞佩·孔特[7]领导下，意大利的执政联盟"右转"势头更加猛烈。原本与意大利力量党组成执政联盟的小党派——右翼民粹主义政党联盟党，在2018年意大利大选中大获全胜。与此同时，反建制、不受意识形态束缚的"五星运动党"成为意大利的另一主要政党。这使意大利首次出现由右翼与反建制政党组成的执政联盟。

类似的情况也发生在其他许多欧洲民主国家。在波兰，莱赫·瓦文萨领导的"团结工会"运动在20世纪80年代打开了通向民主的大门。而近年来，右翼党派法律与公正党崛起，成为波兰第一大党。从严格意义上说，该党仍然标榜自己是基督教民主党，但它远比波兰以往任何一个政党的立场都更偏右，也更偏大众化和民粹主义。匈牙利的情况也差不多。目前，该国占主导地位的政治力量是由右翼政党与基督教民主党组成的联盟——青年民主主义者联盟–基民盟。从严格意义上来说，青年民主主义者联盟也是一个基督教民主党，隶属于欧洲议会中的欧洲人民党。但该党在上届选举中对难民事务持强硬立场，并且发起反欧盟运动，导致其与欧洲人民党中更偏中间派的政党之间产生严重摩擦。

经济学家布兰科·米兰诺维奇用一张图总结了这种越来越令人担忧的趋势（见图4.1）。他表示，除了中右翼政党立场越来越偏右以外，激进右翼政党在整个欧洲正迅速成为主流，而在2000年，这些政党在民主政体中还仅处于边缘地位。

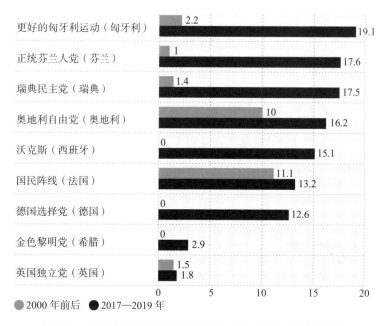

图 4.1　2000 年前后与近期（2017—2019 年）议会选举中，右翼民粹主义政党的得票率

资料来源：根据布兰科·米兰诺维奇的图重新绘制。

在世界其他地区也能看到类似的情形，民族主义、民粹主义和更加专制的领导风格在多地抬头。尽管不同地区之间很难就政治趋势进行比较，特别是在社会经济环境存在差异的情况下，但许多地区的选民确实似乎更偏向民族主义而非人文主义，更倾向于保护而非开放，他们持有一种"我们"与"他们"对立的二元世界观，无论是在单个社会中，还是在整个世界范围内，都有一部分人被视为局外人。

例如，在拉丁美洲人口最多的国家巴西，保守派议员雅伊尔·博索纳罗当选总统所基于的前提就是，他是一个政治的局外人，将给巴西社会和政治领域重新带来"规则和秩序"。虽然博索纳罗曾在国会任职数届，但直到 2018 年大选前，他所代表的民族主义和传统主义立场并不占据主流。自 1988 年军事独裁政权倒台后，巴西便进入中左翼或左倾势力掌权时期。博索纳罗的当选改变了这一局面，他所代表的激进保守派政治势力在选举中获得了选民强有力的授权。

此外，在印度、俄罗斯和土耳其等几个 G20 国家，领导者也被指出已转向支持民族主义和专制主义立场。其中每个国家的社会和经济背景各有不同，但政治领导势力变得更强大、更关注国内和民族立场的趋势是相似的。这就引出了第二个问题：这种渐趋分裂的政治局势的根源其实在于社会分裂，那么社会分裂到底是由什么造成的呢？

社会动荡

这些社会分化问题起码从 20 世纪 90 年代开始就已出现苗头，而且在很大程度上可以从过去几十年盛行的经济模式中找到迹象。这些迹象是任何人都能看到的，但直到几十年之后它们才真正成为主流。

例如，早在 1996 年，本书合著者克劳斯·施瓦布就在《纽约时报》独立评论版撰文指出："经济全球化已经进入一个关键阶段。其影响将面对越来越多的反对之声，特别是在工业化民主国家，这有可能会对许多国家的经济活动和社会稳定造成极具破坏性的影响。这些民主国家会充斥着一种无助和焦虑的情绪，而这种情绪将助力一种新的民粹主义政治势力崛起。"[8] 这种观点被提出时，中间派政党面临的来自左翼和右翼的挑战才刚刚开始显现，大多数人的经济状况还不错，这就导致那些抗议之声还只能流于边缘。

然而，由于中间派政府没能解决那些根本性问题，这种分裂注定会日渐加剧。在随后几年里，我们与许多出席世界经济论坛活动的抗议者和活动家对话，并意识到他们是"矿井中的金丝雀"，他们的态度预示着广泛的社会不满情绪即将到来，预示着资本主义、全球化和我们的经济发展模式需要进行系统性改革。然而，如前所述，我们与其他人对于利益相关者模式和其他更具包容性政策的呼吁基本上被置若罔闻。而且，回过头来看，我们原本可以而且应该做更多的工作来证明自己的观点。可直至2008年国际金融危机到来前，许多工业化国家出现的分裂迹象仍被多数人的繁荣掩盖。

随着2008年国际金融危机爆发，以及紧随而至的严重且长期的经济衰退，民众对制度、精英和难民的反感渐呈雪崩之势。许多在金融危机中遭受重创的社会爆发了"愤怒者运动""占领华尔街"等一系列抗议活动。而且，这些社会中其他群体的愤怒情绪也日渐激化。比如，在意大利，"货车司机、农民、小企业主、学生和失业者"在2013年12月纷纷走上街头，反对意大利的政治统治阶层、欧盟、税收制度和全球化。[9] 据意大利安莎通

利益相关者

讯社报道，所谓的"干草叉"抗议运动，一开始是西西里岛的农民发起的一场民族主义运动，但很快就在意大利北部扩大化，还"吸引了右派团体和铁杆'极端'球迷"的支持。[10]

从 2017 年开始，又有一个因素开始凸显，那就是环境危机。但在这个问题上，人们分为不同的阵营。以法国为例。一方面，"气候变化青年行动"的年轻抗议者们主张政府和立法者在气候问题上采取更强有力的行动。其中最著名的抗议者——瑞典环保少女格雷塔·通贝里甚至应邀在法国议会上陈述自己的观点。另一方面，巴黎街头爆发的"黄背心"运动则旨在反对马克龙政府出于环境问题考虑而上调燃油税。"黄背心"运动最初并不受意识形态驱动。他们既不提倡传统的左翼或右翼政策，也不承认左翼或右翼政党立场。但随着运动在国外取得发展，它经常被另类右翼①势力利用。[11]

最后，在 2020 年出现了新一批反对的声音：面对自 1918—1919 年西班牙大流感以来对人类生命和生计造成的综合性破坏最为严重的事件——新冠肺炎病毒大流行，他们因目睹全球各地政府的应对举措而感到愤怒。在世界各地，针对这场大流行病的所谓本质，有人开始散布阴谋论。一些人认为，这一病毒是中国故意制造和传播的。另一些人则认为这是本国政府试图压制人口的手段，并以此为由反对那些公共卫生措施。还有一些人更离谱，认为世界经济论坛与这场大流行病有关。在德国，有媒体报

---

① 另类右翼指的是持有极端保守或反对变革观点的意识形态组织。——译者注

道称，新纳粹分子参与了那些以自由的名义反对政府防疫措施的抗议活动。

然而，仅从意识形态的视角看待近年来出现的众多抗议者、选民和政党，并不能完全解释这究竟是怎么回事。并不是说在社会和政治领域，中右翼或中左翼势力正在被极右翼或极左翼势力取代，而是选民往往根本不再支持和相信任何建制派政党，甚至不再支持和相信目前的民主制度。许多人要么不去投票，要么选择非民主党派。更成问题的是，当前的民主机构在世界各地普遍遭受攻击。这应该是所有民主倡导者的重大关切，无论其经济意识形态如何。民主政府的概念与战后年代奠定的经济基础，共同构成了我们所生活的繁荣西方社会的基础。但这一基础现在比以往任何时候都更加不稳。

以意大利为例。当时意大利执政联盟中的小党"五星运动党"就对"黄背心"运动持支持态度。对于一个执政党来说，这可能看起来很奇怪，因为明知这一运动反对的正是政府。但该举动也并非那么反常。这个年轻的政党本身就起源于一场大众化的反精英运动，而且这是它第一次执政。执政联盟中的大党——右翼政党联盟党，随后也发声支持这场抗议运动。再以德国为例。在德国，"黄背心"运动同时获得了左翼和右翼的认可，因此就很难给这场抗议运动赋予特定的政治色彩。另类右翼运动 Pegida（"爱国欧洲人反对西方伊斯兰化"）主要是在"黄背心"运动中看到了一个强化其反移民立场的机会。除此之外，德国左翼运动"起立"（Aufstehen）则利用"黄背心"运动来呼吁国际团结，结束战争。这些例子表明了新的社会分裂局势的复杂性，以及在面对这些新的分界线时旧有意识形态作用的局限性。

如前所述，在一个分裂的社会里，不同群体之间很难找到共同点。正是在那些最为重要的议题上，拥有较大话语权的群体所持立场往往截然相反。即便他们在某些议题上能够联合起来，提出具体的解决方案并予以实施，事实上也可能会削弱现行的民主体制和政治制度。

从分裂的社会中吸取教训

面对分裂的社会中所产生的那些更为激进的声音，无论人们是更加赞同（甚至完全赞同）其中一方，还是两方都不赞同，我们都必须从中吸取一个重要的教训，那就是，主流的政治和经济阶层未能及时听取一些声音，无论从经济层面还是从社会层面来说均是如此。因此，面对这些声音，主流阶层的最初反应理应是虚心和反省，而不是彻底的谴责或愤怒。

距离二战结束、"永不再战"承诺的缔结已经过去了 75 年。距离世界经济论坛达沃斯年会首次召开已经过去 50 年。在世界经济论坛历史上的大部分时间，与会者于 1973 年通过的《达沃斯宣言》都为大会提供了主要灵感来源。在该宣言中，商业领袖承诺要照顾所有利益相关者的利益，而不仅仅是股东的利益。20年前，柏林墙倒塌时，我们相信我们很快将在各个国家实现共同繁荣。

但是，正如我们在前几章中所看到的，许多国家的收入不平等已经达到近代以来前所未有的程度，[12] 现有的增长模式已经被打破，环境日趋恶化，这些都给我们带来了破坏与冲突。我们必须承认，我们还没有达到当代人与我们的后代的期望。

当前，许多西方社会已经严重分化，人民对其政府机构和领导者不再完全信任，而且不同派别之间越发缺乏互动，这些情况都不足为奇。几十年来，西方国家的领导人一直承诺每个人的生活状况都会得到改善，对此许多享有特权的观察者选择袖手旁观。他们说，只要我们放任自由市场运转，一只看不见的手就会将所有资源进行优化配置。只要对企业放开管制，它们就会创造出无可比拟的繁荣。只要金融和技术创新者能够持续提供创新成果，我们的 GDP 就会无止境地增长，而这将会惠及所有人。

许多主流经济学家都信仰这些教条，而且他们日渐影响着政府和中央银行。有一些企业领导者确实转向支持利益相关者理念，他们会照顾与自己的企业利益相关的各方。但大多数企业领导者依然坚持股东至上理念，将利益最大化视为企业的首要目标。特别是在柏林墙倒塌之后，许多政治领导人在经济层面越来越失去辨别能力，他们坚信唯有一套经济政策是正确的，这套政策注重的是 GDP 的总体增长而非包容性发展。在本书接下来的部分，我们将探讨这种根本性错误产生的原因，这样我们才能找到前进的方向。

作为当前全球经济体系创建过程的近距离见证者之一，笔者再回过头来看时，百感交集。我们怀着最美好的意图，却并不见

　　　　　　　　　　　　　　利益相关者

得总能实现预期的结果。但我们不应因过去的失败而驻足不前，而应创造一个能够适应未来 50 年乃至更长时间的、更好的经济体系。这绝非易事。在许多社会中，多数主义政治中心已经不复存在，因为其政治体系已经由激进派人物接管，这是我们看到的多个地方均已出现的社会分裂现象所带来的结果。这种社会分裂现象又是我们的经济和环境系统遭遇危机的结果，同时也是我们克服这些危机时所面临的障碍。

这将我们带回了勃兰登堡门。30 年前，联邦德国人民与民主德国人民、年青一代与年老一代、左翼人士与右翼人士均相聚于此，庆祝他们实现团结统一。然而，近年来，勃兰登堡门见证了一场又一场抗议活动：它们有的为支持气候行动，有的为反动气候行动；有的为支持共同体，有的为反对共同体；有的为支持与新冠肺炎病毒相关的公共卫生政策，有的为反对这些政策。曾经的勃兰登堡门将拥有不同政治信仰、身处不同世代、来自不同背景的德国人、欧洲人，以及世界人民团结在一起。时移世易。如果想要重建那种团结统一的社会，我们首先要就社会和经济弊病产生的原因达成共识，然后联手采取行动来解决这些弊病。这正是我们在本书接下来的章节中要做的事情。

02

进步和问题的驱动因素

第五章

全球化

故事要从 2012 年夏天讲起。安妮莎、安迪和安雷卡是印度尼西亚西爪哇省万隆的三名大学生，学的分别是经济学、建筑学和生物技术专业。三人优势互补且都有创业的想法。万隆是西爪哇省的首府，城市规模不断扩张，人口约 250 万。尽管这里拥有大量创新型人才，但其辐射范围几乎仅限于印度尼西亚国内。安妮莎、安迪和安雷卡如果追随父辈的脚步，最后很可能会成为一名公职人员、教师或自由顾问。但因为拥有强烈的求知欲、远大的抱负，并且在学术领域的人脉拓展至万隆之外，他们的前景逐渐改变。这三名大学生经过接触后，很快就着手共同创业。他们从菇农做起，旨在帮助自己村的村民解决温饱问题，同时还销售一种可食用蘑菇菌包。2014 年，他们有了更远大的追求：在长年与蘑菇打交道后，他们发现真菌有可能作为一种环保材料。他们打算用这种材料生产各种各样的消费品，并有望将其销往世界各地。

为了实现这个梦想，这三名来自万隆的年轻大学毕业生向国外寻求资助。在一次学术交流中，苏黎世联邦理工学院决定为他们的科研和实验提供资金。几年后，总部位于旧金山的风险投资企业 500 Startups 成为他们的第一个境外投资者。时至今日，安妮莎、安迪和安雷卡所创建的 MYCL 已经成为一家小有成就的中小型企业。MYCL 的生产基地在远郊的一个村庄，距离万隆一个半小时的车程，却总是呈现出一派热火朝天的生产景象。我的同事在 2019 年夏天前往参观时，看到多功能室里坐着几名年轻的大学毕业生，正在用笔记本电脑做研发。他们在开发以蘑菇为原材料的新产品，包括环保的皮革和建筑材料，这也是该公司当前的重点项目。多功能室的隔壁就是生产基地，这里的工人全是年轻女性，她们正把工业化生产的蘑菇加工成"皮革"原料。沿着街道再往前走，能看到十几名菇农正忙着为公司供应生产所需的原材料。MYCL 的客户遍及世界各地，近的有来自万隆本地的合伙企业，远的有来自澳大利亚、英国等 16 个国家的消费者，他们通过 Kickstarter 众筹平台购买该企业生产的"蘑菇木制手表"。

类似这三名万隆大学生创业的故事在印度尼西亚并不是特例。大约在 MYCL 蓬勃发展的同期，出生并成长于泗水的温斯顿·乌托莫和威廉·乌托莫兄弟二人也在追逐自己的创业梦。泗水也是印度尼西亚的一个大城市，位于万隆以东约 700 公里

（430英里）的地方。20多岁的乌托莫兄弟受到一些外国企业的启发，例如美国的迪士尼和新闻聚合网站BuzzFeed等媒体公司、谷歌和脸书等科技公司，以及安德森·霍洛维茨基金和红杉资本等风险投资公司。乌托莫兄弟对美国硅谷十分向往，想知道能否复制那里的创业模式，在印度尼西亚成立一家类似的公司。他们下定决心试试看。兄弟二人都是在美国上的大学。哥哥温斯顿本科就读于南加利福尼亚大学，研究生就读于纽约哥伦比亚大学，毕业后在谷歌的新加坡办事处担任客户策略师。弟弟威廉从南加利福尼亚大学毕业后就职于一家投资银行。在自己所崇拜的企业工作的经历令兄弟俩深受启发。很快，他们就决定是时候创立一家属于自己的公司了。

温斯顿用在新加坡工作期间攒下的薪水，到泗水招聘了几名青年人才，成立了属于他们自己的公司——IDN Media。温斯顿在新加坡有一间6平方米的公寓，公司最初就设在这间公寓里。IDN Media的目标是："实现信息民主化，为印度尼西亚千禧一代和Z世代发声。"[1] 他们想填补印度尼西亚几十年来的信息鸿沟。公司后来运营得非常成功，甚至超乎乌托莫兄弟的预期。凭借在新加坡、加利福尼亚以及印度尼西亚当地几家家族财富管理办公室的人脉，IDN Media很快吸引了来自新加坡、纽约、中国香港、日本、韩国和泰国的大批投资者。IDN Media成立6年后，其内容平台发展成为印度尼西亚的领先内容平台之一，每月专属用户超过6 000万。[2] 该公司拥有500余名员工，还有数十万社群成员。我们前去参观时，IDN Media刚刚在雅加达新设了一处宽敞的办公场地：一座冠有公司名字的大厦——IDN Media HQ。

再举一个印度尼西亚千禧一代在全球经济中成功突围的例子。正当乌托莫兄弟的业务不断扩张之时，普蒂·普亚尔正在为自己的未来做打算。普蒂是安妮莎（前文提到的来自万隆的企业家）的大学校友，学的是地质工程专业，毕业后就职于法国能源巨头道达尔公司，并且被派到婆罗洲岛从事地质工作。当时普蒂的生活并不容易。她的丈夫在雅加达工作，夫妻俩每两周才能在周末见上一面。后来，普蒂在得知自己怀孕后做出了一项重大决定。她打算辞职，回到雅加达和丈夫共同生活，当一名全职妈妈。她开始尝试从地质工作转行，做一名插画师和平面设计师，或许收入比不上在道达尔工作时，但这一新的职业规划让她不光能发展自己的艺术爱好，还能有时间在家陪伴孩子。

对于普蒂而言，这个选择的结果比她预期的还要好。她在照片墙（Instagram）上发布了很多帖子和插画，分享自己成为一名新手妈妈后的生活。借助照片墙强大的传播能力，她的帖子和插画很快引起了印度尼西亚甚至全球各地的年轻妈妈的共鸣。后来她还赢得了一次前往纽约的机会。在国际艾美奖组织的一分钟短视频大赛中，普蒂成功入围决赛，打响了在国际上的名声，成为一名成功的自由职业者和艺术家。虽然是居家办公，但普蒂接到的业务可能来自世界各地。比如，来自旧金山的脸书的艺术总监请她设计一些符合当地特色的"表情包"，因为脸书在印度尼西亚拥有庞大的用户群。在另一个项目中，一位来自阿拉伯联合酋长国的女士委托她设计一些个性贺卡。普蒂从未在线下见过客户，但与客户线上交流十分顺畅，客户会通过 PayPal 付款，整个过程简单直接。在这之后，一家新加坡公司找到她，请她为公司的服装品牌设计插画。普蒂虽然放弃了在道达尔的高薪工作，但在社交网站上获得了大量关注，从而使国内外客户能够主动找到她。

印度尼西亚的这三个案例有一个共同点，那就是它们都展现了全球化是如何最大限度地发挥作用的。全球性的贸易、科技、投资、人力以及知识网络，有助于人们成功创业和获得工作机会，有助于地区和国家发展，而且交易双方都能从中获利。安妮莎等人联合创办的公司位于印度尼西亚的农村地区，但他们利用全球性科研和创业网络获取知识，为研发获得融资。温斯顿和威廉则利用其在全球科技公司和风险投资公司的人脉，在快速发展的新兴市场成立了一家类似的公司，雇用了数十名年轻的新闻工作者、工程师和市场专员。普蒂则利用全球范围内的社交网络，开启了作为自由插画师和网络红人的职业生涯。那些位于世界其他地方的投资者和客户通过与他们合作，也能够获利。那些投资者在其国内的投资选择通常有限，但在印度尼西亚找到了具有发展潜力的创业者。那些客户则在这里找到了产品独具特色且价格优惠的供应商。他们的资金帮助这些青年创业者追逐梦想，而且如果一切顺利，他们自己也能获得丰厚的回报。

如果人人都能从全球化中得益，那为什么世界上很多地区仍然对全球化报以敌视态度呢？要回答这一问题，我们需要对全球化的利弊进行深入探讨。

印度尼西亚与全球化

首先以印度尼西亚为例。不光是 MYCL 创始人、乌托莫兄弟以及普蒂，印度尼西亚整个国家都从全球化中得益。印度尼西亚总人口 2.66 亿，平均年龄 29 岁，人均 GDP 仅 4 000 美元，有大量的年轻人想要出人头地。为了实现这一点，在过去的数十年间，印度尼西亚积极拥抱全球化，[3] 直至 2020 年新冠肺炎疫情的暴发为这一进程按下了 "暂停键"。印度尼西亚对全球化的热衷究竟源于何处呢？

此前，印度尼西亚曾长期奉行保护主义政策。直到 20 世纪八九十年代，这个东南亚国家才开始逐渐放开对外贸易和外国投资。印度尼西亚采取了一系列开放举措——降低出口关税、吸引外国投资、发展制造业和服务业，并且取得了成效。自 21 世纪初至今，印度尼西亚的 GDP 增速每年都保持在 4%~6%。贸易对 GDP 的贡献率也翻了一番——从 20 世纪 80 年代的 30% 增至 21 世纪初的 60%。

通过开放贸易和外国投资，印度尼西亚成功跻身新兴工业化国家行业，并且成为 G20 成员。其企业家更加精通技术，其国民更具有国际视野。如今，该国聚集了国内外多家科技独角兽：网约车公司 Gojek 就是在印度尼西亚成立，总部位于新加坡的 Grab 是 Gojek 在国内市场上的一大劲敌。在国内外投资者的助力下，印度尼西亚的旅游服务预订网站 Traveloka 和电商平台 Tokopedia 开始对缤客、亚马逊构成挑战。与此同时，印度尼西亚人的全球化意识在全世界都是数一数二的。根据 YouGov 和贝塔斯曼在 2018 年实施的一项调查（这是现有的最新数据），绝大多数印度尼西亚人（占比为 74%）认为全球化对世界是有益的。这项调查还显示，在英国、美国和法国，人们对全球化的热衷程度远不及印度尼西亚人（持相同观点的人占比分别为 47%、42% 和 41%）。[4]

这并不是说，印度尼西亚的例子证明了全球化有百利而无一害。国际贸易在印度尼西亚这个岛国也有行不通的时候，这样的例子不胜枚举。值得一提的是，最早被销往世界各地的印度尼西亚商品是产于马鲁古群岛的香料。从古代一直到现代初期，印度尼西亚出产的肉豆蔻和丁香都是欧洲各国的奇缺之物，实际上这构成了克里斯托弗·哥伦布、瓦斯科·达·伽马等大批商人、探险家开辟通往"印度群岛"的东部航线或南部航线的原动力。"重商主义"的全球化时代由此开启：在这一时代，只有个别欧洲贸易国从中受益，但其他大部分地区都深受其害（详见下文）。实际上，葡萄牙人和荷兰人的到来使印度尼西亚当地居民付出了沉重的代价。这批外来者并没有与当地居民进行公平交易，而是实行了压制和殖民统治。直到二战后，印度尼西亚才获得独立，摆脱这种贸易不公平和被外国占领的状态。即便如此，印度尼西亚又经历了 40 年的独裁和孤立主义统治时期，才进入自由民主时代。之后，印度尼西亚终于向全球市场迈出了第一步，却在 1997 年遭到反噬。在那一年，亚洲金融危机爆发，导致印度尼西亚陷入一场严重的经济衰退。这场金融风暴始于泰国，并且很快波及印度尼西亚、马来西亚、菲律宾等地，大批投机商不看好东南亚国家保持钉住汇率制的能力，导致这些国家的货币大幅贬值，公共债务飙升，经济严重衰退。这些都是拜金融全球化所赐。

尽管如此，印度尼西亚近些年的发展仍然可以称得上是全球化的成功案例。世界银行的数据显示，实施审慎的经济管理政策的印度尼西亚，贫困率在 2018 年底降到 10% 以下，达到历史新低，而且贸易成为对印度尼西亚经济增长贡献最大的板块之一。[5] 在雅加达和万隆的街头，很多对国家发展持乐观态度的人未必会将自己的这种心态归因于国家对贸易的开放——他们只是很开心生活在变好。但这两者确实是密切相关的。外国投资和采购商增加了私营部门和公共部门的资本存量，从而带动了国家的经济发展。在雅加达，一条新修的地铁线、几座新架的桥梁，就能让当地居民的生活质量得到显著提高。网约车公司 Gojek 和 Grab 如果能够吸引更多的投资者，便能够扩大运营范围、雇用更多司机，从而给更多的印度尼西亚民众提供收入来源。MYCL 公司如果能将产品销往国外，就可以雇用更多农民和工人来生产产品，以供出口。在印度尼西亚存在一种普遍的观点——无论是网约车司机，还是土木工程师，大家都认为：生活变得越来越好，这说明国家的经济政策肯定是行得通的。

类似的趋势也在世界其他地区上演，在亚洲尤其明显。如本书第三章所述，近几十年来，除了苏联解体、其加盟国作为独立经济体崛起之外，最重大的宏观经济事件当数中国的对外开放。许多亚洲经济体纷纷紧随中国而起。总体来说，亚洲的转型或

　　　　　　　　　　　　　　利益相关者

许是截至目前全球化最为成功的案例。但是，与印度尼西亚及亚洲其他地区欣欣向荣的景象形成鲜明对比的，是世界上其他一些地区的人们对贸易和全球化的认知。在美国、英国以及欧洲大陆的工业区，人们对全球化、对外开放和自由贸易的态度越来越消极。形势发展到这一地步，着实让人大跌眼镜。毕竟西方国家可是第一波真正意义上的全球化浪潮背后的推动者，也是其主要受益者。要理解这一点，我们需要简要回顾全球化的发展历程及其对人们生活的影响。

早期萌芽与"香料之路"[6]

差不多从人类出现时起，物品交换就随之发生。但到公元前 1 世纪时，中国出产的奢侈品首次出现在亚欧大陆的另一端——古罗马，这是颇了不起的现象。这些奢侈品从数千英里之外被运抵古罗马，所经之路后来被称为"丝绸之路"。沿途商人所走的距离是有限的，其经手的商品却跨越了大半个地球。但这并不代表真正的全球化由此发端。丝绸多是奢侈品，之后加入亚洲与欧洲之间贸易商品之列的香料也是如此。这些出口产品的价值在经济总量中所占的比例微乎其微，而且从产地到目的地的过程中经手了许多中间商。但全球贸易联系由此建成，对于参与者而言，这可能成为一座金矿。

"丝绸之路"之所以能够繁荣发展，部分原因是，其大部分路段的控制权都掌握在罗马和中国这两大帝国的手中。如果出现贸易受阻，通常是由于途经的敌国滋扰。如果"丝绸之路"被彻底中断，则必然与两大帝国的衰落脱不了干系，若干个世纪后，果不其然。到马可·波罗所处的中世纪晚期，"丝绸之路"得以恢复，这要归因于一个新的霸权——蒙古帝国的崛起。透过历史，我们可以发现一条规律：有了国家保护，贸易就会兴盛；缺乏国家保护，贸易就会衰落。

多亏了穆斯林商人，贸易的发展得以开启新的篇章。7世纪，伊斯兰教发源于阿拉伯半岛，向四面八方传播开来，贸易也随之开展到世界各地。伊斯兰教的创立者——先知穆罕默德就是一位著名的商人，他的妻子赫蒂彻也是。由此，贸易就被刻在伊斯兰教及其信徒的基因里，而且还是显性基因。到9世纪初，穆斯林商人已经主导了地中海和印度洋地区的贸易。之后，东至印度尼西亚（随着时间的推移，这个国家的穆斯林已经在总人口中占大多数）、西至摩尔人统治下的西班牙，都能见到他们的身影。

如前文所述，中世纪穆斯林开展贸易的主要商品是香料。与丝绸不同的是，香料主要通过海路运输，只在从阿拉伯半岛到地中海地区这一段经由陆路。这些香料主要有丁香和肉豆蔻，它们都产于传说中的"香料岛"——印度尼西亚的马鲁古群岛。无论是在当地还是在欧洲，这些香料都价格高昂、需求量极大，主要被用于食品防腐和食品调味。与丝绸相同的是，香料也是一种奢侈品，贸易量一直很小。中世纪时，虽然全球化尚未开启，但最早连接东西方贸易的"一带"（陆上"丝绸之路"）和"一路"（海

　　　　　　　　　　　利益相关者

上"香料之路")已经建立起来。(历经数个世纪之后，中国国家主席习近平重新提出了"一带一路"这一概念，他发起"一带一路"倡议，旨在通过铁路、海港、管道、公路和数字通道，把中国与欧洲、非洲、中亚等地区更好地连接起来。[7])

大航海时代（15—18 世纪）

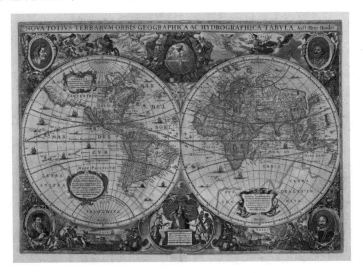

图 5.1 新世界地理和水文地图，出自约翰内斯·扬松纽斯的《新地图集》，1647—1650 年

资料来源：挪威国家图书馆。

真正意义上的全球贸易始于大航海时代。正是在始于 15 世纪末的这一时期，欧洲探险家连通了东西方——还意外地发现了美洲大陆。凭借覆盖天文、机械、物理及造船等各个领域的所谓的科技革命成果，葡萄牙人、西班牙人以及后来的荷兰人和

英国人先是发现新土地，随后进行武力征服，直到最后将其占为己有。

　　大航海时代撼动了整个世界。在这一时期，最著名（或者说最臭名昭著）的事件是哥伦布的美洲之行，[8]它近乎宣告了前哥伦比亚文明的终结，但影响最大的探险活动还是要数麦哲伦的环球航行。这次航行打开了通往印度尼西亚"香料岛"的大门，从而绕过了阿拉伯和意大利的中间商。此时，尽管贸易额相较 GDP 总量而言仍然很小，但人们的生活确实因此而改变。在美洲大陆，随着征服者的到来，数以百万计的人或死于疾病，或惨遭屠杀，或屈从于外来者的统治。马铃薯、西红柿、咖啡、巧克力被引进欧洲，香料的价格大幅下跌，永久地改变了人们的饮食习惯，人均寿命也得到了延长。地球绝对不是平的，世界上还存在其他民族和文化，这些新的认知同样给当时的社会、宗教及政治生活带来了强烈的冲击。在欧洲，宗教战争的爆发在一定程度上要归因于大航海时代带来的剧变。曾经城邦林立的欧洲，到 1648 年时，出现了几个居于强势地位的民族国家。

　　随着欧洲将目光转向广袤的世界，国际贸易成为经济发展的引擎。商人和金融投资者通过建立合资公司，联起手来共担风险，以确保海外贸易获得最有利的结果。这些公司中最有名的是英国东印度公司和荷兰东印度公司。欧洲国家政府通常会授予某些公司垄断特权，使它们得以独享与殖民地进行贸易的机会。这些合资公司因而可以以国家的形式运营，成为有史以来世界上最大的公司（按照某些标准衡量）。这助推了股市以及信贷、货币

　　　　　　　　　　　　　利益相关者

兑换等金融产品的诞生，比如在安特卫普和阿姆斯特丹形成了早期的股票交易场所。毫不夸张地说，现代资本主义正是形成于这一时期。

尽管如此，今天的经济学家仍然认为，大航海时代并未见证真正的全球化。诚然，在这一时期，贸易开始在全球范围内开展，这是开辟新贸易通道甚至是开启大航海时代的主要动因。但是，由此产生的全球经济仍然是各自为营且不平衡的。虽然各欧洲帝国都建立了全球供应链，但多数仅限于自己的殖民地和控制地区。此外，殖民统治的模式主要是剥削式。当地文明和社会遭到颠覆和瓦解，不仅如此，奴隶贸易也成为新殖民经济的组成部分。因此，这些欧洲帝国带来的是重商主义经济和殖民经济，而非真正意义上的全球化经济：在这种经济形态下，贸易虽然在全球范围内开展，但并不能互惠互利，甚至不是基于双方自愿。更重要的是，这些贸易不是在独立自主的国家间自由开展，而只限于强权帝国与其殖民地之间。

第一波全球化浪潮（19 世纪至 1914 年）

第一波全球化浪潮的到来使情况开始转变。这波全球化浪潮贯穿了整个 19 世纪，大约在 1914 年结束。18 世纪末，英国开始成为世界的主导力量。在地缘层面，英国建立起了"日不落"帝国；在科技层面，英国享有诸多发明成果，如蒸汽机、工业织布机等。此时正值第一次工业革命时期。英国更是标榜自己是推动全球贸易发展的双引擎。一方面，汽船和火车的诞生使货物可以被运输至几千英里外，国内远途运输和跨国运输都成为可能。另一方面，英国的工业化程度让其有能力制造出世界各地所需的产品，如铁制品、纺织品和制成品。正如 BBC（英国广播公司）所描述的那样，"凭借其先进的工业技术，英国得以进军庞大且迅速扩张的国际市场"。[9]

全球化由此诞生，且在数据上体现得十分明显。在接下来大约一个世纪的时间里，贸易额平均每年增长 3%。[10] 在这一增速下，出口额在全球 GDP 总量中的占比从 19 世纪初的 6% 跃升至一战爆发前的 14%。[11] 正如经济学家约翰·梅纳德·凯恩斯在《〈凡尔赛和约〉的经济后果》[12] 中的著名论述："那个时代，作

图 5.2　理查德·哈特曼在开姆尼茨开设的机械厂，哈特曼是萨克森王国最成功的企业家和最大的雇主之一

资料来源：诺伯特·凯泽，由 1868 年原件扫描所得。

为人类经济发展历程当中一个不同寻常的插曲，在1914年8月走向终结！［……］伦敦居民可以一边在床上啜饮着早茶，一边通过电话订购来自世界各地的各种各样的商品，想要多少就可以订购多少，然后期待它们会尽早被送到自己的家门口。"凯恩斯还指出，投资界也存在类似的情况。那些在纽约、巴黎、伦敦或者柏林有经济实力的人可以投资活跃于国际市场上的合资公司。一个典型的例子就是法国苏伊士公司，该公司开凿了苏伊士运河，将地中海与印度洋连接起来，开辟了一条世界贸易的新通道。还有一些公司在印度修建铁路，在非洲殖民地经营矿厂。外国直接投资也在经历全球化。

英国拥有当时世界上最丰厚的资本和最先进的技术，因此在此次全球化中尝到了最多的甜头。其他国家通过商品出口，也从中分得了一杯羹。例如，19世纪70年代，冷藏运输船的发明让阿根廷、乌拉圭等国家迎来"黄金时代"。这些国家开始大量出口牛肉，因为其广袤的土地非常适合牛的生长。其他国家也开始专门生产它们最具竞争力的产品。

但是，第一波全球化和工业化浪潮也伴随着一些不好的事件发生。到19世纪末，"多数［正在经历全球化和已经完成工业化的］欧洲国家都加入瓜分非洲之列。截至1900年，非洲大陆上的独立国家只剩埃塞俄比亚了"。[13]印度、中国、墨西哥以及日本等国家，在之前几个世纪的大部分时间里都是不可低估的经济强国，此时面对工业化和全球化趋势，却要么无力适应，要么遭到遏制。举个例子，英国对印度的政策"不仅旨在确保印度市场始终对英国的棉纺织品开放，而且要防止印度发展成英国的出口竞争对手"。[14] 日本等一些独立自主的国家，则因缺乏资本和技术而无法与欧洲贸易强国竞争。

即使在工业化国家，也不是所有人都能从全球化中获益。很多之前拥有独特技能的手工艺人都变成工人，而此时的工人已沦为某种形式的商品，要适应新工业机器的节奏，在福特流水线上机械劳作，他们的产品还有可能面临进口商品带来的竞争。虽然凯恩斯曾写到"伦敦居民"可以参与全球化贸易，但他肯定明白只有特权阶层才能享受那种生活：在 19 世纪与 20 世纪之交，英国 90% 的财富都掌握在 5% 的顶尖富人手中。[15] 大多数男男女女甚至儿童都沦为工业时代的一种资源，他们大多都是拿着微薄工资的工人。(更多关于全球化产生的社会影响，请见本书第六章。)

这种局面注定会以一场巨大的危机告终。1914 年，一战爆发，西方新兴上流社会所习以为常的一切灰飞烟灭，包括全球化。这场浩劫带来的影响可谓彻底。数百万士兵在战争中丧生，数百万平民百姓无辜遇难，战争取代了贸易，破坏取代了建设，各国再一次关闭了国门。卡尔·马克思等人的著作揭露了第一次全球化资本主义时代的剥削本质，在很多国家引发了起义和政权的颠覆。在历经长达几十年的过渡阶段后，世界形成了两大经济体制并存的局面：以私有制和私人经营为主要生产方式的资本主义制度，以及生产资料为国家所有、生产目标由国家制定的共产主义制度。在两次世界大战之间的数年里，金融市场仍在全球范围内互联互通，进一步加重了全球经济和全球网络的崩溃。1929

年美国大萧条的爆发，结束了南美地区的繁荣景象，世界上很多其他地区出现了银行挤兑现象。1939—1945 年，二战爆发。到二战结束时，贸易在全球 GDP 总量中的占比已经跌至 5%，达到一个多世纪以来的最低水平。

第二波和第三波全球化浪潮

不过，全球化并未就此告终。二战的结束标志着世界经济翻开了新篇章。一个新的世界霸主——美利坚合众国登上舞台。19 世纪和 20 世纪初，大量欧洲移民涌入美国；20 世纪中叶，美国经历了婴儿潮。此外，美国在第二次工业革命中占据主导地位，汽车、航空和现代制造业迅速发展。由此产生的结果是，国际贸易开始再次兴起。丘吉尔的"铁幕"演说标志着世界被划分为两大阵营：以美国为首的自由民主阵营和以苏联为首的共产主义阵营。因此，国际贸易最初在这两条轨道上分别发展。二战结束后的最初几十年里，国际贸易迅速增长，这主要得益于欧盟等机构的成立以及美国倡导的其他自由贸易手段的实施。在苏联，贸易也出现增长，不过是基于中央计划经济而非自由市场。这给世界带来了广泛而深刻的影响。全球贸易额恢复至 1914 年的水平。到 1989 年，出口额在全球 GDP 总量中的占比再次达到 14%。与此同时，西方国家中产阶层的收入也大幅增长。

在柏林墙倒塌以及苏联解体后，全球化成为一股不可阻挡的力量。新成立的世界贸易组织鼓励世界各国加入自由贸易协定，大多数国家积极响应，[16] 其中包括很多新独立的国家。如本书第二章所述，在 20 世纪相当长一段时间里还是封闭的农业经济体的中国，也在 2001 年加入了世界贸易组织，开始面向世界发展制造业。在这个崭新的经济世界中，美国仍然居于主导地位，引领世界发展，很多其他国家紧随美国的脚步，并且从中获益。与此同时，第三次工业革命带来了互联网等许多新技术，以一种更加直接的方式将世界各地的人们连接在一起。1914 年凯恩斯所说的通过电话下订单，如今已经变成通过互联网下订单，运送方式也变成了由货轮、火车和飞机组成的全球运输网络。重要的是，中产阶层的人们可以获取全球供应链中的产品，全球贸易不再是富人专属。送货速度也大大提升，以前需要几周时间，现在只需几天就能送货上门。此外，在互联网的助力下，价值链可以进一步实现全球整合。研发、采购、生产活动可以在不同的国家分别进行，然后将最终产品销往世界各地。

由此，全球化像打了激素一样迅猛发展。在 21 世纪初，全球出口额在全球 GDP 总量中的占比增至 25% 左右，这成为全球贸易发展的一个里程碑。[17] 贸易额（进出口总额）在全球 GDP 总量中的占比增至 50% 左右。在新加坡、瑞士、比利时、荷兰等国，贸易额在 GDP 中的占比甚至达到 100% 以上（之所以可能出现这种情况，是因为 GDP 衡量的是一国的国内产出，只计入净出口贸易额）。而且，全球许多人都从全球化中获益：数亿人口通过参与全球经济发展跻身中产之列，中产阶级的人口规模超越了以往任何时候。

全球化 4.0

随着新一波的全球化浪潮席卷而至，我们进入当代社会。当今世界存在一对新的主导力量——美国和中国。这一次，全球化拓展了新的领域：网络世界（包括网络犯罪）、气候变化以及日渐严重的病毒威胁。

在第三次全球化浪潮中处于萌芽状态的数字经济，在电子商务、数字服务及3D打印技术的助力下，发展势头迅猛。事实上，数字全球化已经成为一种不可忽视的全球经济力量。尽管多数国家在贸易谈判和制定产业政策时仍以实体贸易为重心，但基于某些衡量标准，数字贸易已经和实体贸易旗鼓相当，甚至远超后者数倍——尽管具体情况我们不得而知。因为对于数字贸易，目前还没有统一的衡量方法，一些数据统计机构甚至没有试图去衡量数字贸易。（在这方面做出最大努力的应该是经合组织，它曾在2019年发布《数字时代的贸易》报告。[18]）但是，通过普蒂·普亚尔的例子可以看到，当今时代，个人或企业完全在网上销售商品、提供服务的情况已经不再是新鲜事，互联网贸易越来越司空见惯。

与此同时，全球化的负面影响也在不断扩大，具体表现为气候变化和病毒传播所带来的全球性威胁。这些负面影响与我们的全球经济发展模式不无关系。一个地区被污染，会导致另一个地区发生极端天气事件。像亚马孙热带雨林这样的"地球之肺"已经所剩无几，这些地区的森林砍伐活动不仅会破坏地球的生物多样性，而且会减弱地球吸收有害温室气体的能力（这一点在本书第一章和第八章中都有所论述）。[19] 面对 2019 年新冠肺炎疫情的暴发，经济发展的不可持续性难辞其咎。从埃博拉病毒到新冠肺炎病毒，很多病毒之所以会从动物传播到人类身上，很大程度上是源于人类不断侵占自然生物的生存空间。国际旅行使几乎所有的国家都实现互联互通，这让大流行病得以在全球范围内快速传播。这两种趋势都是不可持续的。

随着新一波数字全球化、气候全球化、病毒全球化来袭，很多人开始抗拒全球化。自国际金融危机爆发至今，全球出口额在 GDP 总量中的占比已经开始下滑。全球主义（一种倡导人们应该从全球视角看问题的理念）作为一种政治意识形态日渐式微，这在西方社会尤其明显，尽管它们在 20 世纪末对全球主义十分狂热。曾经将世界推向全球化巅峰的美国，正与其世界警察和自由贸易拥护者的身份背道而驰。

所有这些趋势在 2020 年以前已经出现。然后，新型冠状病毒所引发的新冠肺炎疫情，使全球经济体系整个陷入停滞状态。疫情中断了国际旅行，切断了全球供应链，使个人、企业和政府不得不重新思考对全球化的态度。事实上，他们不只是停下脚步、反思自己的生活和工作，还全面思考全球经济体系的利与弊，思考通过其他方式生产和消费必需品与服务的可能性。考虑到环境足迹问题和供应链的脆弱性，欧洲人和美国人是否应当继续从中国或其他海外国家购买商品？借助自动化和 3D 打印技术的发展，他们是否有可能实现"近岸"生产甚至是"回岸"生产？各国的用工政策、竞争政策以及产业政策不尽相同，这造成了不公平竞争，既然如此，这些国家之间究竟是否应该开展贸易？出于这种考量，全球化是否已经不再是推动世界发展的力量？还是说它从来都不是这样一种力量？

今天的全球化

透过全球化的发展历程我们可以看出，贸易实际上可以成为一股非常强大的力量，能够将人与人联系在一起，创造巨大的繁荣。同时我们也看到，其任何一项影响都并非百分之百正面的。东印度公司给西方带来了富饶，但对其贸易对象——殖民地居民构成了剥削。在第一次工业革命中建立起来的全球贸易联系，对墨西哥、印度等国的经济发展帮助甚少，但给英国和美国的实业家带来了极大的利益。尽管在后来的全球化阶段有更多的国家获益，但利益分配往往是极其不均衡的。最后，全球化世界中，各国互联互通和相关依存程度都有所提升，这虽然给多个国家都带来了经济利益，但同时也给它们带来了新的风险，并且使其丧失一定的主权。这是我们从近来的网络安全隐患以及新冠病毒的快速传播中总结出来的教训。

我们由此可以认识到：从理论上来说，全球化是推动世界发展的力量，但在实践中，只有在确保人人都能从中受益且国家韧性和主权不受影响的基础上，全球化才能发挥出积极作用。在全球化的发展历程中，水涨船高的同时所有船只都安然无恙的情况，只存在过短短几十年。对西方国家和日本等少数亚洲国家而言，这一时期始于二战结束后，一直持续到20世纪80年代。对于东方国家，或者对于涵盖范围更广泛的所谓新兴市场而言，这一时期大概始于20世纪90年代，尽管它们也遭受了1997年亚洲金融危机的严重威胁。在印度尼西亚、埃塞俄比亚和越南等国家，这一时期仍在继续，尽管新冠肺炎疫情带来了不小的冲击。综上所述，这一时期的全球化确实使绝大多数劳动者的收入获得了结构性增长，跻身于中产阶层的人数创下了新纪录，同时它给其中特定人群带来了更大的益处。

总体而言，要想让每个人都能从经济全球化中尽可能受益，至少需要满足三个条件。第一，全球化的发展需要以社会契约的形成为基础。以战后的欧洲和日本为例，战时的悲惨经历使人们认识到，全体国民命运一体，国家要想取得经济发展，需要每个国民各司其职，而且要让发展成果惠及每一个国民。广泛的税基（需要伴随着企业的高配合度和富人的高边际税率）是支撑教育、医疗以及住房等公共投资的基础。它还创造了条件，使企业和个人在合作中保持竞争。社会契约的长期性意味着，个人愿意抛开眼前的利益或自私的想法，因为他们知道从长远来看自己会从中受益，遵守社会契约的其他利益相关者也一样。当一国所有公民的利益都被照顾到时，这个国家就能不断从全球化中获益，并且会继续支持全球化。斯堪的纳维亚国家（包括丹麦、瑞典、芬兰和挪威）就是一个有力的例证，这些国家的社会关系十分紧密（见本书第六章中丹麦的案例）。

第二，全球化的繁荣，需要政治领导人在引导经济发展、关注民生和开放贸易与投资之间取得平衡。[20]事实上，丹尼·罗德里克等经济学家以一种很有说服力的方式提出，最优的全球化政策未必是贸易、投资及货币兑换的全面自由化，而是要让这一过程更加可控，确保主权政府能对国家经济有一定的掌控。在这一点上，相较于不考虑其他因素、一味支持自由化和自由贸易的教条主义政策，当今的中国、印度尼西亚，以及战后"辉煌三十年"时期的欧洲、日本、美国所奉行的循序渐进的政策更容易实现共同发展。

第三，当一个时代的主流技术与一个经济体、社会的竞争优势相契合时，社会就能从全球化中受益。在宏观层面，这就解释了为什么在冷藏船被发明以后，阿根廷一度成为世界上最富有的经济体之一。冷藏船能够将牛肉冷冻起来并出口至世界各地。在微观层面，这还解释了为什么印度尼西亚的普蒂·普亚尔能够成为自由插画师。如今的技术让她足不出户就能接触到国外市场。

这三个条件缺一不可，否则全球化往往会导致发展不平衡，有时甚至带来经济衰退或发展停滞。在前几次全球化浪潮中，拉丁美洲、非洲和亚洲的许多新兴市场就遭遇了这种情况。近来，美国、英国等工业化国家也感受到了全球化的负面影响。不仅如此，即使社会契约已经达成，全球化和国家主权得到很好的平衡，先进的技术与国家的比较优势相契合，结果也未必就好。一个联系更加紧密的全球体系在本质上是更加不稳定的，各国之间更容易发生涟漪效应。我们应当从近年来的金融、健康和环境危机中吸取这一教训。因此，确保全球化是一个可控的过程至关重要。在这一过程中，我们需要采取一切预防措施以确保经济体制公平、稳定、富有韧性。然而，可悲的是，实际情况并非如此。接下来，让我们结合近年来的实际情况，重新回顾上文提出的条件。

近几十年来，在以"七国集团"（由加拿大、法国、德国、意大利、日本、英国、美国组成）为代表的很多工业化大国，个人、政府以及企业间的社会契约遭到背弃。曾几何时，企业在其参与开发建设的社区中扮演着重要角色并且引以为豪。后来，企业却越来越不屑于此，而是转向世界其他地方，以提高利润，降低工资。以美国的汽车产业为例，该产业曾经集中在密歇根州的底特律，后来大部分生产活动都搬到了更廉价的劳动力市场，比如墨西哥和中国。墨西哥等劳动力市场同时也方便服务美国消费者；中国等劳动力市场则更接近国际上的新客户。在欧洲的工业中心——德国、比利时、法国和意大利，情况如出一辙。这些国家的制造商将生产活动连同工作岗位一起转移到斯洛伐克、捷克、罗马尼亚等欧盟新成员，因为这些国家的工资水平明显更低。这让原先工业中心的高薪工人和其所居住的城镇蒙受了巨大的经济损失。曾经的汽车制造小镇（比如比利时的亨克）因汽车生产工厂的搬离而一蹶不振，失业率升高，工资水平降低，经济发展也变得萎靡。那些主要依靠知识产权赚钱的公司，利用转让定价以及不同司法辖区之间的税收规则差异，将其利润从生产活动中剥离出来，从而减少了政府的税收收入，而政府往往急需这些税收收入。

当然，自由贸易本身就意味着企业必然能够在任何可能的地方寻求机会。实际上，企业在如此行事时必须保持一种良性的节奏，以使全球化发挥作用。这里存在一个临界点，一旦超过该点，企业的这种行为就不再对其所在社区有益。只要有一方不遵守社会契约，就会引发多米诺骨牌效应。这在很多工业化国家得到了印证。在 20 世纪 90 年代和 21 世纪初的这波全球化浪潮中，许多工业化国家的普通工人不再能享受到全球化的成果。随着工作岗位流失、地方税基受到侵蚀，一些地方政府、地区政府，有时甚至是联邦政府无力履行社会契约中的相应义务，包括支付退休金，提供优质的医保、住房和教育服务等。2013 年，因无力偿还债券（包括市政府退休员工的养老津贴），底特律被迫宣布破产，这一事件家喻户晓。尽管这与全球化没有直接关系，但对于这个数十年前就已衰落的制造业基地而言，全球化确实没能为其带来转机。日本、意大利、法国等国家也正面临投资困境，这些投资不仅要用于为国民和企业提供正常服务，还要用于维持其未来的竞争力。在这种情况下，难怪这些国家的民众对国家政治制度、经济制度的反对之声越来越高，对那些主导全球经济、有时还能轻易避税的跨国公司的反对情绪越来越激烈。

当今全球化的第二个不足之处在于各国政府在过去 30 年里所创造的政策环境。由于坚信全球化能带来源源不断的好处，许多政府早在 20 世纪 90 年代初就开始拥抱自由贸易和浮动汇率制，加速打破外国投资壁垒。考虑到当时的社会背景——美国主导的资本主义模式战胜了苏联主导的共产主义模式（弗朗西斯·福山称之为"历史的终结"），这种行为看似顺理成章。但是，有一个事实被忽视了：市场并非无所不能，或者说，至少市场无法自动照顾到所有相关者的利益。[21] 约瑟夫·斯蒂格利茨、玛丽安娜·马祖卡托、丹尼·罗德里克等众多经济学家在最近的研究中发现：金融化和金融全球化的程度越来越高，实际上会加剧经济体系的不稳定性，而且会提高发生金融危机的可能性，扩大金融危机的影响范围。不受约束的金融全球化风险极大，匈牙利就是一个例证。匈牙利经济学家、布鲁塞尔欧洲与全球经济实验室（Bruegel）研究员若尔特·道尔沃什（本书第二章中引用了他绘制的有关不平等的图形）认为，匈牙利如今所面临的社会问题、政治问题以及环境问题的根源就在于不受约束的金融全球化，并对自己的这一观点做出了解释。以下几段文字是他在 2008 年国际金融危机最严重时写下的：

> 由于匈牙利的通货膨胀远高于欧元区，以匈牙利福林计算的贷款利率也相对高得多。因此，为了寻求更低的利率，很多消费者和企业转为外汇贷款——90% 的新抵押贷款都是以外汇形式进行的。而在利率接近欧元区的捷克和斯洛伐克，外汇贷款在所有贷款中的占比只有不到 2%。
>
> ［2008 年］9 月底，国际金融危机以迅雷不及掩耳之势来袭。包括笔者在内的很多经济学家都认为，这场危机不会

对中欧和东欧的欧盟成员造成太大的影响。理由是，我们的银行并未暴露在美国的次贷危机下，并且资金充足。但形势很快明了起来，在这场全球性金融危机中，没有国家能够独善其身。随着避险情绪日渐高涨，再加上担心危机蔓延，投资者开始进行抛售，撤出在新兴经济体的投资。

在中欧的欧盟成员中，匈牙利遭受的打击最为严重，因为该国的巨额政府债务中许多都为外国投资者所有。外国投资者急于出售手中的匈牙利福林债券，但市场上没有新的买家。长期债券利率从本来就已经很高的 8% 暴涨到 12% 左右，政府债券市场陷入枯竭。匈牙利试图以拍卖方式发行新的政府债券，但未能取得成功。股票市场上的匈牙利蓝筹股也遭到抛售。福林贬值压力加剧，而且在上周，匈牙利央行将利率上调了三个百分点。虽然上调利率有助于稳定福林币值，但形势依然脆弱，政府债券市场仍旧被冻结。[22]

道尔沃什所描述的事件已过去 10 多年，但其影响至今仍未完全消除。匈牙利所拥抱的这种金融全球化带来了灾难性的后果：其银行从业者、国民以及整个国家先是在 2008 年遭遇了一场严重的经济危机和债务危机，又在 5 年后遭遇了一场规模略小的危机。此后的匈牙利虽然迎来了经济复苏，但并未消除民众的不满情绪。匈牙利民众认为这一切的罪魁祸首是那些倡导自由主义、更具欧洲视野的政治家，因此对他们的仇视态度与日俱增。近年来，匈牙利民众投票反对欧洲经济一体化，反对移民，反对自由贸易和金融政策。尤其引人注目的是，匈牙利关闭边境以拒绝外来移民进入，还在 2016 年欧洲难民危机中拒绝实施欧洲共同应对危机的解决方案。匈牙利国内的敌对情绪日益激烈，就连乔治·索罗斯创办的中欧大学都被迫搬到国外。匈牙利的情况有其特殊性，也并不常见，但它确实表明，即使支持全球化的政策初衷是好的，其结果也可能让人大失所望。全球化是一股强大的力量，可以推动国家发展、改善国民生活，但国家在拥抱全球化时，应当以一种务实的态度，而不是盲目出于意识形态的考虑。

最后，技术会放大全球化的负面影响。在全球化经济中，如果一个国家的人因缺乏技能或教育而无法充分利用最新技术，那么就会被其他国家的人取代。在有些情况下，会有一些宏观力量在发挥作用，这时单靠一个群体很难与之对抗。理查德·鲍德温观察到，互联网出现后，通信成本大幅降低，追逐利润的企业将白领工种和蓝领工种分开是有道理的。你可以在一个（综合生产成本最低的）国家进行生产，然后将制成品运往他国进行销售。这使得全球化在 20 世纪 90 年代和 21 世纪初飞速发展，给很多国家带来好处，但也给西方工业社区带来损害，而且后者对此束手无策。但这并不代表，在由技术驱动的全球化面前，国家完全无能为力。在新加坡、丹麦、荷兰、比利时等小型开放经济体中，贸易额常常占 GDP 总量的 100% 以上。这些国家明白：能否适应驱动全球化的最新技术是决定其成败的关键。如果国家投资这些技术或投资掌握这些技术所需的技能，那么就有机会成为赢家。鹿特丹就是一个很好的例证。鹿特丹当局认识到，区块链等数字技术将得到广泛应用，于是对该技术进行了大力投资。[23]
由此，鹿特丹很可能已经成为当今欧洲具备最先进技术的港口，
比起同样是港口城市的德国汉堡和比利时安特卫普，鹿特丹及其
劳动者在数字技术领域占有很大优势。

将来，会受到技术影响的不只是实体贸易。如前文所示，数
字贸易已现增长势头，但在各地都还没有得到充分的重视，而且
这种势头短期内不太可能停下来。如今，富有远见的国家和社区
仍然有机会在数字全球化的崛起中谋利，但行动必须迅速。有些
领域只要资金充足就能快速发展起来，比如 5G 基站。但有些领
域需要尽早提前规划，例如应该如何培养当下及未来的劳动力，
使之成为像普蒂·普亚尔那样的人。

＊　＊　＊

考虑到这些现实因素，我认为，对待全球化，我们不应当一
味地盲目接受，而应当持一种务实的态度，要始终把规模最大的
利益相关者群体——国民和企业的利益放在首位。

这种办法显然是奏效的。创办了 MYCL 的安妮莎等人、普
蒂·普亚尔，以及 IDN Media 创始人乌托莫兄弟的例子，都能
证明这一点。得益于印度尼西亚政府对教育的大力投资，这些
人不出国门就能享受全球市场的红利，同时还带动了国内其他
人的发展。这让他们坚信全球化能带来好处，印度尼西亚的绝
大部分民众也都持这种观点。或者，正如乌托莫兄弟中的弟弟

威廉所言："国家的发展有赖于贸易与科技。如果你能精通这一点，就能取得发展。"[24] 说这话时，他正身处自己公司的办公大楼里，俯瞰着脚下的雅加达。如果一个国家的所有利益相关者都能这么想，都能意识到自身的责任，都能看清全球化的陷阱，那么我们就有信心全球化带来的益处将再次超过其引发的风险。但要实现这一点，正如威廉提到的，掌握第二个部分也很重要，那就是技术。

第六章

技术

不断变化的劳动力市场

曾有一篇新闻报道的标题非常引人注目："丹麦在机器人领域跻身世界前十。"[1]

这篇新闻报道的出处既非丹麦的某科技公司，也非媒体机构，更不是某位政治家，而是丹麦金属行业工人工会（Dansk Metal）。该工会所代表的是丹麦金属制造与加工行业的蓝领工人。很显然，工会对于这项成就颇为自豪。"在这个行业，越来越多的工人和机器人并肩作战。"这篇新闻报道中写道，"丹麦金属行业工人工会的目标是，到2020年，使丹麦的工业机器人数量达到1万台左右。"

这种立场让我很感兴趣。我通过实地走访和阅读资料发现，无论在世界上的其他地方，还是历史上的其他时期，更多的情况是工人会抵制新技术，尤其当新技术对他们的就业产生威胁时。最有名的例子可能是英国的"卢德运动"——在19世纪的英格兰，新机器的发明给纺织业带来冲击，一群纺织工人发起暴动、捣毁机器。不过，纵观全世界，包括在我们所处的这个时代，依然有不少人抵制新技术及其带来的新工作方式，我们会看到有人通过街头抗议的形式抵制优步等网约车公司，也会看到有政界人士[2]或学者[3]等知识分子通过媒体发出抗议之声。

在这个自动化时代，我同样为劳动者的就业前景感到担忧。早在2015年时，我意识到我们即将迎来一个崭新的时代——一个拥有人工智能、先进的机器人技术以及信息物理融合系统的崭新时代，这些先进技术共同构成了第四次工业革命。我们还目睹了其他很多新技术的诞生，包括3D打印、量子计算、精密医疗等。我逐渐认识到，这些新技术就相当于第一次工业革命中的蒸汽机、第二次工业革命中的内燃机和电力、第三次工业革命中的信息技术和计算机技术。它们将扰乱劳动力市场，改变我们的工作性质，同时也会改变我们的身份。关于这一点，我此前在《第四次工业革命》一书中进行了阐释。[4]

牛津大学学者卡尔·弗雷和迈克尔·奥斯本在2013年发表了一篇具有里程碑意义的研究报告《就业的未来》，首次警示人们当心第四次工业革命可能带来的破坏。[5]他们还给出了一个骇人听闻的估测，即未来几年将有多达一半的工作岗位因新技术而改变，其中许多岗位将完全消失。2019年，弗雷在最初研究的

　　　　　　　　　　　　　利益相关者

基础上出版了《技术陷阱》⁶一书，内容同样令人瞠目结舌，阐述了如今这些正取代劳动力的技术将如何融入工业革命的历史长河。难怪如今许多身处全球经济中的人们会对未来感到恐惧，宁愿生活在过去那个更加熟悉的世界。这也解释了为什么世界各国的领导人会为了迎合选民而努力挽救或恢复制造业岗位，以及为什么他们会越来越倾向于以前那种自给自足的经济政策。从任何意义上讲，技术都是一股令人望而生畏的力量。

但是，来自丹麦的那则新闻报道似乎表明，这种恐惧可以被克服，这些高新技术未必会取代工人，说不定还能起到帮助作用。这怎么可能呢？为了找到答案，我请一位同事前往哥本哈根一探究竟。

丹麦金属行业工人工会主席克劳斯·延森首先为我们提供了一个具有说服力的论据。⁷"你听说过有国家或公司是利用'旧'技术致富的吗？"他问道。他认为这绝不可能。他也不认同某些人对未来就业形势的悲观看法。"或许奇点大学的那些人会认为所有人都将被技术取代，"他说，"或许他们认为所有人都将茫然而不知所措，只能眼睁睁地看着机器人做着一切。但并不是所有人都赞同这一看法。"⁸他就不这么认为。无论是基于他的个人经验，还是基于过去150年里该工会的历任主席们的经验，这种看法都是不对的。"过去，我们每次将新技术引进丹麦，"他说，"都会创造出更多的就业岗位。"所以，对延森而言，答案十分明确。"我们不应该对'新'技术感到恐惧，"他说，"我们应该担心的是'旧'技术。"⁹

这种乐观的态度在该工会领导层一脉相承，延续了一个多世纪之久（该工会成立于 1888 年，第一任主席与当前的主席延森持有相同的观点）。不仅如此，作为该工会基础的广大成员也普遍持有这种态度。32 岁的罗宾·勒夫曼就是其中一个例子。勒夫曼是全球船机巨头——哥本哈根曼恩能源方案公司的一名船舶设备技术员。作为一名汽修工的儿子，勒夫曼从小就对汽车和发动机抱有浓厚的兴趣。在 18 岁面临职业选择时，他选择当一名工业技术员。勒夫曼接受过 4 年的技术教育，上学的同时还在一家小制造厂做学徒，这让他一毕业就轻而易举地在曼恩公司找到了一份制造喷油泵的工作。

4 年后，也就是在 2012 年，情况有所转变，而且原本可能会对他不利。勒夫曼的老板告诉他，公司将采购新机器，新机器能将零部件的加工时间从 20 分钟缩短到五六分钟，而且将大幅减少质量控制中对人工的需要。勒夫曼对新机器不但不抵制，反而十分感兴趣。"在其他地方，人们不想让机器挑大梁，"在接受本书作者采访时，勒夫曼告诉我们，"但在丹麦不是这样。"[10] 在这里，"公司会说：我们可以提供再培训，让你学会操作新机器，你愿意参加培训吗？"以勒夫曼为例，公司将他派往这批新机器的制造地——德国比勒费尔德，还让他代表公司签署了协议。一个月后，这家德国公司派了一名专家到哥本哈根，为勒夫曼和其他三名工人提供操作培训。

勒夫曼的例子在整个行业十分典型。丹麦金属行业工人工会首席经济学家托马斯·斯瑟比告诉我们："人们从不担心失业问

　　　　　　　　　　　　　利益相关者

题，因为他们有接受再培训的机会。我们有一套行之有效的制度体系。如果你失业了，我们工会的人会在一两天内给你发电子邮件或打电话。我们会安排一次会面，谈谈你的具体情况，看看你是否需要提高技能，以及附近是否有公司在招聘。在帮助工会成员再就业方面，无论是立刻找下一份工作还是经过再培训后再找工作，我们一直做得很成功。我们在全国各地建立了很多学校，课程安排由雇主和员工决定。开设这些学校就是为了让劳动力接受再培训和再教育。"[11]

员工与企业之间这种具有建设性的、相互信任的关系，正在给丹麦带来回报。尽管丹麦早已不再是"世界造船工厂"——这一地位被韩国、日本、中国和土耳其的大型企业取代，但它仍在为穿梭于世界各地的新式及老式轮船制造发动机（勒夫曼所在企业仍在制造的最古老的轮船发动机可以追溯至1861年，同时也在制造最新式的轮船发动机）。虽然因为员工工资高失去了成本优势，但它从员工的高生产力以及积极的工作态度中得到了补偿。在2020年初遭到新冠肺炎疫情冲击之前，丹麦的失业率仅为3.7%，[12]仅就金属行业工人工会而言，失业率甚至低至2%（事实上，工会的失业救济金制度起到了一定作用，它会促使工会确保尽可能少的失业人数）。或许更重要的是，丹麦的工资水平较高且相对平等。据斯瑟比所言，丹麦金属行业工人工会的成员一年能赚到60 000~70 000美元，每周工作时长不超过40个小时，工会参与率为80%左右。总的来说，丹麦在收入方面是世界上最平等的国家之一，尽管近几年不平等的趋势有所抬头。[13]

丹麦的故事之所以更加引人瞩目，是因为它与其他工业化国家形成鲜明对比。丹麦人对此感到十分惊讶。不久以前，美国、德国、法国、西班牙以及意大利的社会保障和教育制度与斯堪的纳维亚国家相差无几。但时至今日，斯瑟比告诉我们，他对于发生在这些国家的事情感到十分震惊。当丹麦致力于维持且不断优化其社会保障和教育制度时，其他国家所做的远不如丹麦。斯瑟比说，丹麦的制度对于企业和工人都行之有效。两者之间存在一份"契约"，即企业可以相对容易地解雇工人，但在支付高工资、缴纳税费、提供再培训方面要确保做到位。不过，这一"弹性安全"模式是需要付出代价的，丹麦的个人所得税税率高达52%。但是，斯瑟比说，"在斯堪的纳维亚国家，我们为被解雇的工人提供再培训，能够让多数工人重新就业。而在德国、西班牙、意大利或者法国，这种情况根本不存在〔或者达不到这一程度〕"。

最让斯瑟比感到震惊的国家是美国。美国在前两次工业革命中都处于主导地位。在"伟大社会"的愿景下，那里曾是一个蓝领工人也能实现"美国梦"的国度。但如今，美国不再是工人阶层的圣地——至少在斯瑟比看来不是。当然，制造业的衰退和服务业的兴起是全球大趋势。这一趋势持续了数十年，对整个工业化世界都产生了影响。但美国制造业工人的失业速度异常之快。据《金融时报》统计，1990—2016年，美国制造业减少了近560万个工作岗位。[14] 所有工业化城市的就业数量都大幅削减。一些完全依赖一家工业企业提供就业岗位的城市遭受的打击尤为严重。尽管其中一些岗位并未消失，只是被转移到了中国或

　　　　　　　　　　　　　　利益相关者

墨西哥，但的确有一半的岗位被先进的自动化技术彻底取代。相对没那么糟糕的情况是，低工资的服务岗位取代了高工资的蓝领岗位。最糟糕的情况是，压根儿就没有新岗位可提供给工人，至少没有新岗位可提供给不具备大学学历的工人。在某些行业，经通货膨胀调整后的工资自 1980 年以来几乎没有上涨过。此外，尽管在新冠肺炎疫情暴发以前，美国官方公布的失业人数一直很少，但其劳动力参与率从 2000 年超过 67% 的历史高位，下降至 2020 年的 62% 左右，[15] 这意味着很多人已经彻底放弃找工作。相比之下，丹麦的劳动力参与率始终保持在 70% 左右，甚至在 2020 年初遭到疫情冲击后，依然保持着这一水平。[16]

为什么会发生这种情况呢？"美国经济存在的一个重要问题是，"斯瑟比说，"缺乏对劳动力的教育。"[17] 不同于丹麦，美国没有一个涵盖范围广泛的工人培训制度。这一问题在经合组织的数据中体现得很明显。[18] 在经合组织成员中，丹麦在所谓的"积极的劳动力市场政策"（Active Labour Market Policies）方面的人均支出最多，该政策旨在帮助失业者重返劳动力市场。相对而言，美国的这一支出只有丹麦的 1/15。此外，丹麦的制度还更加包容（覆盖大部分人口，不受年龄、性别、教育水平或就业状况的限制）且更具弹性。最重要的是，在所有经合组织成员中，丹麦的制度最能适应劳动力市场需求，而美国在 32 个研究对象中仅排第 19 名。

这导致美国劳动力市场长期存在供需不匹配的情况。据《华盛顿邮报》财经记者希瑟·朗所言，即使现在美国为劳动者提供再培训机会，劳动者也往往没有意愿报名参加，因为他们担心就算参加培训也找不到工作；或者只是报名学习一些最基础的 IT 课程，比如如何使用微软的办公软件。"这让我大跌眼镜。"朗说道，接着便给我们讲述了一件有意思的事。[19]

> 我曾对俄亥俄州汽车工厂的下岗工人进行追踪观察。这些工人都有资格参加"凯迪拉克"的再培训，还能在两年的学习与培训期间领取工资。他们可以拿到卡车驾驶证或护理执照，可以读社区大学，也可以成为一名高级机械师，或者学会操作 3D 打印机（这是最高端的蓝领工作之一）。那些二三十岁的人对此态度较为积极，但那些已经离开校园 20 多年的 40 多岁的人则不太感兴趣。这里存在一个巨大的技术鸿沟，有些人甚至都不知道闪存驱动器是什么。我在达沃斯听到有 CEO 说：我们需要做的就是提升员工技能！这听起来没错，但现实情况绝非如此。我认为这不是危言耸听。比如，在俄亥俄州的工厂，虽然 2 000 名工人都具备培训资格，但提交培训申请的人不足 30%，最终完成一个培训项目的人仅占 15%。[20]

需要明确的是，此处的问题并不在于老员工的态度。如果不打造一种持续的再培训文化，工人在之前的工作中从未接受过技能提升的培训，那么即使投入大量财力实施休克疗法也是杯水车薪。托马斯·斯瑟比持有相同看法，反观丹麦的情况，"我理解工人为什么会对新技术和机器人有抵触情绪。因为他们一旦失业，就很难再找到工作。他们所掌握的技能只适用于特定的公司。如果没有一套再教育或提升技能的培训制度，工人就会怨声载道。这个问题很难解决，而且他们试图解决这个问题的方法不对。他们需要做的是完善教育、发展工会"。[21] 除了斯瑟比之外，在大西洋彼岸的华盛顿特区，以约瑟夫·斯蒂格利茨为代表的经济学家和以美国经济政策研究所（由包括美国劳工部前部长罗伯特·赖克在内的一群经济学家创立）为代表的智库也提倡这一措施。美国经济政策研究所主任乔希·比文斯在 2017 年的一项研究中指出：丹麦的工会参与率一直很高，保障了工人在工资和培训等方面的需求会被考虑；美国的工会参与率则先是从 20 世纪 50 年代的 1/3 左右降至 1980 年的 25%，到今天已经不足 10%。与工会参与率下降相伴的，是经济不平等的加剧。而且，正如美国经济政策研究所认为的，美国的培训项目在减少，而这些培训项目是提高工人技能以适应第四次工业革命，保持美国劳动者的生产力和竞争力的关键所在。[22]

英美两国的工人因经济体系改变而遭受的冲击最为严重。在这两个国家，对加强工会、完善教育的提倡导致了政治极化。在 20 世纪 80 年代，英国保守党首相玛格丽特·撒切尔、美国共和党总统罗纳德·里根支持新自由主义计划，事实证明，该计划与加强工会权力、加大对教育等领域的公共投资相悖。在这种意识形态下，工会发起的集体谈判成为建立自由市场的障碍，提倡加大税收、完善公共服务的政府成为经济高速增长的阻力。1981 年，美国空中交通管制员在工会的组织下举行了大规模罢工，时任总统里根将其全部解雇，一举击溃了美国工会。1984年，英国时任首相玛格丽特·撒切尔粉碎了一场矿工大罢工，终结了工会在英国的支配地位。这两位领导人还大幅下调了最高边际税率。这原本是为企业和高净值人群开展投资腾出资金，从而实现涓滴效应，但也减少了政府用于支撑教育等公共服务的收入。很长时间以来，这些政策看起来确实对英国和美国的经济发展起到了促进作用。在接下来的几年，两国经济进入一段高速增长期。到20世纪90年代，就连美国的民主党和英国的新工党都接受了新自由主义意识形态。但到2008—2009年经济大衰退时，新自由主义政策显然已辉煌不再。正如第一部分所述，近年来经济增长一直疲软乏力，在美国以及其他工业化国家，很多人的工资久不见涨，大量工人被劳动力市场淘汰。通过对比丹麦和美国这两个案例可以发现，工业化国家最好还是重新采纳以利益相关者为出发点的解决方案，并扩大对公共教育的投资。在这场辩论中，政治色彩或意识形态应当让步于解决方案的有效性。

这种解决方案在亚洲同样奏效，新加坡就是一个例子。在贸易、技术及移民的开放性方面，位于东南亚的这个城市国家是世界上经济最自由的国家之一。在社会政策方面，新加坡十分保守[23]——比起许多西方国家，新加坡对性少数群体的权利[24]、婚姻权的管制更宽泛，也更严格。但在经济政策方面，新加坡高级部长尚达曼告诉我们，政府采取的是行之有效的政策，而不受意识形态左右。[25]作为一个依靠自身在全球经济中的竞争力来获取财富的岛国，新加坡几乎别无选择。

利益相关者

20 世纪 60 年代，作为"亚洲四小龙"之一的新加坡，经济开始迅猛发展。在早期阶段，新加坡把重心放在劳动密集型制造业上，将其视为经济增长的重要支柱，并且大获成功。新加坡的制造业占 GDP 的比重从 1960 年的 10% 增长至 20 世纪 70 年代末的 25%，其间，该国 GDP 每年增长 6% 以上。[26] 很多日本公司和其他跨国公司为了寻找廉价的制造业中心而进驻新加坡，使许多新加坡人获得了体面的蓝领工作，促进了该国经济迅速发展：新加坡的人均 GDP 在 1965 年仅仅为 500 美元，到 1990 年激增至 1.3 万美元[27]（见图 6.1）。

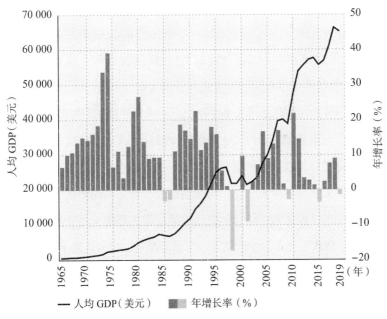

图 6.1　新加坡人均 GDP 增长情况（1965—2019 年）

资料来源：世界银行，Macrotrends 网站。

但随着中国等亚洲新兴经济体紧随其后发展起来，新加坡想要发展更加以服务和知识为导向的经济，向价值链上游进军，实现向发达国家之位的跃升。为此，新加坡早在 20 世纪 80 年代就已经需要对工人进行再培训。因此，新加坡大力投资面向儿童和成人的新型教育。根据全球城市发展组织的一份研究报告，"有更多的培训中心与高技能产业接轨，比如电子产业"，新的教育体系被建立，"以保障新加坡能够通过大学培养出一支高质量和高技能的劳动力队伍，与此同时，确保那些无法在正规教育体系中脱颖而出的人仍能获得技能培训"。[28] 这一制度再次奏效。尽管新加坡的制造业在 GDP 中的占比有所下降，但服务业在此后几十年发展迅猛，到 20 世纪 80 年代初在 GDP 中的占比达到 1/5，到 2015 年左右时已经接近 1/3。截至 2015 年，新加坡的人均 GDP 已经超越欧洲的经济强国德国和世界第一经济大国美国。

尽管新加坡已是过去半个世纪中经济发展最突出的国家之一，但这个东南亚国家明白，在当今的全球化经济中，新技术和服务业岗位变得比以往更加重要，国家需要不断调整以适应变化。这也是新加坡政府牵头设立"技能创前程"计划的原因所在。通过这一终身学习体系，任何年龄段的新加坡人都能学习新技能，为进入第四次工业革命中的就业市场做好准备。但与丹麦不同的是，这一体系的实现，靠的不是以巨大的社会力量和影响深远的社会项目为依托而建立起来的大政府。"我们拥有的是一个强大的政府，而不是臃肿的政府。"尚达曼说。因此，"技能创前程"计划有一个特点，即参与者基本可以自由选择学习课程。在新加坡国立大

利益相关者

学教授詹姆斯·克拉布特里为我们组织的一场研讨会上，几名政策领域的思想者发表的言论在政界引发了广泛讨论。例如，是否真的需要资助人们学习如何成为一名花匠或厨师？在当前的新加坡，主流观点是，有些课程可能确实不同寻常，但仍值得花钱学习。理由是，当前的第四次工业革命有一个特点，即未来的劳动力市场很难预测。谁能想到，如今 20 多岁的从业人群中的佼佼者，有些竟是 YouTube 上的电竞玩家或是短视频红人？

在我们观察新加坡模式时，还有一个重要特点值得一提。这一模式的成功离不开三个利益相关者：政府、企业以及工会。自 1965 年起，这个"铁三角"组合在所有的劳动力市场和产业政策决策中都发挥了重要作用，而且没有对经济活动造成重大干扰。尽管新加坡的劳动力市场流动性很大（雇用和解雇都相对容易），经济发展至少经历过两次成功的转型——一次是 20 世纪六七十年代向制造业转型，另一次是 20 世纪八九十年代向服务业转型，但罢工在这个国家极其罕见。《日经亚洲评论》最近的报道称，这种极具建设性的积极态度在未来仍然很重要，因为"在东南亚，技术的颠覆性影响将会给新加坡带来前所未有的高失业率"。[29]但有迹象表明，这波即将到来的技术冲击不会摧毁新加坡的社会和经济。普华永道会计师事务所的一项调查发现，"超过 90% 的新加坡受访者表示，他们会抓住老板提供的任何机会来掌握或使用新技术"。[30] 这表明，像美国和西欧国家这样的经济体面临着三重挑战：政府和企业必须在员工持续性再培训方面加大投资；工会必须发展壮大，同时与企业和政府进行合作；工人自身也应当保持积极、灵活应变，不惧自己及国家将要面临的经济挑战。

不断变化的商业环境

1980 年，还在读小学的吴修铭得到了一台 Apple Ⅱ，成为班级里第一个拥有个人电脑的人。正是这款如今已成为经典的电脑，使其发明者史蒂夫·乔布斯和史蒂夫·沃兹尼亚克成为传奇人物，并且预示了一个崭新的科技时代的到来。但对于吴修铭和他的弟弟来说，Apple Ⅱ 最大的意义在于让他们接触到一项新技术。吴修铭告诉我们："我和弟弟都喜欢苹果电脑，对它很痴迷。"[31] 孩童时期的兄弟俩总是把电脑芯片取出来，重新编程后再装回去，乐此不疲。几年后，计算机网络刚出现时，他们就会设置一个拨号调制解调器，连接到其他计算机，建立起自己的网络。那些成长的岁月让兄弟俩成为终身的技术痴迷者。吴修铭的弟弟后来在微软当程序员，吴修铭在谷歌（义务）工作过一段时间。在谷歌工作时，吴修铭仍然十分振奋。"我以前是谷歌的忠实支持者。"他说，"谷歌当时所从事的事情令人充满了希望，我们有一种所向披靡、无所不能的感觉。"

后来，吴修铭成为哥伦比亚大学法学院教授，虽然每天仍在使用苹果笔记本、iPhone 和谷歌服务，但他已不再是如今这些公司的粉丝了。这几家起步于车库的公司，如今的市值已经达到 1 万亿美元左右甚至远超这一数值，[32] 成为美国最大的上市公司。苹果公司的个人电脑早已不再是旗下最畅销的产品，取而代之

利益相关者

的是 iPhone。虽然苹果公司的大部分营收仍来源于 iWatch、iPad 和 iPhone 等一系列时尚硬件产品的销售，但受版权保护的软件产品以及开创性的应用程序商店如今已成为苹果生态系统的核心。谷歌（现隶属于母公司 Alphabet）从领先的搜索服务供应商发展成为一个庞大的帝国，活跃于广告销售、购物、娱乐和云计算等各个领域。随着时间的推移，许多早期的 IT 公司逐渐失势，但 Alphabet、苹果、微软、脸书以及亚马逊则不断巩固其领先地位，成为我们这个时代的企业巨头。

"转折时刻出现在这些大型企业既没有消失，也还没有变得过于庞大时。"吴修铭说，"这时的它们会挺进太多市场。"他对谷歌的态度还没有发生转向时，曾对该企业提出建议："虽然拥有不可思议的技术，但需要对邻近的市场保持警惕。"吴修铭说，他当时努力对谷歌保持善意，想让它远离自己口中的"道德上可疑的做法"。但谷歌对此置若罔闻。吴修铭说，结果就是，如今这五大科技公司已不再是不久以前初创公司的模样，而更像是 20 世纪 80 年代的电信供应商 AT&T 这样的垄断公司。他还说，它们通过收购或模仿竞争对手来保护自己的市场，既充当平台又充当卖家，在自己的应用商店里优先推荐自家产品。吴修铭认为，它们与前几次工业革命中的垄断企业并无两样，这么做会抑制经济发展和良性竞争，把财富和权力集中到少数人手里，而不是为大多数人共享。基于这个原因，吴修铭主张，应当对这些"大型科技"企业采取强硬措施：要么像监管自然垄断企业一样对其实施监管，要么将它们拆分。

在美国，把大型科技公司比作以前的垄断企业的远不止吴修铭一人。2018 年底，我到华盛顿采访美国参议员伊丽莎白·沃伦，那时她针对美国科技、制药、金融等许多行业的市场主导者就已持有类似的想法。丽娜·汗是吴修铭在哥伦比亚法学院的同事。2016 年，还就读于耶鲁大学的她就发表了一篇影响重大的论文——《亚马逊的反垄断悖论》，表明了类似立场。[33] 加布里埃尔·祖克曼、伊曼纽尔·塞斯、肯尼斯·罗格夫，以及诺贝尔奖得主保罗·克鲁格曼和约瑟夫·斯蒂格利茨等经济学家也表示，大型科技公司"权力过大"[34]，需要接受更严格的监管。包括《连线》杂志主编尼古拉斯·汤普森、《金融时报》副主编拉娜·福鲁哈尔在内的一些知名记者，也支持针对大型科技公司采取反垄断措施。甚至有些科技巨头的联合创始人也支持实施更严格的监管，其中就包括苹果公司的史蒂夫·沃兹尼亚克[35]和脸书的克里斯·休斯。目前这些企业已经在接受监管审查。对于吴修铭来说，这是唯一正确的态度。"我向来喜欢沃兹尼亚克领导下的苹果公司，"他说，"他们当时做的事很了不起。"

在吴修铭、沃伦、沃兹尼亚克等人认为需要对大型科技公司的卖方垄断或买方垄断（垄断的另一种类型，即在某一市场上仅有一个买方）加大监管的同时，也有人认为加大监管只会适得其反。他们指出一个事实，即许多大型科技公司提供的服务是免费的，即使不免费，其收费价格在市场上也是最低、最优惠的（比如亚马逊）。他们认为，不管是哪种情况，将其分拆或实施监管都不是对付这些大型科技公司的最好办法。这些措施会对过去几年里那些最具有创新能力的企业造成伤害，从而会削弱美国经济的创新能力。还有人认为，目前世界正在上演一场科技霸权争夺战（主要发生在中美之间），过度监管可能会让美国企业战败。

在过去几年里，我有机会见过所有这些大型科技公司的领导者，并且密切关注了其中许多人的成功道路。例如，我曾在帕洛阿托的一个仓库拜访过马克·扎克伯格，当时他只有 18 名员工。我还曾将刚刚创立了阿里巴巴的马云推举为世界经济论坛"全球青年领袖"。我相信，在最初经历了一番"爱丽丝梦游仙境"般的体验后，他们越来越意识到自己给人们的生活和身份带来了巨大影响。我看到，他们针对数据所有权、算法、人脸识别等社会合理关切问题，越来越愿意做出建设性回应。他们很清楚，重视这些问题符合自身的长远利益，否则就可能面临监管，从而有损未来发展。

在这场辩论中究竟哪种观点是对的呢？当今经济中的大型科技公司以及其他主导性企业给劳动者和消费者带来的是利益还是损害？我们应当调整竞争政策以使其适应数字经济吗？我们是否已经凭借大型科技公司进入一个新的"镀金时代"？或者说，如果遏制这些企业的发展，我们是否将会迎来创新寒冬？透过工业革命的视角回顾经济史，将有助于我们回答这些重大问题。

工业革命以前

在人类进入近代之前，世界各地的经济体几乎都处于停滞状态。大约 1 万年前，人类的生活方式发生巨变——狩猎者和采集者定居下来，成为农耕者。这一变化意义重大，主要表现在两个方面。一方面，农耕首次带来了稳定的粮食供应，甚至还能定期产生一些富余；[36] 另一方面，非游牧的生活方式让人们有条件存储粮食、圈养家畜，从而获得更多的营养来源，包括肉类和奶制品。凭借进一步的技术突破，比如耕犁、车轮、陶器和铁制工具的发明，这一时期的人们迎来了一场真正的农业革命。这场农业革命在政治、经济和社会方面都产生了重大影响。

在社会方面，这种新兴的定居生活方式为村庄、城市、社会乃至早期帝国的发展提供了条件。在政治方面，由于出现粮食富余，某些阶层的人可以依靠别人生产的粮食生活，这些社会开始首次出现等级划分。在经济方面，早期贸易和专业化使整体财富适度增长。随后发展起来的文明几乎无一例外，都由以下几个阶层组成：由军官和精神领袖组成的上等阶层，由商人、小贩及专业手工艺人（即专门制作陶器、服装以及其他产品的人）组成的中等阶层，以及由数量庞大的农奴和农民组成的下等阶层。农奴和农民生产的粮食不仅要供自己食用，还要供给他人，而且他们通常要对上等阶层绝对服从。透过历史，我们能看到这样一种早期模式：技术进步带来财富的巨大增长，但剩余财富的分配几乎总是不平等的，甚至会被社会顶层的少数群体独占。

接下来的一千年里，政治和社会结构发生了许多变化，经历了多个创新时期。在亚欧大陆，从中国到印度、阿拉伯世界，再到欧洲，航海、战争、交通运输，以及印刷、金融、会计等许多

　　　　　　　　　　　　利益相关者

领域的技术突破都发生在中世纪时期。正如前面章节所述，技术进步激起了一波又一波跨大陆贸易浪潮，给各种族的人民，尤其是上层阶级的生活带来了进一步改善。波斯帝国、奥斯曼帝国、蒙古帝国和大明王朝纷纷在这一时期崛起。

曾一度在欧亚发展潮流中处于落后状态的欧洲，终于在文艺复兴和近代早期迎来了一场真正的科技革命。这场科技革命给社会和政治带来了巨大变化：欧洲强国确立了在全球经济中的主导地位，欧洲开始了宗教改革，象征现代主权国家开始形成的《威斯特伐利亚和约》被签署。此外，借助指南针、帆船、火药以及这场科技革命中的其他应用成果，欧洲强国还建立起众多的全球贸易帝国，庞大的东印度公司（在前面章节有所提及）就是一个典型代表。尽管取得了科技进步，实现了财富增长，但截至18世纪末，欧洲绝大部分人口仍然主要从事农业活动，相较若干世纪以前的祖辈，他们的生活并没有太大变化。

第一次工业革命

第一次工业革命的到来改变了一切，英国最先受到影响。18世纪60年代，詹姆斯·瓦特发明了蒸汽机，为工业革命奠定了基础。最初的发展并无规律可言，但到19世纪初，英国的企业家们已经大踏步走在世界的最前沿。在短短的几十年里，英国的蒸汽机车、轮船和机器掌控了世界，英国成为世界上最强大的帝国。各行各业都发生了翻天覆地的变化，其中农业和纺织业的变化最为显著。机器替代人力或马匹为生产提供动力，促进农业产量翻了几番，纺织业的产量增长更甚。按最终商品产量计算，英国经济每年增幅开始达到几个百分点，而在此之前仅为 0.1 或 0.2个百分点——这种增幅在前几个世纪很常见。与此同时，人口也在迅速增多。需要养活的人口增多，但农业中所需的劳动力（和马匹）却减少了。截至 19 世纪末，英国一半以上的人口都迁移到了伦敦、曼彻斯特或者利物浦这样的工业城市，其中大部分人开始在工厂工作。

在第一次工业革命中受益最大的是英国资本家。资本主义在当时已不是什么新鲜事物。中世纪时，在地中海地区开展贸易的威尼斯商人就已实施航运风险共担，至少在这个时候，欧洲就已经出现了资本主义。只不过，此时的资本主要用于筹建工厂和购买机器，而不再是投资贸易。大地主、成功的商人以及贵族成员往往手握大量资本，他们能够投资新技术，创办成功的企业。由于坐拥世界市场，他们将巨额利润收入囊中。而且，由于操作机器对于劳动力的专业性需求不比手工制作，早期的工人几乎没有讨价还价的能力，从而导致了剥削局面的产生（这种情况仅存在于英国这个当时世界上最富有的国家；在印度、中国等手工业被严重摧毁的国家，情况要糟糕得多，几乎没有赢家）。

随着 19 世纪的发展，第一次工业革命的科技成果传播到其他国家，主要是欧洲大陆国家（以比利时、法国和德国最为显著）以及英国在北大西洋对岸的前殖民地——美国。与技术变革相伴的是政治、经济和社会的转型。到 19 世纪末，在英国、比利时、法国和德国，普通工人所面临的困境已经变得十分棘手，以至一些新晋领导阶层中开始有人谴责这种过激行为。《悲惨世界》就创作于这一时期，描写了普通法国民众在工作中遭受的严重剥削。德国流亡者卡尔·马克思和弗里德里希·恩格斯通过发表社论、出版书籍，论述了在工业化的英国，工人阶级的悲惨命运。查尔斯·狄更斯早在几十年前就写下名言：这不仅是"最好的时代"，也是"最坏的时代"，是"黑暗的季节"，是"失望之冬"。[37] 这一结果是工业化或全球化造成的吗？实事求是地讲，这可能是两者共同作用的结果。正如上一章所述，工人开始团结起来，反抗他们所面对的不公平，要求获得政治权利、提高工资水平、改善工作环境，甚至要求推翻新的社会等级制度。在这种制度下，实业家取代国王和牧师，跃居社会顶层；工厂的工人则取代原来的农奴和农民，沦为社会底层。

在美国，第一次工业革命也带来了难以维持的局面。交通、金融和能源领域的技术进步导致了寡头和垄断的形成：掌握最多资本和第一手资源的企业能以最大规模部署最新的技术，提供最好的服务，从而赢得更大的市场份额，赚得最多的利润，让竞争对手出局或者将其收购。例如，在交通运输行业，铁路巨头、航运巨头科尼利尔斯·范德比尔特控制下的、连通中西部和纽约的铁路公司占据了主导地位。在能源行业，精明的约翰·D.洛克菲勒白手起家，建立起世界上最大的石油公司——标准石油，后来成为第一个商业托拉斯（标准石油公司如今以埃克森美孚的形式继续存在，仍是美国最大的石油公司）。在钢铁行业，出生于苏格兰的美国人安德鲁·卡内基创立了美国钢铁公司的前身，后来该公司发展成为美国钢铁生产行业的垄断企业。在煤炭行业，亨利·弗里克成立了弗里克焦炭公司，控制着宾夕法尼亚州80%的煤炭产量，[38] 同时还掌管着当时的其他几家企业集团。在银行业，纽约梅隆银行的安德鲁·梅隆、如今摩根大通的创始人约翰·皮尔庞特·摩根等行业巨头创立了美国有史以来最大的金融公司。

在今天，许多行业巨头因其所做的社会贡献而为人所知，包括洛克菲勒中心、卡内基音乐厅，以及许多活跃至今的慈善组织。但在19世纪80年代末，他们更多是因为巨额财富和令人质疑的商业行为而出名。以今天的标准衡量，那些人的财富甚至超过比尔·盖茨和杰夫·贝佐斯，但与他们处于同一时代的普通民众并没有积累起财富。极度贫困在纽约、费城、匹兹堡和芝加哥这些大城市的廉租房中十分普遍。工人的工资非常低，而且托拉斯的经济实力令他们毫无议价能力。富人和穷人的生活条件简直存在天壤之别，以至马克·吐温和查尔斯·达德利·沃纳在1873年共同著书讽刺这一现象，书名是《镀金时代》。此后，这一书名便成为那个时代的代名词。到20世纪初，这种情况导致美国政界"民粹主义"的首次崛起。1892年，人民党成为首个在美国总统大选中赢得选举席位的第三党派。该党的纲领是帮助"乡村和城镇劳动力"争取权利，反对据说是由当时的领导阶层带来的"道德、政治和物质沦陷"。1896年，这个最初的民粹政党的候选人（威廉·詹宁斯·布莱恩）甚至成为民主党全国代表大会的正式总统候选人，不过他最后未能赢得这场大选——输给了共和党的威廉·麦金利。

第一次工业革命给主导国家带来了巨大的财富积累，但同时也给工业化国家的穷人带来了苦难。在这场工业革命中，有一些国家被彻底甩在后面，其中包括之前 GDP 一直领先世界的亚洲国家，比如中国、日本和印度。对于生活在这些国家的人而言，情况也很糟糕。在这些国家，整个政治制度瓦解，随之而来的是经济混乱或殖民统治。在美国和西欧，当民众的强烈反对情绪发展到无法忽视的地步时，国家开始采取措施限制财富的过度集中，减轻工人阶层的苦难。在欧洲，从英国到德国，经过了从 19 世纪 70 年代到 20 世纪 20 年代的一系列改革之后，普选制得以确立，社会主义政党上台执政。保守党和基督教民主党采取的措施也更加关注社会问题。例如，奥托·冯·俾斯麦领导下的德国政府虽然有保守倾向，但还是在 19 世纪 80 年代实施了一系列社会改革，这些改革构成了如今西欧国家的社会保障制度的核心。

与之相比，美国早期的重点不是提供社会保障，而是加强反垄断。（直到 1935 年，经济大萧条导致数千万人失去工作、食不果腹、流离失所，美国才通过了《社会保障法》。[39]）1890 年，立法者开始意识到有必要对那些"强盗式资本家"采取行动，因为他们的恶劣行径滋生了政治腐败，垄断了整个工业部门。首部反垄断法于当年通过，之后几年又经历了多次修订。1914 年，两项更重要的法律被通过，其中一项成为联邦贸易委员会设立的基础。这些法律必须共同确保洛克菲勒等人的托拉斯不能再通过收购全部竞争对手或串通定价的方式构成事实上的垄断。在这之后，最著名的案例就是在 1911 年标准石油公司被拆分，该公司在 19 世纪与 20 世纪之交 "控制了美国 90% 以上的成品油市场"[40]。标准石油被拆分成 34 个部分，其中一些作为品牌或独立公司至今仍存在，包括埃克森美孚（曾被分拆为埃克森和美孚两家独立公司）、雪佛龙和阿莫科。其他行业也受到监管审查。监管者认为，垄断势力会抑制创新，既不利于保障消费者的利益，又不利于竞争。因此，垄断行为需要被制止。

第二次工业革命

纵观经济和政治发展史，有一种情况十分常见，即工业化世界的各国政府所采取的措施在解决当前及历史问题上几乎都十分有效，但在应对未来问题上相对无力。第二次工业革命发生后，内燃机和电力等许多新技术催生了一系列新产品，如汽车、飞机、电网以及电话。随着时间的推移，这些新技术逐渐创造、重塑并主导各行各业，就如同第一次工业革命时期。但 1914 年的地缘政治摩擦打断了这个工业化世界的经济动态。在两次世界大战中，更多人把科技视为一种毁灭性力量，而非经济驱动力。一战后，马匹不再是战场上的战略物资。从二战开始，坦克和飞机成为战场上的主导性物资。数千万人在战争中丧生，其中很多人死于用新技术发明的武器。

经济学家卡尔·弗雷在《技术陷阱》一书中指出，1945 年，一个崭新的世界诞生了，这一次，技术将在西方发挥更加普遍的积极作用，对蓝领工人和中产阶层尤其如此。在大西洋两岸，汽车很快成为受到大众市场欢迎的交通工具，无论是上等阶层还是普通工人都能负担得起。电力成了家家户户的标配，洗衣机、空调和电冰箱等电器也得到了广泛应用。这些新发明让人们的生活变得更加便捷、健康、卫生，还极大地促进了女性的解放。电力和交通的发展还促进了许多新行业的诞生，为很多中产阶层提供了就业岗位，甚至连技术水平中等或较低的工人也获得了一定的工作机会。这一次，工厂的机器与工人之间存在互补关系，机器将工人从繁重的体力劳动中解放出来，但工厂仍然需要大量工人。随着经济越来越介于以制造业为主体和以服务业为主体之间，司机、电话接线员、文秘和出纳员等岗位的需求量变得非常大。

财富的广泛激增，以及与之相伴的婴儿潮的出现，使国家进一步健全了社会保障制度和教育、医保、住房政策。在美国，时任总统林登·约翰逊宣布了一项"伟大社会"计划。[41] 该项计划旨在通过"向贫困宣战"（War on Poverty）等行动消除贫困和种族问题，引入了包括医疗保险和医疗补助在内的医疗保障项目，还通过了新建院校、设立奖助学金、壮大教师队伍等政策。在欧洲，福利国家制度得以建立，为全体国民提供免费医疗、义务教育以及国家补贴住房。

与此同时，反垄断行动一直被列为一项政治议程。在美国，新崛起的电信产业的联合已经达到如此程度：到20世纪60年代，贝尔公司（如今的 AT&T）已经构成事实上的垄断。基于第一次工业革命后通过的反垄断法，贝尔公司被拆分。此后几十年中，电信服务价格大幅降低，服务质量显著提升，还出现了新一波创新潮，移动电话便由此产生。在欧洲，各国选择了一种更直接的监管方式，把电力和电信供应商组建成国有垄断企业。这同样确保了任何高出市场水平的利润最终能够被用于提升社会福利，尽管是以一种间接的方式。但这种监管抑制了企业创新和市场竞争，而由于缺乏激烈的竞争，国有企业逐渐怠于提供更好的服务或更低的价格。

汽车行业的竞争足够激烈，因此不需要实施反垄断措施，尽管现在我们才知道，这些企业曾经利用其政治影响力和经济实力对交通运输部门进行游说，导致该领域无法取得最优结果。比如，把更多的投资用于汽车、公共汽车及其基础设施而不是火车和电车，以及推迟引进电动机，都是游说的结果。但该行业的市场集中度确实一直很低，部分原因是国际竞争在不断加剧。该行业还或直接或间接地创造了数百万个就业岗位，使数千万人得以享受中产阶层的生活方式。众多汽车制造商因为这些原因而免受监管审查，成为全世界最受尊敬的企业之一。

或许是因为技术和企业在西方的黄金时代发挥了更加积极的作用，对待资本与劳动力、人与机器的问题，人们的观念明显缓和了许多。重要的是，经济学家也更多地宣扬企业及其创新成果在社会和经济发展中的积极作用。奥地利经济学家约瑟夫·熊彼特早在 20 世纪 40 年代就预见到这样一个世界："创新性破坏"[42]将使落后的企业及其产品被新兴企业及其先进技术取代。汽车会取代马匹，飞机会取代轮船，家用电器会取代家政从业者。米尔顿·弗里德曼和他在芝加哥大学的同事们（即所谓的"芝加哥学派"）想法更超前。弗里德曼坚信企业自然而然地会在经济体系中发挥积极作用。一只无形的手会确保市场总能实现最优的结果，确保社会效应最大化。弗里德曼在1970年发表于《纽约时报》上的一篇文章中指出，这意味着，"企业有且仅有一种社会责任"，那就是"在游戏规则范围内，利用企业资源从事旨在增加利润的活动"。[43] 鉴于当时处在第二次工业革命的背景下，且企业在经济和社会发展中发挥了很大的积极作用，这一观点是可以理解的。但仅在几十年后，随着在第三次和第四次工业革命中企业对社会的积极作用逐渐减弱，企业及技术创新的负面影响越发突显。

第三次工业革命

20世纪七八十年代，正当针对贝尔公司的反垄断案经受着政治和司法的重重考验时，于阿尔伯克基和库比蒂诺的两间车库中诞生了两家小型计算机公司，后来的它们改变了经济发展的进程。这两家公司就是微软和苹果，它们最初研发的是个人电脑，就像吴修铭从父母那得到的那台 Apple II。但随着20世纪80年代的发展，这两家公司因其软件——包括 MS-DOS、Windows 和 Mac OS 等，越来越出名。到20世纪90年代，在微软和苹果的助力下，互联网进入了办公室和家庭。一路走来，个人电脑从昂贵、笨重的小众设备转变为现代经济中最重要的生产工具。第三次工业革命由此诞生，它给世界带来了信息技术和互联网，相关应用和行业也应运而生。

第三次工业革命极大地提高了白领工人的生产力。他们不管身处何地，只要动动手指，就能以更快的速度处理更多信息，并即时与同事沟通协调。它还催生了历史上最伟大的一波全球化浪潮：制造活动可以与后勤部门分离，公司总部可以从全球价值链中抽离出来。这场信息技术和互联网革命让中国、印度尼西亚、越南以及墨西哥等国家得以融入世界经济，帮助上亿人口跻身全球中产阶层。

这场革命在全球范围内产生的总体影响无疑是正面的。在第一次和第二次工业革命中，财富的积累仅限于西方工业化国家的上等和中等阶层。在第三次工业革命中，新兴市场终于能够公平地分到一块蛋糕。经济学家克里斯托夫·拉克纳和布兰科·米兰诺维奇绘制的著名的"大象曲线"就反映了这一趋势。[44] 从这幅图中可以看出，从信息技术革命蓬勃发展的 1988 年到互联网撼动全球供应链的 2008 年，全球中产阶层受益颇丰，同样受益的还有工业化国家中 1% 的富人群体。但是，西方中产阶层也为此付出了代价。由于信息技术革命，同样的工作可以用更低的工资雇用其他地方的劳动者来做，这就给西方中产阶层的就业和薪资水平造成了影响。

在 2018 年《世界不平等报告》中，"大象曲线"进行了最近一次的更新，从中就能看到这一趋势（见图 6.2）。该曲线反映了在全球收入分配中各个百分位上的人群（用横轴表示，按收入从低到高排列）的收入增长率（用纵轴表示）。我们可以看到，那些在全球收入分布中处于第 10 百分位至第 50 百分位的人群（包括中国、印度、东盟国家以及其他国家的新兴中产阶层）的收入增长率非常可观，往往在 100% 以上。这部分人群构成了"大象"的"背部"。收入最高的 1% 群体，即包括西方专业人士阶层在内的世界精英群体，收入增长率也非常高，其中又以前 0.1% 和 0.01% 的群体受益更多。这部分群体构成了"大象"的鼻尖。这两类群体总体而言都是全球化的受益者。

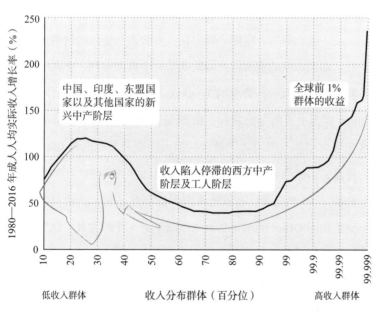

图 6.2 反映全球不平等及收入增长状况的大象曲线

资料来源：2018 年《世界不平等报告》，受到拉克纳和米兰诺维奇发表在《世界银行经济评论》（2015 年）中的文章启发，大象的形象最初是由（彼得森国际经济研究所的）卡罗琳·弗罗因德添加。[45]

然而，在全球收入分布中处于第 60 百分位至第 90 百分位的人群的收入增长率非常低，这部分人群包括美国、英国和其他西欧国家等西方国家的工人阶层和中产阶层。在过去 35 年里，他们的平均收入即使有增长，每年增长率也不过略高于 1%。他们中的很多人根本没有感受到全球化带来的实际好处，甚至相当一部分人因为来自低收入国家的竞争而失去了高薪蓝领工作。而在收入分布中处于最前几个百分位的赤贫人群的收入也几乎没有变化（其收入增长率并未在曲线图中得到体现）。

　　但是，第三次工业革命还产生了另外一个影响。它将网络效应变成一种竞争力，将用户锁定在大多数人所使用的网络中，并提升了知识产权的重要性。微软就是一个典型案例。个人电脑在办公室得到普及后，微软的 Windows 系统成为主流的操作系统，Office 成为主流的办公软件，IE 浏览器成为主流的网页浏览器。这在很大程度上要归功于微软的强大功能及其先前与 IBM 签订的协议，但微软也很快将消费者和自己的产品绑定：在 Windows 上预装了 IE 浏览器，有效地将两者捆绑在一起，并使非微软用户很难访问 Office 或 Windows Media Player 中的文件。这引起了美国和欧洲反垄断当局的注意：微软是否在滥用权力？在经过 7 年的调查后，美国华盛顿哥伦比亚特区联邦地区法院于 2000 年 6 月 7 日做出裁决：微软确实存在滥用其垄断权力的行为，应当将其拆分为两家独立公司，一家负责开发操作系统，另一家负责开发软件。[46] 2004 年，欧盟委员会也在一起涉及 Windows Media Player 的案件中裁定微软存在反竞争行为，并对其开出 5 亿欧元

　　　　　　　　　　　　　　　　　　利益相关者

的罚单。[47]这是截至当时针对单家公司开出的最高数额的罚单，微软支付了这笔罚款，但它通过上诉成功驳回了美国联邦地区法院要求微软进行拆分的裁决。2001年，上诉法院做出新的裁决：微软可以作为一家公司继续运营。

吴修铭认为，这是美国和欧洲采取反垄断行动的一个转折点。欧盟委员会因为微软案的成功而倍受鼓舞，在维护消费者利益、打击垄断方面表现得越来越强硬。为了打造欧洲共同市场，它还开放了国内市场，加剧了许多行业的竞争，促使这些行业降低价格、改善服务。与之相反，在美国，市场集中度在接下来的几年里持续增强，因为反垄断当局多数选择袖手旁观。在微软案的裁决做出近20年后，记者戴维·伦哈德在《纽约时报》发表评论（引用了经济学家托马斯·菲利蓬的研究数据），称"少数几家企业的规模已经如此之大，以至有能力把价格定得很高、把工资压得很低。这对企业自身来说是好事，对几乎其他所有人来说都是坏事"[48]。由此产生了一种事实上的寡头垄断：

> 很多美国人只有两家互联网供应商可选。航空业被四大航空公司［美国航空、联合航空、达美航空和西南航空］主导。亚马逊、苹果、脸书和谷歌的规模越来越大。很多地方市场都被一两家医院系统控制。家得宝和劳氏取代了各地的五金商店。像艾克德和快乐哈利这样的区域性连锁药店也被全国性巨头吞并。[49]

不过，菲利蓬等经济学家以及吴修铭、丽娜·汗等法学学者还指出，不能把这一结果全部归咎于技术或全球化。毋庸置疑，技术使这些企业得以继续向全球扩张，为其提供了巩固市场地位的工具。但真正允许这一切发生的是政府。为什么这么说呢？第一，正如芝加哥学派早在几十年前就提出的，政府把技术行业反垄断行动的重心放在消费者价格上，导致忽视了全局。以脸书和谷歌的服务为例，消费者价格已经不再是衡量标准。消费者实际上变成了产品。许多服务是免费使用的，但事情的另一面是，个性化广告开始针对用户精准投放。在网络广告市场，大型科技公司掌握了定价权，而且缺乏竞争。但这一市场因相对无形而未受到同样的监管审查。相比之下，在欧洲，欧盟的竞争监督机构——竞争总署（DG Comp）把目光投向了更广泛的市场指标，这使其能够更快地进行干预。第二，大型科技公司通过网络效应锁定消费者（作为消费者，你不想成为唯一一个不使用特定社交网络的人）之后，还能够制定出以前闻所未闻的个人数据使用规则。因为前两次工业革命中不存在类似行为，所以监管者一直都没有可以遵循的先例，直到近期。

　　如前所述，针对这种情况，欧盟委员会找到了另外一种解决路径。自具有里程碑意义的微软案以来，欧盟委员会的竞争事务专员向垄断企业开出的罚单越来越多且数额越来越大。谷歌、英特尔和高通都曾因为存在反竞争行为而收到数额超过 10 亿欧元的罚单。[50] 其中，谷歌因存在"网络广告垄断行为"在 2019 年 3 月再次收到该机构开出的超过 10 亿欧元的罚单。[51] 欧盟委员

　　　　　　　　　　　　　　　　　　　　利益相关者

会还针对卡特尔采取行动，范围涵盖卡车制造[52]、电视显像管生产、外汇、汽车维修、升降梯、维生素、航空运输等各个产业，自 2000 年以来共开出了 260 亿欧元的罚单。[53] 此外，该机构大力遏制企业兼并行为，确保大型企业能够持续感受到来自企业新锐的竞争压力。近几年比较有名的案例是，欧盟委员会阻止了两家大型铁路公司——阿尔斯通和西门子的兼并，还制止了钢铁业巨头塔塔钢铁公司和蒂森克虏伯建立合资企业的决定。自 1990 年以来，该机构对 200 起企业兼并行为进行了关键的第二阶段审议，其中 30 起被否决，133 起附条件通过，只有 62 起获得了全面批准。[54]《金融时报》报道称，在未来几年，竞争事务专员打算采取更加强硬的措施，特别是针对那些所谓的大型科技公司。"我们会更加清楚地认识到，一个饱受一家或多家企业的非法行为困扰的市场……所需要的是什么。"《金融时报》如是说，并且补充称，"对企业进行拆分［……］是我们现在可用的一种手段。"[55] 托马斯·菲利蓬认为，竞争事务官员采取这种坚决的立场是正确的，因为这意味着"如今欧盟消费者的处境会比美国消费者好很多［……］。欧盟实施了美国的［反垄断］方案，美国则已将自己的这一方案抛诸脑后"[56]。

然而，即使欧洲采取的这种措施看起来最能维护公民利益，它也可能会削弱欧洲科技企业在全球的竞争力。以阿尔斯通与西门子的兼并案为例，兼并后企业在欧洲市场上的市场份额可能会过大，但由此产生的规模能让该企业在全球更具竞争力。毕竟在当前的全球市场上，它正面对着一个规模更大并且由政府支持的中国竞争对手（中国中车），[57] 还面对着很多规模相当的日本竞争对手和加拿大竞争对手，比如日立和庞巴迪。

欧洲方面审查力度的不断加强，在一定程度上导致欧洲的科技公司近年来无法在世界舞台上取得真正的突破。在 2020 年全球最有价值的 10 家科技公司中，6 家来自美国，4 家来自亚洲。欧洲和其他地区的公司有能力和这些巨头竞争吗？当然，要创造一个公平的竞争环境，最佳途径是采取更加国际化的政策和监管办法，或许能将反垄断措施纳入经过深入改革后的世界贸易组织。但考虑到该组织目前正面临困境，这似乎不太可能在短期内实现。

第四次工业革命

尽管第三次工业革命的许多技术成果仍在市场上发挥作用，但我们已经迎来了第四次工业革命。正如我在 2016 年所写的：

> 第四次工业革命的一个特点是技术融合，它不断模糊着物理、数字和生物领域的边界。从无人驾驶和无人机，到虚拟助手和翻译软件或投资软件，人工智能已随处可见。近年来，人工智能取得巨大进步，从用于发现新药的软件，到用来预测人的文化喜好的算法，这既得益于计算能力的指数级增长，又得益于我们现在可以获得海量数据。与此同时，数字制造技术已经可以和生物世界实现日常互动。工程师、设

计师和建筑师正在将计算机设计、增材制造、材料工程学和合成生物学结合在一起，开创一种存在于微生物、人体、消费产品乃至住宅之间的共生关系。[58]

第四次工业革命的技术成果有望再次促进全球财富的巨大增长。这是因为，它们可能会转化为通用技术（GPTs），就像之前的电力和内燃机。根据埃里克·布林约尔森等经济学家所言，这些通用技术中威力最大的可能是人工智能，即 AI。[59] 来自中国等国家的一些大型科技公司正在利用人工智能应用程序，快速赶超美国的领先企业。科技企业家、投资者李开复告诉我们，阿里巴巴、百度和腾讯这些公司正在迅速赶超亚马逊、脸书、谷歌和微软等美国人工智能巨头，而且在某些程度上，它们已经拥有更先进的应用程序。它们将促进中国实现国家发展和国民富裕。

与前几次一样，这些技术也会加剧不平等，扩大社会及政治裂痕，会让我们的现有社会濒临崩溃。像脸书这样的公司已经遭到批判，因为有人认为其算法有意激起分歧，助长了美国社会的巨大分裂——美国社会本就长期存在政治左派和右派的强烈对立。随着人们上网的时间增多，与人工智能的互动比以往任何时候都更加频繁，这可能只是更糟糕的情况的开端。此外，生物技术和医药科学的进步能为更富裕群体的生活状态甚至身体状态带来更大程度的改善，由此带来财富层面和生物层面的双重差距，从而将不平等扩大到前所未有的程度。技术还可能被用于网络战争，造成严重的经济和社会后果。

为了避免最坏的情况，尽可能实现最好的结果，所有的利益相关者都应从过去吸取教训，各国政府应当制定出包容性政策，规范企业行为。对技术突破实施监管所面临的挑战往往在于创新速度。政府的监管在流程上需要花时间，而且需要对创新技术进行深入了解。曾经有位 CEO 向我表达了沮丧情绪："企业的发展就像是在乘坐由创造力驱动的电梯，而政府和监管机构的学习却像在走步行梯。"这种情况给企业带来了特殊的责任——要确保所有的技术进步都能被大众充分理解，不光包括其对个人用户而言所具备的功能，还包括其对社会而言更广泛的意义所在。

秉持着这一宗旨，世界经济论坛第四次工业革命中心于 2017 年在旧金山成立。该中心的目标是构建政策框架，推进合作关系，以加速释放科学技术红利。[60] 它聚集了这一进程中的所有利益相关者，即政府、企业、公民社会、青年群体和学者。有几家企业当即与该中心签约，成为创始成员，而且从一开始就明确表示，欢迎其他各方与它们一道助力社会发展。随后，世界各国政府兴趣高涨，都渴望了解新技术的影响以及如何对其实施更好的监管，我们在印度和日本都设立了分中心，还在哥伦比亚、以色列、南非、沙特阿拉伯和阿拉伯联合酋长国设立了附属中心。

展望未来，我们应该记住，技术本身没有完全的好坏之分，一切都取决于我们如何使用它。从政府到企业，再到整个社会，每一个利益相关者都负有各自的责任。事实上，即使企业家的出发点是好的，其公司的影响最终也有可能弊大于利。而且，尽管在自由市场上运营的创新型企业是经济发展的强大引擎，但也离不开同样富有创新力且强大的政府这个最佳联盟——政府会始终把社会的最大利益放在首位。正如玛丽安娜·马祖卡托在《万物的价值》（*The Value of Everything*）中所言，一个强大的政府不应局限于监管职能，还可以为创新提供基础力量，让自身具备社会附加值。[61] 许多技术成果都发源于政府资助的研究项目，比如互联网和全球定位系统（发源于美国国防部高级研究计划局）、万维网（发源于欧洲核子研究组织）、触摸屏技术以及半导体，它们为当今一些最具创意的产品，比如苹果公司的 iPhone 的研发提供了技术基础。[62]

归根结底，对于创新及其推动者，我们除了拥抱和接受以外别无选择。但是，对于那些曾经名不见经传但富有创新精神的企业家，我们应当给予更多鼓励，使其保持初心，避免膨胀成为垄断者。技术只有在被广泛共享时，才能发挥出最大的潜能。在人工智能时代，这一点将比以往任何时候都更加重要。在这种情况下，数据的所有权将成为一个关键要素，我们必须确保其不被垄断企业把持。这就是吴修铭对他曾经热爱的大型科技公司以及主导其他行业的企业巨头所提出的建议。"我一直喜欢小型公司，"他说，"所以当这些公司的规模发展得过大时，我就变成了一个反垄断斗士。"[63]

然而，与市场结构同样重要的是，创造出来的价值成果能够真正被共享。在前几次工业革命中，工业企业多数在国内市场运营。这意味着各国政府能够进行干预，以保障所有市场参与者能够相对公平地共享价值成果。但是，人工智能让如今的情况大不相同。许多活跃于互联网技术领域的企业免费提供服务，这意味着在产品层面无价可管、无税可征。几乎所有领先的科技企业都是美国企业或中国企业，但其活动范围遍布全球各地，这导致许多国家政府也无法对其利润进行征税，因为企业往往会通过转让定价和知识产权相关豁免规定进行避税。如果各地的公民和政府想分享这些企业创造的财富，就有必要制定和实施不同的监管与税收框架。

还有最后一点需要考虑：即使我们使第四次工业革命朝着正确的方向发展，还需要应对另一个全球危机——持续不断的气候危机。

第七章

人与地球

在达沃斯这种场合，人们喜欢讲一些成功的故事。但他们在经济上的成功伴随着难以想象的代价。在气候变化方面，我们不得不承认，我们做得很失败。当前所有形式的政治运动都失败了。媒体也没能树立起广泛的公众意识。[1]

这是瑞典年轻的气候活动家格雷塔·通贝里在 2019 年 1 月达沃斯年会上的发言。几个月前，通贝里因发起"为气候罢课"（School Strike for Climate）运动而出名，激起了关于日益为人所知的全球气候危机的激烈讨论。在达沃斯，她利用这一平台向全世界敲响一记警钟，呼吁人们采取必要的行动，以避免灾难的发生。"大人们总是说：'我们应当给予年轻人希望。'"通贝里在一次专门的记者招待会上说，"但我不想要你们给予的希望。我不想让你们有希望。我想让你们恐慌。我想让你们感受到我每天都在感受着的恐慌。我想让你们行动起来，就像身处危机中那样行动起来，就像房子着火时那样行动起来。因为事实就是这般紧迫。"[2] 关于气候变化问题的科学警告和政府磋商已经持续数十年，一名青少年的演讲何以吸引世界最广泛的关注？

出生于 2003 年 1 月 3 日的通贝里，在 2011 年首次了解到气候变化，那时她还在上小学。尽管年龄还小，但她已经认识到"气候专家所说的与社会实际采取的行动之间"存在差距。[3] 这让她既焦虑又难过，以至无时无刻不在担心。为什么没有人采取行动呢？为什么我们要眼睁睁地看着我们的自然环境退化呢？她一直在思索这些问题，还做了一些力所能及的事情。她说服父母成为素食主义者，甚至说服他们不再乘坐飞机——这对她的母亲来说是一个重大改变，因为她的母亲是著名歌剧演员，在那之前经常要前往欧洲各地。

事实证明，通贝里能一门心思专注于气候变化是有特殊原因的。她被诊断患有一种自闭症，症状就是"有限且重复的行为或兴趣模式"。[4] 但她不会让这一病症阻碍她的倡议。"我患有阿斯伯格综合征，有时会和正常人有些不同。"[5] 面对批评者，她如此写道，"但是，在恰当的情况下，与众不同是一种超能力。"从她的角度看，别人也应当更加关心气候变化问题，因为这一问题是真实存在的。或许其他人因疲于应付眼下更加紧迫的问题而难以注意到气候变化问题，但是她不会这样。她认为自己有责任确保其他人也都能充分认识到气候变化问题的紧迫性。

利益相关者

到 2018 年夏天，通贝里的倡议活动向前迈进了一步。随着瑞典议会选举临近，她在一家瑞典报纸上发表了一篇短文，要求人们更加重视气候变化，并表示自己和其他人会为气候变化罢课，直到选举开始。她的呼吁并未引起人们的关注。通贝里决定独自采取行动。在 2018 年 8 月底的一天，她逃课去了位于斯德哥尔摩的瑞典议会。她站在广场外面，高举着自己做的标语"为气候罢课"。

这奇怪的一幕很快引起了关注。后来《连线》杂志称，通贝里在推特和照片墙上发布了一张自己抗议的照片后，"其他社交媒体使用者起到了推波助澜的作用"。[6]该杂志写道，几名有影响力的环保主义者转发了她的帖子，到第二天早上，通贝里获得了第一个追随者——15 岁的迈松·佩尔松。到中午时，她又多了 6 个追随者。几天后，又有 30 多个人加入。一个月内，通贝里的抗议举动已经举国皆知。截至 2018 年的秋天，欧洲各国已有上万名在校生罢课，参加通贝里的"星期五为气候"（Fridays for Climate）活动。

那时，负责评估气候变化相关科学的联合国机构——政府间气候变化专门委员会（IPCC）也发布了一份特别报告，增加了这些青少年的紧迫感。该报告警告称："将全球气温升幅限制在 1.5℃，需要社会各界进行快速的、深远的、前所未有的变革。"[7]倘若不能做到这一点，气候变化将有可能发展成不可阻挡之势。报告的作者还指出，"通过极端天气、海平面上升和北极冰川消融，我们已经看到全球气温升高 1℃ 的后果"。这些青少年已经有足够的动力去进一步扩大抗议活动。在此后的几个月内，他们的抗议活动又吸引了从布鲁塞尔到柏林、从堪培拉到温哥华等各个地方的上万人参与。

＊　＊　＊

同样是在2018年的秋天，我注意到通贝里的抗议活动，于是立即决定邀请她来参加我们的达沃斯年会。她的倡议活动已经把这个问题提升到一个全新的高度，超出了正常的政治和学术呼吁所能达到的水平。我意识到，这一问题重要且紧迫，而且发出呼声的不止她一人。50年来，世界所取得的经济上的巨大发展是以地球的长期宜居性为代价的。正如第二章所述，罗马俱乐部在20世纪70年代初就曾传递出这样的信息。罗马俱乐部时任主席奥雷利奥·佩切伊曾去往达沃斯，并在1973年年会上向与会者发出警示，称我们已经达到增长的极限。"如果经济和人口继续以现在的速度增长，那么即使拥有先进的技术，地球上环环紧扣的资源——我们都生活于其中的全球自然系统，也就顶多支撑到2100年。"[8]他这样说道。回过头来看，这一看法被证实非常有先见之明。

作为一个组织，世界经济论坛一直坚持把气候变化提上年会议程，但这还不够。我们曾经取得过一些成就：在世界经济领袖非正式会议（IGWEL，一小群政界和商界领导人每年在世界经济论坛上的会面）上，我们迈出了在里约热内卢举办1992年联合国地球峰会的第一步。[9]从20世纪90年代末开始，达沃斯年会成为商界人士和公民社会成员会面的安全场合，尽管环保活动家和跨国公司之间的公开敌意与日俱增。2015 年，第 21 届联合国气候变化大会（COP21）在巴黎召开前夕，一大批全球最大企业的 CEO 为《巴黎协定》的签署铺平了道路。在一封公开信中，他们承诺"采取自愿行动，减少环境足迹和碳足迹；制定目标，减少温室气体排放和 / 或能源消耗，同时在供应链和行业层面开展合作"[10]。从本质上讲，他们传达出了这样的信息：他们不会阻碍任何政治协定的达成；相反地，他们意在支持这种协定。尽管如此，通贝里在达沃斯所说的话也是无可辩驳的。据她说，我们这些政治、商业和社会领导人在应对气候变化方面做得很失败。

为什么会发生这种情况呢？我们应该怎样推动世界扭转这一局势呢？要回答这些问题，重述过去 200 年来的全球经济发展历程至关重要。正是在这一时期，温室气体被大量排放，如今正在对环境造成不可修复的破坏。正是在这一时期，对环境问题的担忧被当务之急取代，而这些所谓的"当务之急"在如今看来已没有那么重要。我认为，我们只有先理解这一事件背后的逻辑，才能改变经济体系发展的动态机制。

我们无法回到过去，询问先辈为何如此热衷于会导致气候变化的经济活动，但答案不难猜测。从"用数据看世界"（Our World in Data）网站提供的可视化数据可以看出，大概在第一次工业革命蓬勃发展时期，全球温室气体排放开始加速（见图 7.1）。[11] 二氧化碳、甲烷等温室气体能够吸收并释放红外辐射。这些气体是通过燃烧化石燃料产生的，并且聚集在地球大气层

二氧化碳年排放总量，按照世界不同区域划分

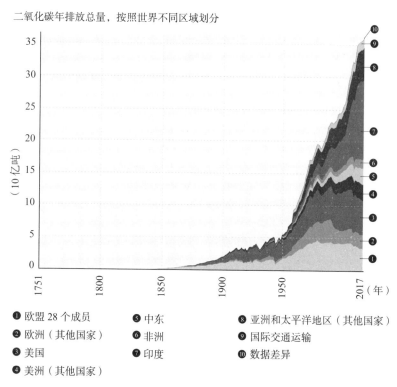

❶ 欧盟 28 个成员　　❺ 中东　　　　　❽ 亚洲和太平洋地区（其他国家）
❷ 欧洲（其他国家）　❻ 非洲　　　　　❾ 国际交通运输
❸ 美国　　　　　　　❼ 印度　　　　　❿ 数据差异
❹ 美洲（其他国家）

图 7.1　第一次工业革命以来的全球二氧化碳排放量

资料来源：根据二氧化碳信息分析中心（CDIAC）的资料重新绘制；全球碳项
　　　　　目（GCP）。

中。在第一次工业革命开始后的 150 年里，火车、轮船、工厂遍
布北美和欧洲这两个世界上工业化程度最高的地区，它们所赖
以提供动力的发动机几乎无一例外，都是靠燃烧煤炭或者其他
化石燃料运转。我们现在知道，煤炭等化石燃料的燃烧正是导
致所谓的温室效应的罪魁祸首——大气层中的温室气体吸收来
自太阳的辐射热量，并将其锁在大气层中，从而使地球表面变

热。那时也有人担心环境问题，多数是担心从烟囱中喷出的气体会危害人体健康。事实上，人们最初开始迁移到达沃斯这种位于阿尔卑斯山上的小镇，正是为了躲避严重的空气污染。他们觉得山上的空气更健康，能够治愈肺结核这类疾病。在19世纪和20世纪的欧洲，肺结核是导致人类死亡的主要病症之一。[12]但直到1988年，人为污染会导致全球变暖的观点仍十分罕见，以至登上了《纽约时报》的头版新闻。[13]

从那之后，应对气候变化的斗争的确势头猛增。在1989—1991年，随着苏联解体、冷战结束，人类历史上首次迎来了真正意义上的全球合作机遇。在1992年于里约热内卢举办的联合国地球峰会上，气候变化问题有史以来首次成为国际大会的首要议题。正是在这次会议上，《联合国气候变化框架公约》（UNFCCC）被签署，旨在将温室气体浓度稳定在"防止气候系统受到危险的人为干扰的水平"。[14]三年之后，《联合国气候变化框架公约》首次缔约方大会（COP）在柏林召开。1997年，第三次缔约方大会在日本召开，会上签署了《京都议定书》。《京都议定书》要求35个发达国家（包括欧洲的大部分国家、美国、加拿大、日本、俄罗斯、澳大利亚和新西兰）以1990年的水平为参照减少温室气体排放量。该协议自2008年生效。尽管美国和加拿大相继退出，但其他缔约方确实在想方设法减少排放量。不过，它们的共同努力并不足以扭转更大的趋势。全球温室气体总排放量在21世纪第一个10年持续上升，直到今天。尽管《京都议定书》第二期承诺已经启动，还有一份更加全面的新协议（《巴黎协定》）

于 2015 年在巴黎被签署，但仍然无法阻止这一趋势。

这是为什么呢？既然我们对气候变化的严重后果了然于心，为什么还对此无动于衷呢？要回答这个问题，关键的一点在于，那 150 多个不在《京都议定书》约束性减排之列的国家发生了什么。这些国家被贴上新兴市场的标签，其中包括印度和中国等（见第三章）。1990—2020 年，中国创造了历史上最大的经济奇迹，但如今也是温室气体排放量最大的国家。印度尼西亚作为一个受气候变化影响严重的岛国，近几十年来也理所当然地选择了工业化道路。除此之外，诸如埃塞俄比亚等国，在 20 世纪 80 年代遭受着饥荒和赤贫，[15] 如今的发展轨迹令全球瞩目。应对气候变化重要且紧迫，但为什么行动起来如此之难呢？比起工业化国家，我们更能从这些国家中找到大部分答案。

这首先可以从数据中看出来。正如前文所述，《京都协定书》确实使那些签署国或批准协定的国家做出了改变。总的来说，欧洲（包括俄罗斯）和北美的二氧化碳排放量从 1990 年的 130 亿吨减少至 2017 年的 108 亿吨，减幅超过 15%。但在世界上的其他地区，包括中国、印度等主要新兴市场，以及印度尼西亚和埃塞俄比亚等正在经历工业化的国家，二氧化碳排放量呈爆炸式增长，从 1990 年的 90 亿吨增至 2017 年的 240 亿吨，增幅高达 150% 以上。这导致的结果是，全球排放总量在 1990—2017 年显著增长，从不到 250 亿吨增至超过 360 亿吨。

从排放角度来看，这组数据反映的问题十分严重，但从人类发展的角度来看，它体现出来的是一个发展奇迹。在世界各地，得益于国家的经济发展，许多祖祖辈辈都生活在贫困中的人们在过去 30 年里得以跻身新晋中产阶层。过去，电力、内燃机等近代发明，以及电灯、洗衣机、冰箱、空调、汽车、摩托车等各种衍生的发明成果对于他们而言都遥不可及，但如今这些东西已经渐渐普及。这就是排放量这枚硬币的另一面。要想找到应对气候变化的可持续性措施，而且要能把所有新兴工业化国家囊括在内，就需要考虑到硬币的这一面。

要想理解这一观点，只需去埃塞俄比亚这样的地方，与其经济及政治利益相关者交谈一番即可。你会发现，应对气候变化的核心难题就在于，同一股力量在帮助人们摆脱贫困、过上体面生活的同时，也在破坏着子孙后代在地球上的生存条件。导致气候变化的温室气体的排放不单是工业家或西方婴儿潮等某一代人的自私造成的，而是整个人类渴望为自己创造一个更好的未来的结果。

我的工作所在地是瑞士的一个湖畔城市日内瓦，这让我联想到另外一个湖畔城市——埃塞俄比亚的阿瓦萨。这座城市正在经历转型，与一个多世纪以前的欧美城市或者近几十年的中国深圳等城市的转型十分相似。不久之前，阿瓦萨还是埃塞俄比亚的一个偏远内陆城市，乘坐汽车或者飞机都很难到达。那里几乎没有高速公路，即便有也崎岖不平，就连性能最好的汽车在上面行驶也会颠簸不断。这种情况在非洲国家屡见不鲜。阿瓦萨本身是一个商业中心，但经营的多是当地自产自销的初级农产品。风景如画的东非大裂谷湖泊是其主要景点及水源地。阿瓦萨与外界几乎

隔绝，但其政治和种族动荡并非不为外界所知。暴力事件在过去
30年里时有发生，比如，在2002年一场反对地区独立的抗议活
动中就有100多人丧生。

在某种程度上，阿瓦萨至今还留有农村印记。装载着农产品
的驴车在大街小巷仍然最为常见。但在某些重要层面，阿瓦萨不
再是与世隔绝的闭塞地区，而是一个蓬勃发展的工业中心。在城
外几公里远的地方，一座建筑场地蓦然可见，如今已成为主要景
点，那里就是哈瓦萨工业园，有十几家制造纺织品、服装和其他
工业产品的跨国公司坐落于此。每天都有数千名工人往返于这个
工业园工作。他们用机器为西方服装品牌制作各种各样的短裤、
衬衣和毛衣，生产各类长卷纺织品。而且，出人意料的是，它还
为埃塞俄比亚本地市场制作和包装纸尿裤，因为埃塞俄比亚正在
经历一波持续的婴儿潮。

去往阿瓦萨也不再是一个难题。有一条新修的马路直通工业
园，不久之后还会新修一条多车道公路，连接阿瓦萨与亚的斯亚
贝巴以及更远的地方。一座先进的小型支线机场正在建设中，将
取代当前用来接待抵达旅客的简陋危房。埃塞俄比亚铁路公司正
在运营的一条铁路线，可以直接连通阿瓦萨、首都亚的斯亚贝巴
的郊区与邻国吉布提，这是埃塞俄比亚通往东部海洋的通道。所
有这些新项目都能助推哈瓦萨工业园打入国内市场、非洲大陆市
场乃至全球市场，从而为上万名当地工人带来更多的就业和发展
机会。而且，这些投资已见成效。据埃塞俄比亚投资委员会宣
布，在2019财年，哈瓦萨工业园和其他几个工业园创下了1.4

亿美元的出口纪录，为 7 万余人提供了就业岗位。[16] 这是一个非常瞩目的成功案例。哈瓦萨工业园自启用至今不过三年时间，其他几个工业园的运营时间更短。

对于在那里生活、工作的埃塞俄比亚人而言，工业园改变了他们的命运。一个典型的例子是工业园内宏远（Everest）服饰公司的当地总经理塞纳特·索尔萨。[17] 越来越多的埃塞俄比亚人从农村到城市发展，索尔萨正是其中一员。她到阿瓦萨读大学，获得会计学位后，成为一名独立会计师。此后的 10 多年里，她一直为该地区的一些小公司提供会计服务，积累了大量工作经验。后来，亚洲服装公司宏远服饰入驻工业园，并且要招聘一名当地经理，于是索尔萨果断地抓住了机会。她会说英语，能和中国总经理交流，以前为小公司工作时还积累了一些管理经验。而且，作为一名本地人，她本来就对当地工人比较熟悉。雇用她对宏远服饰公司来说是一个双赢之举：一方面，公司招到了一名文化程度高、具有金融专业知识的经理；另一方面，索尔萨也有机会在跨国公司工作，并在职业上取得进一步发展。

阿瓦萨的工业化对许多当地劳动者来说都是一件好事。宏远服饰在哈瓦萨工业园雇用了 2 300 名工人，其中绝大部分人来自阿瓦萨或周边地区，大约95%的员工都是女性（索尔萨立即指出，她们的最低年龄限制是 18 岁）。"她们中的多数人以前都没有工作，或者在家庭作坊里干活。"索尔萨说，"她们通常接受过中小学教育，但很多人没能高中毕业。不过做一名加工服装的工人，这些不成问题。"[18] 这些工人经过最多为期 3 个月的上岗培训后，很快就能和世界各地的工人竞争。走在工厂里，你可以看到这样的工作机制：有的生产线在高速运转，有的稍微慢点儿。在每条生产线的末端都有一个记分牌，显示每组工人已经制作的特定服装数量，并与前几周的成果做比较，以示进展情况。午餐时间，工人们聚集在一个单独的房间内就餐。下午 5 点，会有大巴车将他们载回阿瓦萨市中心。这项工作并不容易，也不会让人特别有成就感，但与大多数人以往所习惯的生活相比仍然存在巨大的变化。这份工作能带来更稳定的收入，能让人们有机会离开影子经济而在实体经济中工作，能带来虽然少但切实的个人发展机会。这些都是工业化在起作用。这是世界各国从农村向城市、从农业社会向工业社会发展的普遍模式。这一过程充满了试错、困难和权衡，但直至今日，这仍是世界上已知的最成功的发展模式。

埃塞俄比亚及其国民已经从工业化政策中获得了回报。过去 15 年里，埃塞俄比亚的 GDP 增速平均每年高达 10%，[19] 其 GDP 在 2003 年还不足 150 亿美元，到 2018 年已飙升至 600 多亿美元。[20] 就经济增长率而言，埃塞俄比亚堪称"新兴市场"中的闪耀明星，中国上次达到这么高的增长率还是在 21 世纪初。鉴于大多数埃塞俄比亚国民在千禧年之交时仍然在贫困线上挣扎，经济的高速发展对于他们而言无疑是一道福音。该国的人均 GDP 几乎增长了两倍，以"不变"美元来衡量，国民人均日收入从 2003 年的勉强超过 50 美分攀升至如今的接近 2 美元。[21] 这一飞跃从实际价值来看可能微不足道，但从所谓的购买力平价角度来看，埃塞俄比亚的普通大众已经摆脱了极度贫困。以

　　　　　　　　　　　　　　利益相关者

购买力来衡量，埃塞俄比亚的人均 GDP 在 2003 年经济发展刚起步时还不足 500 美元，而在 2018 年已经超过了 2 000 美元。

但是，与其他地方一样，埃塞俄比亚也为经济发展付出了环境代价。埃塞俄比亚的二氧化碳排放量的增长几乎与经济增长同步，在 2002—2017 年增长了 2 倍。2017 年，埃塞俄比亚的二氧化碳排放量为 1 300 万吨。相对而言，这一数字微乎其微，在 360 亿吨的全球总排放量中几乎可以忽略不计，但这一趋势不容忽视：随着国家越来越富裕，它所制造的污染越来越多。这并不是说埃塞俄比亚和其他新兴市场没有为绿色发展做出努力，也不是说它们的国民不关心全球变暖。早在 2011 年，埃塞俄比亚政府就发布了绿色经济战略，旨在通过发展适应气候变化的绿色经济，使该国到 2025 年成为中等收入国家。该战略一方面是要解决森林砍伐问题，因为在埃塞俄比亚这个问题十分严重。根据联合国发布的数据，"20 世纪初，该国的森林覆盖面积占国土总面积的 35%，进入 21 世纪，这一数字已经快要跌破 4% 了"。[22] 依照这一战略，埃塞俄比亚在 2019 年召集了上百万公民，在一天之内种植了 3.5 亿棵树苗。[23] 埃塞俄比亚政府绿色发展战略的另一个重点是，发展可再生能源和 / 或清洁能源，以扩大现在所剩无几的能源供应。根据国际能源署（IEA）的报告，埃塞俄比亚"在过去 20 年里已经取得了巨大的进步"，但至今仍只有一半的人能用上电。[24] 自 1990 年以来，水电、生物燃料、风能和太阳能发电量增加了一倍多，它们共占全国能源总供应量的 90%。但化石燃料的能源供应量增加了 3 倍多，1990 年在能源总供应量中的占比还不足5%，到2017年这一占比已经翻了一番。这表明，即使在今天，也没有一种神奇的发展模式能让贫穷落后的国家在进行工业化的同时控制碳足迹。经济的发展、生活水平的提升与碳足迹的扩大，三者始终如影随形。

这是全球应对气候变化的核心难题，而且几乎可以肯定的是，之后情况还会变得更糟，直至出现转机。造成这一结果的，不（仅仅）是市场失灵，也不（仅仅）是企业或政府领导力的缺乏，而是人类的本性和天生的欲望——不仅要生存，而且要发展。因此，对于许多收入不稳定的人来说，在气候因素与更好的生活之间根本别无选择，即使后者会给环境带来更大的破坏。如果你用不上电，没有稳定的收入，甚至餐桌上没有可食之物，那么气候变化根本不会在你所考虑的问题之列——尽管从长远来看，气候变化会威胁人类的生存。

这就解释了很多问题。比如，为什么生活在印度尼西亚雅加达海岸附近的人们，即使面对快速下沉的家园，仍然若无其事地进行着日常活动。为了阻止不断上升的海平面淹没整个社区，那里不得不建起大海堤，那是一堵数米高的混凝土墙。当地有一座清真寺被潮水淹没，从而被废弃，从屋顶俯瞰海堤和被淹没的清真寺，形成了一种相当反乌托邦的景象。[25]

这也解释了法国为何会发生所谓的"黄马甲"运动。2018—2019 年，数以千计的抗议者走上街头进行示威抗议，给巴黎等数十个城市造成重创，最终让政府加征燃料税的计划落空。他们的口号是："月底，世界末日：同样斗争。"（Fin du mois, fin du

　　　　　　　　　　利益相关者

monde: même combat.）[26] 从理论上来说，法国政府提出的加征燃油税计划理应给环境带来积极的影响，因为它将激励法国民众减少私家车的使用，而更多地选择其他交通方式。但在实践中，这会使乡村人口进一步被边缘化，而他们本来就因为得不到城市中的教育、工作和积累财富的机会而愤愤不平。

最后，这还解释了为什么帕劳、瑙鲁、特立尼达和多巴哥等岛国一边遭受着海平面上升、极端天气和气温升高等气候变化之苦，一边又是世界上人均二氧化碳排放量最多的国家。[27] 以帕劳为例，这个国家因其发展中国家地位而不在《京都议定书》的约束性减排国家之列。尽管如此，该国仍在 2015 年承诺到 2020 年减少 30% 的能源消耗。[28] 该国也是第一批签署《巴黎协定》的国家。但按人均计算，帕劳人仍然是世界上最能制造污染的，因为这个岛国主要靠化石燃料发电。这就是这场应对气候变化之战的核心难题。

* * *

在考虑解决措施之前，我们有必要先问一句："我们还有希望吗？"如果人类从骨子里就如此渴望过上更好的生活，而根据过去 200 年的发展经验，这意味着每个人的碳足迹都会不断扩大，那么即便有更加可持续的气候政策，它们真的可行吗？

这一问题的答案在一定程度上取决于 4 个关键的大趋势，这些趋势又在不同程度上取决于整个社会以及其中有影响力的个人。

第一个大趋势是城镇化。据联合国统计，截至 20 世纪 60 年代，全世界大约 2/3 的人口都生活在农村地区。[29] 这些人多数生活在发展中国家，在电力、交通或者其他方面的能源消耗非常受限，其碳足迹也十分有限。但是，一场变革已经开始，并将在未来 50 年内彻底改变全球格局。截至 2007 年，世界上有一半的人口居住在城市。今天，城市人口占比已经超过 55% 并在持续增长。这一趋势在世界各地都十分明显，但以亚洲最甚，尤其是中国和印度。在全球，人口超过 2 000 万的超大型城市中有一半左右都位于这两个国家，而且这些超大型城市大多都是由村庄发展而来。例如，在 2020 年新冠肺炎疫情之前鲜为世界关注的武汉，是一座拥有 1 100 万人口的大城市，但 1950 年的武汉还只是由 3 个小镇构成，人口加起来也不过 100 万。

城镇化趋势至今丝毫没有减弱的迹象。联合国称，城镇化将于 2050 年完成。届时，全世界 2/3 的人口都将生活在城市或大型城市，[30] 仅剩 1/3 的人口生活在农村地区。

乍一看，这一趋势可能会令关心气候变化的人士感到担忧。一些最新或最发达的城市同时也是人均碳足迹最大的城市，比如多哈、阿布扎比、中国香港和新加坡。[31] 底特律、克利夫兰、匹兹堡或洛杉矶等美国著名城市曾率先提出在城市中"汽车为王"的理念，而基于该理念的城市设计似乎与绿色交通、绿色生活背道而驰。但据挪威环境经济学家丹尼尔·莫兰所说，城市带来了大部分的人口碳排放量，其中隐含着一线重大希望。莫兰告诉美国航空航天局地球观测站："这意味着，只要少数几个地方的市长和政府采取一致行动，就有望大幅减少全国总的碳足迹。"[32]比如，中国深圳近年来已经实现城市出租车和公交车全面电动化，这对一个拥有1 000多万人口的城市来说意义重大。再比如，新加坡通过征收高额购车附加费、严格实施汽车许可证（即拥车证）数量零增长，大幅减少私车出行，也会带来很大的改观。[33]

第二个大趋势是人口变化。在近代历史上的大部分时间，全球人口的快速增长意味着碳排放量也呈螺旋式上升。实际上，1950—2017年，全球碳排放量呈指数级增长，二氧化碳年排放量从50亿吨增至350亿吨。同一时间，世界人口也呈爆炸式增长，从1950年的25亿增至如今的近80亿。[34]西方国家在20世纪五六十年代出现了婴儿潮，随后发展中国家迎来了一波更大的婴儿潮。在这个人口密度更大的世界，人均GDP的不断增长意味着全球二氧化碳排放量受到双重刺激：一是人们的生活更加依赖能源，二是越来越多的人过上了这种生活。因此，即使人们很早之前就开始减排，仅仅是人口增长这一个因素也会导致全球的碳排放量不断上升。

但这种情况同样存在一线希望。尽管世界人口预计在2050年之前会持续增长，但其增长速度日渐放缓。包括意大利、德国以及俄罗斯在内的欧洲大片地区正在经历本土人口结构的崩溃。例如，2018年俄罗斯总人口出现10年来的首次下降。[35]联合国还预测，到2100年俄罗斯人口将减半。东亚国家的情况十分类似。日本人口的减少已尽人皆知。在中国，随着民众更加富裕，国家鼓励生育，推行二孩政策，但中国的很多年轻夫妻不想生两个或更多孩子，这意味着中国的人口在本世纪末会大幅减少。印度很快会超过中国成为世界上人口最多的国家，但即便如此，印度近几十年的生育率也大幅下降。1960年，印度育龄女性平均每人生育6个孩子，[36] 到2019年，这一数字减少到两三个。如果这一趋势继续下去，印度人口在未来的某个时间点也会减少。只有非洲大陆的生育率超过2，这表明其人口仍将增长。尽管预期的全球人口结构崩溃会带来一定的挑战，但它也有助于人类应对气候变化。

第三个大趋势是技术进步。这也是一把双刃剑。首先，正是技术进步引发了环境恶化。在19世纪初以及第一次工业革命全面开展之前，人类对环境的影响虽然深刻但仍可逆转。然而，随着工业化浪潮席卷而来，我们开始快速消耗地球上最珍贵的一些自然资源，先是石油和煤炭等能源，后来还包括稀土矿物，甚至包括氦气等气体。与此同时，人类活动的碳足迹变得比以往更大。正是工业化的发展带来了"人类世"（Anthropocene）的概念，它暗示着人类对地球气候变化和生物多样性的减少负有责任。之后的第二次和第三次工业革命给世界带来了内燃机、汽车、飞机和计算机，提高了几十亿人口的生活质量，但也使人类的环境足迹比以往更大。

最近开始的第四次工业革命给我们带来了新的技术成果，比如物联网、5G、人工智能和加密电子货币。从目前来看，第四次工业革命使人类的环境足迹继续扩大。据科学家计算，获取比特币（一种最流行的加密电子货币）所消耗的电力每年会产生22兆~23兆吨二氧化碳，[37] 这相当于约旦或斯里兰卡等国一年的排放量。同时，尽管联网设备使我们的能源基础设施变得智能，但不代表它会自动变得环保。为此，消费者和生产者需要有意识地选择绿色能源供应，且高效利用能源。

尽管如此，若想成功遏制气候变化，我们仍然需要让科学和企业创新发挥出重要作用。电动发动机曾长期不被看好，因为比起使用化石燃料的内燃机，它造价高、性能差，但现在电动发动机的性价比正快速提升。电池技术取得的重大进步，意味着风能、水能以及太阳能的普及利用已近在眼前。只要用途得当，计算机以及其他智能设备不会增大能源和资源的消耗，反而有助于节约能源和资源。

但是，在这方面，我们可采取的最快、最有力的措施是排除能源结构中的煤炭和其他化石燃料。不过我们还没做到这一点。事实上，在新兴市场，主要是中国和印度，每年仍会新增几十家煤炭工厂。但情况正在改变。美国和欧洲的大型机构投资者越来越不看好煤炭工厂。它们之所以这么做，可能是出于气候变化活动家和客户的压力，也可能只是出于理性考虑——正如英国央行前行长马克·卡尼曾发出的警示，化石燃料工厂终将成为搁浅资产。[38] 比起化石能源技术，清洁能源技术的经济可行性在不断提升，受此影响，印度和中国的企业家及政府也开始采取行动，努力实现低碳未来。在这方面，世界经济论坛也在采取行动。在我们举办 2020 年达沃斯年会之前，我和国际工商理事会主席布莱恩·莫伊尼汉、首席执行官气候领袖联盟联合主席费卡·西贝斯玛一道，邀请参会者加入"净零挑战"（Net Zero Challenge）[39]，承诺到 2050 年或更早实现温室气体排放"净零"目标。许多企业领导人积极响应。

最后一个大趋势是我们自身，或者说是我们不断改变的社会偏好。这一趋势能放大其他所有的趋势，也能终止其他所有的趋势。在现代社会的大部分时期，人类表现出来的偏好是想要更多、更好、更快。考虑到许多西方民众直到 19 世纪末生活水平还很低，人们渴望更好的生活、渴望把更多的财富转化为消费实属正常。如前文所述，在很大程度上，这种愿望至今在许多发展中国家仍然盛行，这一点无可厚非。只需要到越南、印度、中国或印度尼西亚的繁华城市去看看，你就能理解人类的永恒愿望——日复一日、年复一年、一代又一代地向前发展。

但如今在所谓的发达国家，社会偏好正在发生系统性改变。很多人意识到能源充足的生活方式有着负面影响，因此开始摒弃以往所追求的习惯和产品。财富开始转化为健康。

例如，据彭博社报道，2019 年 11 月，乘坐飞机在德国城市间往来的人数比前一年同期下降了 12%。[40] 与此同时，德国联邦铁路公司的乘客数量达到了新的高峰。[41] 人们认为，这要归因于"坐飞机可耻"（flight shame）这场应对气候变化的平民运动逐渐为大多数人接受。在其他地方，人们渐渐考虑回归公共交通、自行车，或者干脆步行前往目的地，而摒弃汽车出行。伦敦、马德里、墨西哥城等许多城市正在出台限制汽车出行的政策，[42] 这不光是出于缓解交通拥堵的考虑，还是基于居民认知的改变——人们越来越觉得城市应当为人服务，而不是为汽车服务。作家笔下的美国人一度把拥有汽车视为长大成人的标志，可就连在这个体现着典型的汽车文化的国家，千禧一代也越来越倾向于不购车。

所有这些演变早在新冠肺炎疫情到来之前就已开始。之后，城市的强制封锁引发了一场小型的交通革命。世界经济论坛城市交通专家桑德拉·卡巴莱罗和城市雷达公司（Urban Radar）的CEO菲利普·拉平在疫情期间写道："2019年新冠肺炎疫情期间城市实施封锁后，道路被清空，交通运输机构要么完全停止运营，要么大幅减少服务，行人和骑行者得以重回街道和人行道。"[43] 从奥克兰到波哥大，从悉尼到巴黎，甚至在我们所居住的城市瑞士日内瓦，都新修了许多自行车道，使人们可以选择更环保和更有益于公众健康的通勤方式。在新冠肺炎疫情期间，欧洲也加速推进火车的回归，还计划在相距较远的城市，比如西班牙巴塞罗那与荷兰阿姆斯特丹之间开通新的卧铺列车。2020年秋，德国交通部部长安德烈亚斯·朔伊尔甚至向其欧洲同僚提议，鉴于以前的"全欧快车"（Trans Europe Express）网络已经无法在国际客运中发挥积极作用，有必要搭建新的"环欧特快"网络取而代之。[44]

显而易见，这些习惯之所以正在发生改变，是因为西方民众越来越意识到，应对气候变化不光是结构性问题，也是个人问题。年青一代更是从投资、学业、出行等各方面付诸行动，其中千禧一代和Z世代表现得尤为突出。他们的投资对象越来越限定于符合ESG[45]标准的企业，这些企业为"净零"活动做出了具体承诺。他们会购买环境破坏性更小的产品和服务，学习有助于解决气候变化问题的专业，从事不会加重环境问题的工作。这种态度上的转变对社会各阶层都在产生影响。例如，微软承诺抵消其当前、未来乃至以往的二氧化碳排放量。软件服务提供商Salesforce的联合首席执行官、世界经济论坛董事会成员马克·贝尼奥夫在2020年达沃斯年会上宣称，"我们所熟知的资本主义已死"，建议企业坚持利益相关者模式和更好的生态管理。全球著名资产管理公司贝莱德集团的CEO拉里·芬克告诉各位企业领导者和客户，"每个政府、企业和股东都必须直面气候变化问题"，还称自己的公司正在"从其积极管理的投资组合中剔除一些公司的股票和债券，只因这些公司从动力煤生产中获得的收入占比超过25%"。

在世界经济论坛，我们也看到了这种态度的转变，并且也在积极行动。我们的活动正变得越来越环保。比如，我们采取了激励措施，以鼓励参会者乘火车而不是乘飞机前来，并且承诺抵消碳排放；我们还选用可回收材料，在当地采购食品和饮料。我们之所以做出这些努力，主要是因为我们有着坚定的信念，而且有着保持言行一致的决心，但同时也受到由年青一代主导的社会偏好改变的驱动。我们所做的努力表明了一点，一旦发生气候危机，任何政府、企业或组织都无法做到不受影响。

归根结底，我们应该从这四大趋势中看到希望：气候危机还是可以化解的，生物多样性下降、自然资源减少、各类污染严重等相关的地球危机还有机会扭转。但正如格雷塔·通贝里等年轻活动家所警告的，我们的确需要加快行动。以迫在眉睫的气候变化问题为例，减缓气候变化的速度已经是一个巨大的挑战，不仅

　　　　　　　　　　　　　　　　　　利益相关者

需要各国政府通力协作，还需要这个星球上所有的利益相关者共同努力才能应对，更不用说终止气候变化了。我们不能仅依赖某一个利益相关者群体。历经多次推迟和辩论后，170多个国家政府终于达成共识，在《巴黎协定》中定下一个共同目标：将全球气候变暖幅度控制在1.5℃以内。但各国政府迟迟不肯实施各自的气候应对方案——甚至可能根本没有方案。一个原因在于，尽管气候变化问题紧迫，但它仍不是选民的当务之急。另一个原因在于，各国政府并不具备独自行动所需的全部知识或能力。于是，这时候就要看其他利益相关者——企业、投资者、个人以及整个公民社会将如何行动。

从理论上看，我们和他们的核心任务都很简单，那就是尽可能快且尽可能多地减少二氧化碳、甲烷等温室气体的排放。有句谚语是"跟着钱走"，用在气候问题上就是"跟着排放走"。这样一来，我们自然而然就会找到最大的排放源——能源生产。因此，各利益相关者都应当把减排重点放在这方面——用可再生能源替代化石燃料，当前的一些超标排放就会自然停止。如果投资者不再投资煤矿工厂，企业和消费者转而使用可再生能源，制造商和其他企业也采取同样的做法，那么就能直接避免数十亿吨二氧化碳的排放。这是每一位利益相关者能做出的最直接也最重要的贡献。

当然，实践的过程会存在许多障碍。如前文所述，短期来看，煤炭、石油和天然气仍比其他能源更廉价。许多发展中国家仍依赖化石燃料，因为这是通往发达国家和工业化的成本最低的路径，就连工业化经济体也很难完全摒弃化石燃料。比如，在美国仍然有新的化石燃料工厂和基建项目在酝酿之中或正在执行。这些国家的企业和公民不得不游走在政府政策之外，有时甚至会违背政策。此外，在许多石油及天然气生产大国，人们在某种程度上已经对石油和天然气提供的廉价能源依赖成瘾。

在减少温室气体排放方面，除了改变能源生产的来源外，第二个主要方法是在世界范围内实施碳定价和"总量管制与交易"制度。通过对排放量定价，或者通过对行业或企业的总排放量及其在市场上可交易的排放额设定上限，单个行为主体就会出于成本考虑而减少碳排放。事实上，当排放的经济成本升高时，以更节能的方式生产、出行或从事其他经济活动将变得更加有利可图。

这并非仅仅是纸上谈兵。欧盟从 2005 年就开始实行"欧盟碳排放交易体系"（EU ETS）。[46] 根据欧盟提供的数据，被限制排放的包括 11 000 多个耗能严重的设施（发电站和工业工厂），以及往返于欧盟国家间的各个航班，被限制的排放量占"欧盟温室气体排放量的 45% 左右"。据美国国家科学院的研究人员所言，这一制度取得了一定的成效，2008—2016 年，该制度累计减少二氧化碳排放量近 12 亿吨，约占总排放量的 3.8%。[47] 欧洲的"总量管制与交易"制度是同类制度中规模最大的，但并非绝无仅有。澳大利亚、韩国等国家，以及加利福尼亚州、魁北克省等地，都设有类似的制度。许多其他地方还引入了更加直截了当的碳价格或碳税制度。

碳定价和"总量管制与交易"机制直接作用于排放温室气

体最多的主体——能源生产商和大型工业企业，有助于改善能源结构、提高能源效率，是最有力的两大减排举措。但事实上，个体、开明企业和公民社会团体也可以有所作为，即使这意味着他们有时候不得不逆流而上。在世界经济论坛，有一群首席执行官气候领袖[48]多年来一直致力于使其企业采取影响更加深远的自愿行动。他们之所以这么做，是因为他们明白在短期内搭便车毫无意义，一旦到达终点，所有人都将失败。那么，他们如何能够发挥积极作用呢？我们与波士顿咨询公司开展的一项研究表明，他们应围绕三个方面采取行动。[49]

1.降低排放强度。往往可以通过提高能源利用效率，减少自身经营和供应链活动中的温室气体排放。

2.调整投资重点。只投资那些能源清洁型企业，并通过实施内部碳价格，揭示某些业务的真实成本。

3.创新经营模式。通过改革现有模式，寻求绿色发展新机遇。

在这方面，全球集装箱航运巨头马士基集团是绝佳范例，我们会在第九章进行更加深入的案例分析。在企业运营中的温室气体排放强度方面，马士基集团正在试验更加节能的食物冷藏方式，并投入使用少依赖化石燃料、多借助风能的轮船。在投资组合方面，马士基集团将石油业务剥离，转而专注于核心的航运业务。此外，马士基集团还在探索一种新的经营模式，希望把货物运输从"港到港"转变为"门到门"，从而扩大业务范围。这让马士基集团得以在减少运输总排放量的同时，实现持续不断的发展。马士基集团在化石燃料的生产、分销和消耗方面都非常活跃，如果这样的企业都能实现绿色转型，那么绝大多数其他企业也能转型成功。

在这方面，我们必须保持乐观。在这一点上，我们赞同格雷塔·通贝里在达沃斯年会上的分析：

> 没错，我们正经历失败，但我们仍有时间扭转一切。我们还能解决这一问题，还有能力掌控局面。其实主要的解决办法十分简单，连小孩子都能理解，那就是我们必须停止排放温室气体。要么停止排放，要么继续排放，我们每个人都有选择：我们可以选择采取变革行动，保障人类未来的生存条件；我们也可以一如既往地从事活动，继续失败下去。如何选择，取决于你和我。[50]

但我们必须意识到，时不我待。有害气体在大气中的累积，就像往只有一个小排水口的浴缸里注水。到某个点时，浴缸即将注满，这时候再缓缓地拧紧水龙头已经来不及了。除非确保再也没有水注入，否则浴缸里的水就会溢出。气候变化也是如此。事实上，世界已经十分接近一个临界点，一旦真的到达这个临界点，即便人们采取极端的措施也无法阻止局势失控。从某种意义上说，2020年出现的唯一的积极迹象是，世界到达临界点的时间被延迟了，因为许多地方连续数月的排放量几乎零增长。未来即便经济充分恢复运转，努力迈向更加美好的后疫情时代的我们，仍需要像这样控制住排放量。

03

利益相关者模式

第八章

利益相关者概念

鉴于我们的全球经济制度存在弊端，显然我们必须对其进行改革。但究竟要如何改革？

目前，世界上盛行两种经济制度：一种是在美国和其他许多西方国家占主导地位的股东资本主义制度，另一个是在许多新兴市场日益流行的国家资本主义制度。这两种制度彼此之间存在竞争关系。在过去的几十年里，这两种制度都带来了巨大的经济进步。它们使我们所生活的世界比以往任何时候都要繁荣。然而，这两种制度也都给我们的社会、经济和环境带来了负面影响。它们导致收入、财富和机会的不平等加剧，导致富人和穷人之间的关系更加紧张，最重要的是，还导致环境大规模恶化。鉴于这两种制度都存在缺陷，我们认为需要一个全新的、更好的全球制度：利益相关者资本主义。在这一制度下，经济领域和社会领域所有利益相关者的利益都会被考虑在内；企业不再仅仅追求短期利润优化；政府的职责就是要维护机会平等，打造一个公平的竞争环境，确保所有利益相关者贡献公平且分配公平，关注制度的可持续性和包容性。但是，我们如何才能实现这一制度？它在具体实践中将会是怎样的情况？目前的两种制度又是在哪里出了问题？

我们先从最后一个问题入手，进一步考察当前流行的两种经济制度。首先分析股东资本主义制度。在这种资本主义形式下，所有利益相关者中，股东的利益被置于首位。企业经营的唯一目的是实现利润最大化，从而支付给股东尽可能高的股息。正如我曾在给《时代周刊》的一篇投稿中写道：[1]

> 20世纪70年代，股东资本主义首先在美国兴起，在随后的几十年里，其影响力扩大至全球范围。它的兴起不是没有道理的。在股东资本主义发展的鼎盛时期，全球数以亿计的人实现了繁荣，因为受利润驱动的企业打开了新的市场，创造了新的就业机会。但这并不是故事的全部。包括米尔顿·弗里德曼在内的芝加哥学派经济学家以及其他的股东资本主义倡导者均忽视了一个事实，那就是上市企业不光是一个追求利润的实体，还是一个社会有机体。一味强调利润，再加上金融业面临的提升短期业绩的压力，导致股东资本主义与实体经济越来越脱节。

在过去几十年里，我们所看到的正是这一力量在起作用。此外，随着企业日益走上全球化之路，工会的力量逐渐消失，国家政府作为仲裁者的能力也不断减弱。这导致了股东不仅在一国范围内占主导地位，而且在全球范围内占主导地位，而这带来的结果是，许多其他利益相关者——员工、社区、供应商、政府以及环境都受到损害。

近几十年来，世界上还出现了另一个资本主义形式——国家资本主义。当"私营部门基于自己的利益拥有和控制财产，并且供求双方以符合社会利益最大化的方式在市场上自由设定价格"[2]时，这种制度就是资本主义制度。如果我们参照这一定义，就会发现国家资本主义也是一种资本主义模式。在实行这一制度的国家，尽管民营经济对 GDP 的贡献率很大，但国家仍被视为最重要的利益相关者，并对自然人股东保有权力。政府至少可通过三种方式来确立自己的主导地位。第一，它可通过强制手段参与资源和机会的分配；第二，它几乎可以介入任何行业。第三，它可以通过大规模的基础设施建设、研发、教育、医疗或住房项目来引导经济。国家资本主义至少从理论层面解决了股东资本主义的一个重大缺陷，因为在国家资本主义制度下，有一些现行机制可以确保私人利益和短期利益不会被置于更广泛的社会利益之上。这种制度使新加坡、越南以及最近的埃塞俄比亚等国得以成为强大的、不断增长的经济体，同时在必要时能够约束私营企业的利益。事实上，如果没有国家资本主义制度，发展中世界的大部分地区可能根本不会迎来快速增长期。但正如经济学家，比如布兰科·米兰诺维奇（在他的《唯有资本主义》一书中）所言，国家资本主义也存在根本性的缺陷。最重要的是，鉴于在这一制度下国家拥有绝对控制权，腐败问题始终无法杜绝。由于缺乏制衡，分配契约中会存在徇私现象，法律的执行将会变得专断。一旦国家领导层误判了经济趋势，那么他们控制的大量资源就可能被不当分配。这就造成了一个问题，它几乎与股东资本主义所存在的问题如出一辙。

无论是股东资本主义制度还是国家资本主义制度，都存在一个最大的缺陷，那就是在所有利益相关者中，有一个利益相关者占据绝对主导地位。在股东资本主义制度中，股东的目标往往是唯一的焦点；在国家资本主义制度中，政府掌握过多的权力。

因此，我主张建立第三种制度，我们可以将其定义为利益相关者资本主义。它是传统定义下的资本主义：个体和私营企业在经济中占据最大份额。我认为，这是一种可持续性经济制度的必备条件：私人和企业必须要能够进行创新和自由竞争，因为这能够激发社会上大多数人的创造力和工作热情。这些私营主体的经济活动还必须受到保护和引导，以确保经济发展的总体方向是对社会有益的，任何行为主体都不能不劳而获，坐享他人的劳动成果。这才是我们应该倡导的资本主义。不过，利益相关者资本主义确实与我们看到的其他资本主义形式存在根本性区别，它克服了其他资本主义形式的许多缺陷。首先，所有与经济体存在利害关系的人都可以影响决策，人们在经济活动中所追求优化的指标纳入了更广泛的社会利益。此外，这一制度中存在一个制衡机制，因此没有任何一个利益相关者能够登上或保持绝对主导之位。如此一来，作为任何一种资本主义制度的主要行为主体，政府和企业所追求的不再仅仅是优化利润，而是更广泛的目标：社会整体的健康和财富，以及整个地球和子孙后代的健康和福祉。出于以上原因，利益相关者资本主义应该成为人类首选的经济制度，也是我们今后应该实施的经济制度。

利益相关者概念的发展历史

我首次阐述利益相关者背后的理念是在 50 年前，当时我还是一名年轻的商业领域学者，对美国和欧洲均有研究。在当时的德国和瑞士（前者是我的祖国，后者是我工作所在的国家），一家企业及其 CEO 不能只考虑股东及其对利润的预期，而要考虑企业所有的利益相关者，这是很自然的事情。当时，我父亲在拉芬斯堡经营一家名为埃舍尔维斯（Escher Wyss）的企业，我正是从他的运营方式中看到这一点。他会征求车间工人的意见，在决策时会尊重他们给出的建议，支付给他们有竞争力的薪酬，而且确保工人与管理者之间的薪酬差距保持在合理水平。这家企业深深扎根于拉芬斯堡，与该镇形成了一种互利共生关系。拉芬斯堡的繁荣会带动这家企业的兴旺，同样地，这家企业的兴旺也会促进拉芬斯堡的繁荣。在战后的几十年里，这种互惠互利的关系很普遍，因为当时的人们清楚地认识到，只有整个共同体和经济运转起来，个人或单个实体才能有所成就。因此，我父亲的经历就代表了当时欧洲的情况，也在一定程度上代表了（尽管不能全部代表）当时美国的情况。企业与所在社区之间有着紧密的联系。在德国，正如我刚才所指出的，出于这一原因，董事会成员中要有员工代表，这一传统一直延续到今天。当时，企业的采购、生产和销售活动主要是在当地或至少是在区域内进行，因此企业与供应商和客户之间也建立起了联系。这就形成了一种强烈的氛围，即当地企业已经充分融入周边环境。企业与当地政府、学校、医院等机构之间由此建立起一种互相尊重的关系。正是基于以上观察，我在 1971 年出版的《机械工程行业的现代企业管理》一书中勾勒出了一幅利益相关者星图（见图 8.1）。[3]

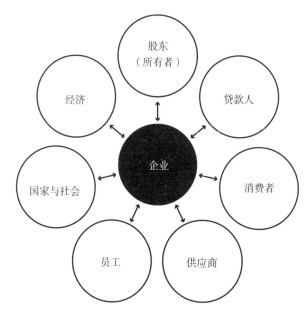

图 8.1　企业在其利益相关者中处于中心位置

资料来源：根据克劳斯·施瓦布在《机械工程行业的现代企业管理》一书中的模型重绘。

　　　　　　　　　　　　　　　　　　利益相关者

在随后几年里，利益相关者概念主要在瑞典、丹麦、芬兰、荷兰、比利时、德国等北欧和西欧社会民主主义国家被采纳。在这些国家，利益相关者概念带来了一系列影响，其中就包括企业管理者、员工和政府之间三方集体谈判制度的建立。它为福利国家的建立做出了贡献。在福利国家，企业和雇员按照各自应有的比例纳税，以资助公立教育、医疗和社保项目。经过几十年的发展，这一制度已经有所调整，并在这些国家不同程度地得以延续。作为企业在全球范围内的一种组织原则，利益相关者概念与弗里德曼的"企业的职责就是经营"（the business of business is business）理念产生正面冲突，并且败下阵来。随着企业走上全球化之路，股东资本主义在整个西方世界成为常态，企业与当地社区、国家政府的关系渐行渐远，企业的焦点转向如何在竞争激烈的全球市场上实现股东短期利润的最大化。与此同时，工会、政府和其他公民社会等利益相关者的权力和影响力大减，这使得利益相关者模式赖以发展的基础结构进一步弱化。这意味着，即使是在那些秉承利益相关者理念的国家，随着企业——尤其是那些在第三次和第四次工业革命浪潮中崛起的企业力量日盛，其他行为主体的力量已经式微。

当代的利益相关者模式

如今，利益相关者模式已经蓄势待发，随时可能卷土重来，不过是以更新、更全面的形式。倘若期待利益相关者星图依旧与 20 世纪 70 年代无异，未免有些不够实际，毕竟那时候企业的经营活动主要发生在一国之内。经过调整后的模式，我将其称为 21 世纪利益相关者资本主义，或直接简称利益相关者资本主义，可以确保在这个以气候变化、全球化、数字化为特征的时代，资本主义社会得以生存和发展。那么，这个模式究竟是什么样的？它与我父亲那一代人在 20 世纪六七十年代自然而然地实施的利益相关者管理模式有何区别？

当代的利益相关者模式最重要的特点在于，经济体制的利益关系相比以往明显呈现全球性特征。与 50 年前相比，如今经济、社会和环境之间的联系更加紧密。因此，我们在这里提出的模式从根本上也具备全球性，两个主要的利益相关者也是如此。

首先对于整个地球来说，情况确实如此。我们现在知道，地球的健康并不仅仅取决于个人或国家的决定，而是取决于世界各地的行为主体做出的所有决定。因此，如果我们要为子孙后代保护地球，那么每一个利益相关者都应该承担起相应的责任。有些问题之前被视为国家经济政策制定和个体企业决策的外部性，现在需要被纳入或内化至每个政府、企业、社区和个人的行动中。换句话说，地球是在全球经济体系中居于中心地位的利益相关者，其他所有的利益相关者所做的决定都要能够优化地球的健康状况。

将这一点体现得最为明显的莫过于地球气候变化的现实，还有它所带来的极端天气事件以及随之而来的附带效应。近期有一个例子能够说明这一点，那就是最近发生于非洲和中东地区的蝗灾。[4]这种数万亿昆虫在大洲之间肆虐的现象之所以会出现，被认为源于该区域在2019年气候极端潮湿。[5]这种潮湿的气候环境使成群的蝗虫得以快速繁殖，并蔓延至整个东非、阿拉伯半岛和南亚，对这些地区的粮食供应造成威胁。

同样的相互关联性也可见于生活在地球上的人与人之间。以往，国家和企业可以单独优化自己的经济体系，而不考虑它们的决定可能对其范围之外的其他社会产生何种负面影响。而今，全球经济背后的深层关联性使这种做法不再可行。一个社会中的人们的福祉会影响到其他社会中的人们，我们每个人作为世界公民有责任优化全人类的福祉。如果做不到这一点，最后受影响的必然是我们自己。

从全球移民潮中我们便可以看到这一点。人们在一个地区的经济利益或者政治利益得不到保障时，就会前往条件较好的地区以试图改善自己的生活状况。据彭博社报道，在2020年，"世界正在以前所未有的速度流动"[6]，估计有3.5亿人（占全球总人口的3.4%）离开了自己的出生国，生活在其他地方。这还是在世界上许多地区越来越倾向于抑制移民，而且新冠肺炎疫情来袭的背景下。如果说移民问题还不足以体现这种关联性，那么新冠肺炎疫情则提供了终极证明。新冠肺炎病毒在全球的蔓延，摧毁了数亿人的生计，并且导致数百万人重病甚至失去生命。除了几个岛国外，任何边境封锁都不足以防止疾病的传播。

互联网技术的广泛应用，使世界各地的人们比以往任何时候都更了解其他地区人们的生活状况。这引起了人们对全球公平的关注，使其成为一项重要目标，这种情况也许是历史上首次出现。事实上，人作为社会动物，相比绝对福祉水平，相对福祉水平更加重要。在世界历史的大部分时间里，大部分人的参照标准都是地方性的，工业革命的爆发使人们的参照标准变成了全国性的。在世界大战后的几十年里，人们的参照范围进一步扩大——位于美国势力范围内的人们参照的是整个西方世界，位于苏联势力范围内的人们参照的则是整个东方世界。第四次工业革命的到来以及它所提供的连接技术，使得人们开始对标那些最发达国家的同类群体，他们可能位于世界上任何地方，可能是中国、美国，也可能是欧洲。因此，全球公平在历史上首次成为需要考虑的概念。

无论在世界的哪个地方，人们都越来越形成共识：生活在任何地方的人以及整个地球的福祉对我们所有人都很重要。这两个要素是天然的利益相关者，其中人指的就是所有人类个体，地球指的是我们共同的自然环境。由此产生了一种新的利益相关者模式，在这一模式中，这两个要素处于中心位置（见图8.2）。

图 8.2　简化的利益相关者模式，其中人和地球处于中心地位

资料来源：克劳斯·施瓦布和彼得·万哈姆，2020 年。

存在 4 个关键的利益相关者可以优化人和地球的福祉。它们分别是：

1. 政府（指的是国家政府、州政府和地方政府，由民意代表组成，在一个地区或地方拥有法定权力）。

2. 公民社会（在最广泛意义上，它包括从工会到非政府组织，从中小学和大学到行动团体，从宗教组织到体育俱乐部等）。

3. 企业（包括自由职业者、微型企业、中小型企业和大型跨国企业，它们共同构成了私营部门）。

4. 国际社会（由联合国、世界贸易组织、经合组织等国际组织以及欧盟、东盟等区域组织组成）。

记住其中每个利益相关者群体都由哪些成员组成是很重要的，因为这解释了它们为何要关注公共利益。的确，尽管这些利益相关者都被视为社会和 / 或法律有机体，但关键一点是，它们都是由人组成的，而且都离不开我们的地球。如此一来，它们都应该主动优化我们所有人和地球的福祉，也就不足为奇了。此外，应该明确的是，它们还拥有特定的目标，这是它们首先区别于其他有机体的地方。政府主要致力于为尽可能多的人创造尽可能高程度的繁荣。公民社会的存在是为了增进其成员的利益，赋予其成员以意义或使命。企业的目标显然是创造经济剩余，它可以以利润的形式进行衡量。国际社会的首要目标则是维护和平。还要注意到，所有这些利益相关者之间也是相互关联的，这一点也很重要。企业是在政府为其提供的监管框架内运作。公民社会会对企业和政府施压，使其整体更具韧性。国际组织则确保一个地区在做决策时要考虑到对世界其他地区的影响。[7]

　　我们今天所知的利益相关者模式便由此产生（见图 8.3），它在世界上的任何地方都有效。在企业的所有利益相关者中，当人和地球的福祉占据中心地位时，剩下的 4 个关键利益相关者就要为优化人和地球的福祉做出贡献。此外，这些利益相关者都还有各自的主要目标：

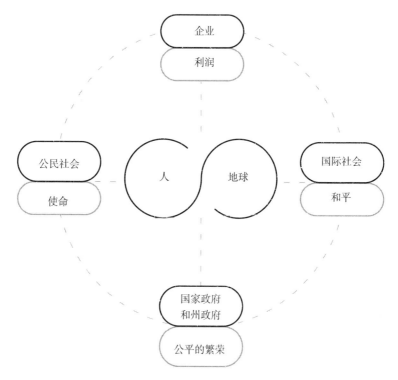

图 8.3　在全球利益相关者模式中，人与地球处于中心位置

资料来源：根据克劳斯·施瓦布和彼得·万哈姆 2020 年的资料重绘。

- 企业的主要目标是追求利润，追求长期价值创造。
- 公民社会的主要目标是每个组织的宗旨或使命。
- 政府主要追求的是公平的繁荣。
- 国际社会则致力于实现和平。

在利益相关者模式中，所有这些群体及其目标都是相互关联的。任何一个群体的失败都会对其他群体造成影响。

这个模式很简单，但它很直观地揭示了为什么股东至上模式和国家资本主义模式所带来的是次优结果：它们关注的是更细化的、排他性目标，即具体某个企业的利润或具体某个国家的繁荣，而不关注全人类和整个地球的福祉。相比之下，在利益相关者模式中，那些更细化的目标并没有被搁置，只是各利益相关者之间的互联性以及人和地球的福祉被置于中心地位，以确保随着时间的推移能够实现更加和谐的发展。

利益相关者模式的原则和信念

在确定了这一全球性利益相关者模式之后，我们现在可以看看它如何适用于一个更加受限的环境，比如一个特定国家或社会。将视角从全球转向地方，这是利益相关者模式取得成功的关键要素。事实上，尽管当下经济体系的利害关系比以往任何时候都更具全球性，但任何一种方法的实施主要还是在更加地方性的层面。社区是扎根地方的，因为人们对自己生活和工作所在的周边环境比较了解且信任。这增强了他们的团结意识，使他们更愿意接受那些旨在惠及整体而不仅仅是惠及个体的项目。

我们可以考虑一个另类场景：一个全球性政府在全球市场上管理着一些跨国企业，所有人聚集在一个全球性民主政体和一些全球性工会周围。这一场景是不现实的，而且不可取，因为它拉大了个体与其所直属的社会生态系统之间的距离，还减弱了人们对其周边人口与环境的责任感。尽管 20 世纪的新自由主义者可能曾将这样一种全球性模式视为一种乌托邦式理想（正如奎因·斯洛博迪安在他的《全球主义者：帝国的终结与新自由主义的诞生》一书中所断言的），但它将不可避免地导致地方社区的政治权利被剥夺。当权力中心与人们的日常现实相距太远时，无论是政治治理还是经济决策都不会得到民众的支持。

辅助性原则

因此，实施利益相关者资本主义的一个首要原则便是辅助性原则。这不是一个未经检验的或纯理论性的原则。它最著名的应用场景是在欧盟的治理中，[8] 瑞士联邦、阿联酋、密克罗尼西亚联邦和世界上其他的联邦国家也采用了这一原则。该原则主张，决策的做出应该在尽可能具体的层面——尽可能靠近受该决策影响最为显著的地方。[9] 换言之，该原则规定，地方利益相关者应该能够自己做决定，除非这对于他们来说不可行或者是无效的。

如此一来，这一原则如何适用于我们的经济体系当前所面临的全球性挑战，便一目了然。首先考虑气候危机。有效的做法是首先在全球层面协调这一挑战。任何试图首先在较低层面解决这一挑战的尝试都将是无效的：只有当全世界的人们都朝着同一个方向努力时，气候行动才会产生明显的效果。而且，在缺乏协调的情况下，仅依靠地方性行动，将会导致搭便车效应。那些选择退出气候协定的社区将会双重受益：一是可以坐享他人努力的成果，即气候条件的改善；二是可以维持其想要的生活方式，而不考虑这会造成多大污染。

辅助性原则所支持的第二个行动和决策层面是国家层面。依旧以气候行动为例。每个国家都可以通过特定方式对气候改善做出贡献。例如，减少工厂排放对中国造成的负面影响要超过其他国家，因为中国拥有的工厂比世界上其他任何国家都要多。同样，限制汽车出行将对美国造成重大影响，因为在美国，汽车是主要的交通方式。采取其他举措，比如限制航空出行，同样会对某些群体影响更甚。辅助性原则支持在国家层面或地方层面进行决策，以确定在有效实现全球性目标的过程中，哪条道路最适合自己。

这也是为什么从2017年开始，像《巴黎协定》这样的联合国框架的形成就变得非常有必要。没有哪些国家的二氧化碳排放量在全球总排放量中的占比（明显）超过1/4，[10] 但要想避免一场气候灾难，全球总排放量必须减少一半以上。这就意味着，无论是美国、中国还是欧盟，没有任何一个国家或地区能够靠一己之力遏制全球排放。但这也意味着，除非知道其他国家都会减少排放量，否则没有一个国家有动力减少自己的排放量，因为这不仅不会在全球范围内产生重大影响，而且可能在短期内损害经济发展或繁荣。要摆脱这种进退两难的困境，唯一的途径就是在全球范围内进行合作。然而，鉴于各国的经济结构存在较大差异，在各国具体的减排目标已经确定的情况下，再由一个全球治理机构来决定每个国家应该如何减少碳排放量就毫无意义了。

在企业层面，情况也是如此。在其他条件保持不变的情况下，没有一家企业有能力或者有意愿单独减少碳排放量，因为这一开始会使其在竞争中处于弱势地位。但是，一旦行业仲裁者（比如欧盟）设定了每个行业的减排目标，并划定每家企业的排放权，至于如何将碳排放量降至理想状态，则应由企业自主决定（比如，企业可以选择一种相对低能耗的生产方式，也可以选择向其他企业购买排放权）。这两个例子并非凭空想象而来。《巴黎协定》实际上就以类似上述的方式纳入了辅助性原则。欧盟实施的"绿色新政"和企业排放"总量管制与交易"计划也是基于同样的原则。世界经济论坛的会议在一定程度上为这两项计划打下了基础。通过这两项计划，我们可以看到在遵守辅助性原则的条件下，利益相关者资本主义是如何运作的。

类似的逻辑也适用于技术治理、竞争和全球税收问题。如今，许多企业在全球范围内开展业务，无论是在数字领域还是实体领域，但它们的监管者大多是国家政府。如此一来，企业就可以在 A 国开发技术和知识产权，而在 B 国获得大部分的营收，在 C 国纳税，在 D 国进行低成本竞争，在 F 国避开集体劳动谈判制度。就是这种不平衡导致竞争环境更加不公平。这会侵蚀税

　　　　　　　　利益相关者

基，削弱机构的力量和民众对机构的信任，造成市场失衡，减少就业和创业机会。

同样，解决这一问题的对策不是建立一个负责实施全球治理的霸主，而是协调各监管机构的行动，从而使得在每个司法辖区内竞争环境是公平的。将这一原则付诸实践的一个良好例证就是，经合组织努力协调针对数字企业的税收政策，以确保企业只要在一国有经济活动，就要在该国缴纳应付税款，无论该企业的总部在哪里，知识产权归属情况如何。

了解了辅助性原则，利益相关者资本主义应该在什么范围内运作现在已经很清楚了。在这一体系中，某些趋势和利害关系是全球性的（比如气候变化、数字全球化、全球不平等和市场集中度），但最佳组织原则就是辅助性原则。由此产生的利益相关者模式是：一方面，单个企业或组织在各自的利益相关者中仍处于中心地位，对其利益相关者负有相应义务，就像最初的模式那样；另一方面，企业、政府、非政府组织、子孙后代等被认为是我们共同的全球性未来和福祉的利益相关者。因此，为实现这一目标，我们所打造的经济体系必须立足当地，同时要在全球范围内一以贯之。

这就引出了下一个问题：利益相关者资本主义应该基于何种信念？

价值创造和价值共享

利益相关者模式所基于的一套信念与最初所构想时相比基

本没有发生改变。正是这套信念引导二战后的西欧走上福利国家建设，引领美国实施"伟大社会"计划，引导现代中国实现"中国梦"[11]。其中最为重要的信念是，只有当一个社会中的所有人都兴旺发达，而不是只有其中一小部分人兴旺发达时，这个社会才算发展到最好。例如，林登·约翰逊曾说道，在伟大社会里，"每个孩子都能获取知识以丰富头脑、增长才干……城市不光服务于人们的物质需求和商业需求，还旨在满足人们对美的渴望和对共同体的渴求"[12]。对于"中国梦"，按照习近平的说法，"实现中华民族伟大复兴，就是中华民族近代以来最伟大的梦想"。

在这一信念中还蕴含另一层含义，即社会价值并非完全或主要由企业和它们（最具生产力）的员工创造，还离不开教育工作者、科学家、文化行动者、政府机构，最重要的还有社会和自然环境本身的贡献。换句话说，社会价值是由所有利益相关者共同创造的。这个观点听起来似乎很简单，对大多数人来说都是显而易见的。但正如玛丽安娜·马祖卡托在《万物的价值》一书中所写的，这种观点并没有告知我们，全球经济体系在过去几十年中是如何运作的。相反地，马祖卡托说，近来的主流观点是，价值主要是由企业在其内部创造的，其中很大程度上又是由金融企业（根据近年来的局势，我们还要加上科技企业）创造的。

马祖卡托断言，这种对价值创造的不同看法以及与之相伴的做法，创造了这样一种经济体系：价值攫取成为常态，而许多最具生产力的成员所创造的价值，包括那些积极从事国家资助的科

　　　　　　　　　　　　利益相关者

学研究的人员，以及教育和社会服务行业的从业者所创造的价值都被低估了。它还导致经济体系逐渐金融化，收入和利润与真正的价值创造被混淆。此外，它还创造了一种 CEO 崇拜和科技企业创业者崇拜的氛围。在这种氛围之下，私人创新活动会获得更多的赞誉和保护，而那些由公共资金支持的公共机构所实现的基础性突破则被忽视。[13]

虽然我们不完全同意马祖卡托的观点，但很显然，我们的经济体系中其他利益相关者的贡献被低估了，利益相关者经济的平衡需要恢复。为此，利益相关者资本主义必须确保满足如下几点要求。

- 所有利益相关者都要在与其相关的决策制定过程中占据一席之地。
- 存在适当的衡量系统，以计算每个利益相关者真正创造的价值和造成的破坏，这不光体现在财务层面，还体现在 ESG（环境、社会和公司治理）目标的实现层面。
- 存在必要的制衡机制，以使每个利益相关者都要对其从社会中索取的东西进行补偿，而且要使每个利益相关者所分到的"蛋糕"与其所做出的贡献相匹配，无论是在地方层面还是在全球层面。

现在，让我们来详细了解这三个要求。

利益相关者模式的实践

占据一席之地

为了使利益相关者模式作为一项组织原则具有意义，我们必须首先确保每个利益相关者在与其相关的领域都能占据一席之地。我们知道这是一项值得追求的目标，但我们也知道这一目标在现实中往往是缺失的，这一点从我们的社会中持续存在的社会、经济和政治不平衡就可以看出。例如，在经济方面就存在一种高度正相关关系：利益相关者的代表权越强，收入不平等程度就越低，工资水平就越合理。我们已经在第六章中看到，这种相关关系的一个显著的视觉表征来自美国：美国经济政策研究所绘制了过去 100 年间工会成员数量与收入不平等程度之间的对比图。它表明，当工会缺位时，收入不平等程度处于高位；大约在 1940—1980 年，正值美国工会发展的黄金时代，收入不平等程度则有所下降。之后，当工会成员数量又开始下降时，不平等程度再次攀升，于 2015 年前后达到了历史最高点。而且，正如我们前面从丹麦的案例中所看到的，在那些工会的代表权依然很强的国家，即便在当今全球化和技术驱动型经济背景下，收入不平等程度依然很低。

如果说，工会参与度的下降或社会各阶层在决策中缺乏代表权，在一定程度上是有意识的政策选择的结果，那么政府最好在今后的工作中重新采取更具包容性的政策。倘若政府不这么做，从长远来看，将会导致对所有人都不利的结果。几十年来，美国工人的工资没有实现相应的增长，这导致美国社会的凝聚力下降且缺乏韧性，面对新冠肺炎疫情这种百年一遇的突发公共危机事件或第四次工业革命带来的颠覆性影响，没有做好充分准备。不过，这也许至少在一定程度上也是排他性社会和政治政策选择的结果，美国的"黑人的命也是命"运动就凸显了这一点。面对政府几十年来的歧视性政策和行动，许多人开始站出来谴责这种情况。在马来西亚等国，包容性政策一直是政策制定者关注的焦点。这些国家的经验表明，政府采取更具包容性的措施在过去可以，在当前依然可以避免这种不平等的结果。

同样，单个企业的管理决策中，在其他利益相关者缺位的情况下，企业董事会最好在成员选择上更具代表性。确保管理团队、企业董事会、政府和其他的领导委员会更好地反映整个社会的组织方式，这是制定更全面的决策，打造一个更优秀、更高效能组织的秘诀。在这方面，我们还有很长的路要走。当前的领导委员会无论是在性别、职位、教育背景，还是在种族、性取向、年龄等其他因素上仍然缺乏多元性。当然，每个企业、社区和政府都理应自己决定哪些行动和标准最适合自己，但决策组织必须更具代表性和多样性的总体思路是一个近乎普适性的目标。意识到这一点，我们才能打造一个更健康、更平衡的组织，从而取得最终有利于社会的成果。

要使利益相关者在决策中都能占有一席之地，我们不能仅仅依赖过去的模式。在某些情况下，各组织运作的现实条件已经发生根本性改变。例如，远程办公和签订自由职业合同的员工数量达到历史高峰，这就使得要将他们聚集起来更加困难。还有零工经济从业者，比如优步、Grab 或滴滴的网约车司机，实际工作地点都不在一处。这些员工彼此之间也许都素不相识，兴趣和目标也很可能各不相同，这就使得要将他们组织起来，并就一项共同倡导的议程达成一致意见变得更加困难。传统意义上，以工厂或办公室为基础成立的工会可能已经无法解决当前的问题，因为人们比过去更频繁地更换工作，甚至经常与同事不在同一处办公，企业的地址也比过去更具流行性。不过，基本原则不可动摇。只要是为企业工作的人，在企业的运营方式、企业员工的待遇、企业要承担的社会责任等方面都必须拥有发言权。现实生活中，已经有人尝试将这些利益相关者聚集起来。比如，位于加利福尼亚州的一个优步和来福车（Lyft）网约车司机权益组织——网约车司机联盟（Rideshare Drivers United）曾呼吁在 2019 年 5 月举行全球罢工，此时优步计划首次公开募股（IPO）在即。该联盟号召网约车司机关闭手机应用程序，以表达他们对提升工资和改善保障条件的诉求。[14] 尽管这次罢工吸引了媒体和政界的许多关注，[15] 而且使部分司机在公司首次公开募股前获得了一次性的经济补偿，[16] 但它最主要还是揭示了想要再现出租车司机工会曾经的影响力将是多么艰难，因为网约车司机的结构性需求并没有通过这次罢工得到满足。我们从中可以看出，要确保零工经济从业者的权利得到尊重是多么不容易。在该领域的后续发展中，加利福尼亚州曾试图于 2020 年 11 月通过一项将零工经济从业者归类为正式雇员的提案，但在经历了一场被称为"该州

　　　　　　　　　　　　　　　　利益相关者

历史上最昂贵的倡议"运动之后，该提案被否决了。这表明，对所有利益相关者都适用的解决方案尚未出现。[17]

在利益相关者资本主义中，企业内部利益相关者的代表权问题也存在于政治领域。目前，世界各地的代议制政府和政党都面临一场存在主义危机。尽管社会不满情绪日渐加剧，但选民投票率和党派成员数量都在下降。例如，在欧洲，曾塑造了民主制度的传统政党正面临三重危机。在过去的几十年里，基督教民主党、自由党和社会民主党等党派的成员数量都在减少。在持各种政见的选民中，参与投票的人数都在减少，而在那些真正参与投票的选民中，把票投给传统政党的人数更少。[18] 同样，在拉丁美洲的大多数国家——哥伦比亚除外，选民投票率也随着时间的推移而下降，即使是在巴西和哥斯达黎加这种实行强制投票制度的国家也不例外。[19] 近年来社会动荡日渐加剧的美国，总统选举中的投票率一直在下滑：在 20 世纪 50 年代和 60 年代，投票率处于约 70% 的高位，到 90 年代末则已经降至低位；在 2016 年的总统选举中，投票率约为 55%。[20]（不过，在 2018 年中期选举中，美国的选民投票率则一反常态，达到半个世纪以来的最高值。）

如果我们想使利益相关者模式运转良好，就需要解决这些代表权问题。当主要利益相关者不能代表他们理应代表的群体时，即便他们彼此之间实现对话，并将对方的目标纳入考虑范围，所能产生的价值也是有限的。[21] 历史上，政府首脑、企业领导和宗教领袖为了共同的利益而结成联盟的例子比比皆是。但几乎可以肯定的是，一旦这种联盟没有适当考虑到整个社会或重要的少数利益相关者群体的利益，那么社会和那些群体必然会遭受损失。接下来，我们将详细探讨如何正确处理这个问题。

不只关注 GDP 和利润

一旦所有利益相关者都能够参与决策，企业、组织和政府就必须摆脱对利润或 GDP 等相关指标的盲目崇拜。一味追求利润的做法应该被更全面的追求价值创造的举措取代。正如我们之前所讨论的，以前的企业并不总是单单追求利润和股东分红的优化，政府也并非一直将 GDP 视为"圣杯"。事实上，是因为股东资本主义在 20 世纪最后几十年的快速发展，才使得利润和 GDP 成为重中之重。在当今世界，我们必须终结这种只关注短期财务指标的行为，而要着眼于全人类和整个地球的发展图景。正如我在之前的一篇专栏文章中写到的，[22] 我们的目标应该是"实现联合国 2030 年可持续发展目标（SDGs）；在未来 30 年内履行《巴黎协定》；改革我们的全球经济体系，使之适应未来 50 年乃至更长时期的发展"。这些同样是我们在未来 10 年应该致力于优化的目标。

对于那些希望不只关注 GDP 的国家来说，有一些现成的指标可供选择。例如，世界经济论坛的"全球竞争力指数"和"包容性发展指数"不光追踪一国的经济指标，还追踪了其 ESG 领域的多项指标。经合组织推出了一个"美好生活指数"[23]，对一国从教育、卫生和住房、收入、工作，到工作与生活的平衡、生活满意度、对环境的关注等多个领域的状况进行测度，并做出排名。我们在后面的章节将会看到，包括新西兰在内的一些国家已经制定了自己的衡量体系，来记录自己在一些关键的公民福祉指标上取得的进展。（我们将在本章的后面部分讨论其中的部分指标。）

有趣的是，世界经济论坛的《全球竞争力报告》显示，那些在提升自己的经济竞争力的同时，追求可持续发展和包容性发展的国家，往往也是全球最具竞争力的国家。因此，只要做出正确的政策选择，就有可能在经济、生态和社会层面同时取得良好的发展成果。我们在第六章中讨论的北欧国家的情况就是如此。但为什么呢？2019年的报告指出，在打造更加可持续的绿色经济方面，"那些最具竞争力的经济体更有条件促进各个行业新技术的诞生，其中就包括绿色创新领域潜在的突破性技术，因为这些经济体具备更加有利的创新生态系统"[24]。

此外，"那些拥有更优的人力资本、更好的基础设施和更强的创新能力的国家，平均而言，更有可能打造更绿色的能源结构"[25]。更简单地说，如果一个社会中的所有人都受过良好的教育并具有环境意识，那么整个社会更有可能做出使经济在长期更加繁荣且更加可持续的选择。针对这种相关性的另一种解释是，经济竞争力最终取决于地球的资源功能和一个社会的人力资本，无论这些是否会被计入GDP。那些真正只关注GDP的国家迟早会碰壁，因为它们会一直忽视在教育、培训和保护地球领域的投资，直到这些因素开始影响经济生产功能。

除了竞争力指数和包容性指数等衡量工具外，世界还亟须创新衡量标准。有一些补充性的衡量标准已经存在，还有一些尚待我们去开发。"一个快捷的方法是采用人均收入中位数这样的衡量标准，它能更好地反映人们所面临的真实的经济状况。"我在 2019 年的一篇专栏文章中如此写道，"一个更耗时的衡量标准则是'自然资本'[26]，所基于的是一个国家的生态系统、鱼类资源、矿产和其他自然资源。因为这个资产负债表中还需要包含人力资本，我们可以将所有相关要素都纳入一个综合记分卡中。[27] 还有一种具体的选择，就是将气候行动追踪系统纳入政府的衡量体系，因为它显示了每个国家在履行《巴黎协定》承诺方面的进展。"[28] 其中有些建议是由一个名为"财富项目"（Wealth Project）的团体提出，这个团体由戴安娜·科伊尔、玛丽安娜·马祖卡托等经济学家组成，[29] 他们长期以来一直对"GDP 至上"的状况表示担忧。

企业也应该拓宽视野，而不再只是盯着损益表。现在，企业拓宽视野的主观意愿越来越强烈。在第 50 届世界经济论坛达沃斯年会召开之前，我向企业介绍了 2020 年《达沃斯宣言》，其中描述了"第四次工业革命中企业的通用目标"[30]。

A. 企业的目标是使所有利益相关者都参与创造共享的、持续的价值。在创造这种价值的过程中，企业不仅要服务于股东，而且要服务于所有利益相关者——员工、客户、供应商、当地社区和整个社会。要理解和协调所有利益相关者的利益冲突，最佳方式是共同致力于能够促进企业长期繁荣的政策和决策。

　　　　　　　　　　　　利益相关者

i. 企业通过提供最能满足客户需求的价值主张来服务客户。它接受公平竞争，支持构建一个公平竞争的环境。它对腐败零容忍。它保持其运营所在的数字生态系统可靠、可信。它使客户充分了解其产品和服务的功能，包括不利影响或负外部性。

ii. 企业要给予其员工以尊严和尊重。它尊重多样性，且争取不断改善工作条件和员工福祉。在一个瞬息万变的世界中，企业通过不断提供技能提升与技能重塑培训，培养员工持续的就业能力。

iii. 企业将其供应商视为价值创造过程中真正的伙伴。它为新的市场进入者提供公平的机会。它在整个供应链中贯彻尊重人权的理念。

iv. 公司通过其活动服务于整个社会，支持所在社区，缴纳应付的税款。它确保以安全、道德和高效的方式使用数据。它为我们的子孙后代充当环境和物质世界的守卫者。它自觉地保护我们的生物圈，倡导循环、共享和再生经济。它不断拓展知识、创新和技术的前沿，以改善人们的福祉。

v. 公司为其股东提供投资回报，并且考虑到所产生的创业风险以及连续创新和持续投资的需要。它负责任地管理近期、中期和长期的价值创造，以追求可持续的股东回报，而不会为了眼下而牺牲未来。

B. 企业不仅仅是一个创造财富的经济单位，它作为更广泛的社会系统的一部分，所实现的应该是人类和社会的期望。企业绩效不能仅以股东回报来衡量，还要考虑其 ESG 目标的实现情况。高管的薪酬应体现利益相关者责任。

C. 开展跨国运营活动的企业不仅要服务于那些最直接的利益相关者，而且企业本身与政府、公民社会共同构成我们全球未来的利益相关者。企业的全球公民身份要求其利用自己的核心能力、企业家精神、技能和相关资源，与其他企业和利益相关者携手，以改善世界的现状。

企业可以通过特定指标来衡量自己面对利益相关者的表现，其中有些指标值得深究。该宣言中特别提到：接受公平的竞争环境，对于腐败表现出零容忍，争取改善工作条件和员工福祉，支持所在社区，缴纳应付税款，并在高管薪酬中体现利益相关者责任。综合起来，这些要求通往一条新的企业管理之道，它与之前短期财务业绩至上的管理方式截然不同。[31] 如果每家企业个体都致力于实现这些目标，并解决潜在的问题，股东资本主义的许多过激行为就会自动被根除。

但在这个通常以量化数据进行管理的世界，这种企业利益相关者责任也必须被衡量，目标必须被量化。在这方面，有一个好消息。2020 年 9 月，世界经济论坛的国际工商理事会（其成员包括 140 家全球最大的企业）提出了"利益相关者资本主义衡量指标"。这是一套关于企业绩效中非财务层面的核心指标和信息披露，包括温室气体排放、多样性、员工健康和福祉等变量，以及其他通常被归为 ESG 主题的要素。[32] 一旦付诸实施，这些指标将促使企业高管不光追求利润优化，还要追求员工、客户、政府等利益相关者利益的优化，并且有助于高管评判以利益相关者为导向的企业的业绩。这样一来，利益相关者资本主义在真正落地的道路上跨出了关键一步。本书下一章和结语中会包含更多关于衡量指标的内容。

制衡机制与强有力的机构

此外，利益相关者模式还必须包含必要的制衡机构，必须拥有强有力的独立机构，因为权力失衡是极有可能发生的。原则上，利益相关者资本主义中的各个利益相关者尽其所能地做出贡献，并且获得其所需的东西，以实现最有效的社会成果。但是，鉴于现有的资本主义模式要么天生倾向于大企业和富人的利益（股东资本主义），要么天生倾向于政界内部人士（国家资本主义），最重要的是，政府和企业这两个在当前经济体系中最具权力和影响力的利益相关者能够同意接受彼此以及其他利益相关者的问责。这正是民主问责制、分权以及国际组织的作用所在。它们就是我们的经济系统中所需的制衡机制。

当然，我们必须面对的现实是，民主政体的基础正在分裂（见第四章），我们的国际机构的公信力和所获得的支持正在减弱。因此，首先需要自下而上增强民众对政府的信任，然后才能自上而下强化决策者的授权。这将确保制度的制衡机制能够重新运转。那么，我们如何才能做到这一点？

正如我在 2019 年的另一篇专栏文章中写到的，[33] "相比全球治理金字塔的塔尖，我们更应该关注的是其底部的裂缝"。在这方面，有一个国家做了一项有趣的试验，这个国家就是爱尔兰。几十年来，堕胎一直是爱尔兰决策者的政治命门。但后来，爱尔兰尝试做了一项社会政治试验，很适合我们当下这个分裂的时代：它通过召开公民大会，来设计出能够赢得广泛选民支持的堕胎法案。爱尔兰公民大会随机挑选了 99 名公民（和 1 名主席），形成了一个"具有广泛代表性，能够代表人口普查中所体现的年龄、性别、社会阶层、地区分布状况"的机构。因此，相比既定的政治体系，该机构所收获的意见明显更具广泛性、多样性。公众密切关注公民大会的进程，形成了一种公民进行广泛的政治参与的独特氛围。人们对于公民大会所讨论的话题非常关心，同时也学会理解自己不赞同的观点。最终，爱尔兰公民大会形成了一些提议，其中就包括将堕胎合法化，然后就这些提议提请全民公投。其中许多提议现已成为法律。

如果我们想克服世界上其他地方的政治分歧，就应该倡导利益相关者以这种形式或者其他新形式参与政府工作：

> 根据设计，普通公民的审议性集会（其主要任务是达成协议，而不是获得连任），可以避开政治对立情绪，直接围绕具体问题寻找务实的解决方案。虽然它们不能取代通过民主选举产生的立法机构，但应该在必要的时候作为对立法机构的补充。[34]

在其他情况下，类似的利益相关者方法也有助于当选领导者应对重大挑战。

> 在法国，埃马纽埃尔·马克龙总统组织了一场市民大会性质的"大辩论"，全国各地的民众都可以直接参与其中。之后，"黄背心"运动的抗议之声便有所缓和。在比利时，于安特卫普举行的一场利益相关者集会上产生了一项决议，解决了围绕一项重大基础设施项目存在的分歧，此前这种状况已经持续了几十年都未取得任何进展。波兰的格但斯克举行了一场公民大会，用欧洲开放社会倡议（Open Society Initiative for Europe）组织的提恩·加齐沃达的话说，这场大会的成果在于，"有关防洪减灾、空气污染、公民参与以及如何对待LGBT①问题的城市政策发生了有约束力的改变"[35]。

必须再次强调，民主国家在政治决策中具体如何采纳利益相关者模式，这是由国家自己决定的。因此，各个国家的具体实施方式可能会迥然不同，这是正常的。在直接民主制的历史较为悠久的瑞士，这意味着人们可以就各种政治和经济问题进行全民投票——从限制移民的提案到恢复金本位制，从公共住房项目到当地机场的开放时间。不过，这种制度虽听起来很理想，但不一定对每个人都适用。例如，在比利时，意识形态、宗教和语言的差

---

① LGBT 一般指性少数群体。——译者注

异贯穿整个社会。过去实施的全民公决给这个国家造成了创伤，不光没有将民众团结在一起，反而导致分裂，这种制度最终也因此而被废除。现在，比利时正在进行尝试，比如组织各种利益集团之间的调节对话和随机选择的公民集会，提高旨在寻求共识的利益相关者的参与度，以增强民主政体中民众的参与感。

同样，民主的组织方式本身也应尊重当地的习俗和传统，应该由一个国家自己的公民而不是外人来塑造。阿富汗就是一个很好的例子。该国的政治参与组织方式传统上与西方民主国家截然不同。阿富汗裔美籍作家塔米姆·安萨里在其《中断的天命》一书中指出，美国强加的民主在他的国家实际上意味着一种更加部落式的政治制度的延续，因为各社区重新投票选出的候选人，正出自世代在他们的城镇中起着主导社会和经济作用的家族。如果目标是在现有的社会和政治结构表面附上一层民主的外衣，那么这个工夫没有白费。但如果目标是提升决策过程中的公民直接参与度，那么更好的方式是让社区自己决定哪种制度更适合它们。

最后，重要的是，在利益相关者模式中发挥关键作用的国内公共机构必须是强有力的，而且始终如此。在二战后的几十年里，西方新一代民众在成长过程中形成了一种观念，即强有力的公共机构是理所当然存在的，它们的作用很明确，而且会永远发挥这种作用。根据西方对全球经济发展的看法，发展中经济体也必须打造这种强有力的公共机构，因为它们被认为是社会和经济良好运作的基石。

然而，近年来，在许多社会中，机构的公信力减弱，而且机构作为客观仲裁者的效力和能力均有所下降。例如，在美国，公众对机构的信任度下降，而与这一点紧密相关的是，机构的表现明显不如以前。[36] 不过，在斯堪的纳维亚国家以及瑞典、新加坡，甚至在印度尼西亚、中国、印度这样的大国，公民仍然非常信任公共机构，这是保持公共机构更加强大的一个重要基石。从利益相关者的角度来看，公共机构需要发挥核心作用，因此必须采取行动使公共机构变得（或是重新变得）强大且有力。

　　我们必须采取的另一措施是增强国际机构的授权。这一点的必要性显而易见：由于信息、技术、资金、人员和病毒在世界范围内是流动的，而且气候变化影响的是全人类，任何一个国家都不能置身事外，就这些问题在全球层面进行协调比以往任何时候都更有必要。此外，随着公司日益全球化，更有能力优化自身职责，尽可能扩大自身影响力，这导致了企业与国家政府之间关系的失衡。联合国及其各委员会等代表性国际组织、欧洲法院或世界贸易组织上诉机构等国际仲裁机构，以及欧盟委员会或万国邮政联盟等国际监管机构，将在全球治理中继续发挥重要作用，而且必须发挥这一作用。

　　但正如我们所看到的，这些超国家组织运作的层面对于许多个体利益相关者来说是比较反常的。因为对于大多数人来说，这些机构都实在太有距离感，太缺乏人情味了。对此，这些组织必须采取的应对措施是，要将所有利益相关者（通常是主权政府）纳入决策进程，了解自己所面临和所要监管的全球趋势，从而使自己的工作获得更多的社会支持。

首先，二战结束时建立的那些国际组织代表了那场战争中的胜利者，但已经不再能够代表当今的世界，这种缺乏代表性的情况明显体现在这些组织机构从上到下的管理中，同时往往也体现在其投票程序中。要想证明这一点，我们只需看看国际货币基金组织和世界银行，它们的投票权依旧明显偏向西方国家，自成立以来它们的领导者一直分别由欧洲人和美国人担任，尽管其他新兴市场已经逐渐崛起。此外，国际组织在其历史上的大部分时间都只代表一种利益相关者——国家政府，然而，大部分全球性挑战涉及的远远不止一个利益相关者，而且这种挑战还在不断新增。

其次，国际组织对全球经济趋势的了解往往要么不够及时，要么不够全面。例如，尽管数字经济在经济层面和社会层面都已经明显占据极其重要的位置，但至今仍没有国际组织就全球数字经济达成一个统一的衡量标准。（在数字经济的估算方面做得最好的是一家私立咨询机构——麦肯锡全球研究院。）再举一个例子，在 2019 年之前，万国邮政联盟[37]都在无意中助长了不公平的国际竞争，并且导致国际航运业的碳排放增加。它针对经济收入状况不同的国家之间的包裹邮寄业务设定了一些过时的规则。实际上，这意味着相比在美国同一城镇内邮寄一个包裹，从中国向美国邮寄一个包裹的费用要低得多。

不过，令人欣慰的一点是，这些缺点都是可以纠正的。当实现这一点时，我们的经济体系的制衡机制就会有所改善。回到前面的例子，经合组织目前正致力于就数字贸易形成统一的定义和衡量体系。[38] 万国邮政联盟在 2019 年底主动改革其邮资费率。[39]正如我们前面所介绍的，《巴黎协定》在很大程度上是多个利益相关者共同努力的结果。私营部门、非政府组织和其他各利益相关者群体的代表为巴黎谈判做了准备工作，并且影响着谈判内容，使得代表政府更容易在最终达成妥协。

最后，我们来探讨利益相关者之间的决策过程是如何运作的。倘若没有明确的程序和准则，这一过程很可能就会乱成"一锅粥"。例如，如果一个政府、组织或企业首先必须要得到其所有利益相关者的认可才能做出决定，那么利益相关者怎么还能有效地引导组织活动？很有可能出现的情况是，各利益相关者之间会在短期内出现利益分歧。此外，还有可能出现的一种情况是，最有发言权的利益相关者会试图垄断决策过程或阻挠决策达成，从而导致决策过程陷入僵局或导致决策结果有失公平。

我认为，针对这一问题的解决方法在于，将协商过程与决策过程分开。在协商阶段，所有的利益相关者都应该参与进来，所有利益相关者的关切都应该被考虑到。相较之下，只有那些获得决策授权的人才能参与决策进程，如果是在企业中，这就意味着应该由董事会或执行管理层来做决策。

在短期内，这可能仍然意味着要做出艰难的选择，决策的结果可能会偏向其中某个利益相关者，或者会更照顾到某个利益相关者的关切。但是，从长远来看，基于先前的协商过程做出的决策应该会对各方都更有利。

这就是利益相关者资本主义。在接下来的章节中，我们将讨论该模式如何单独适用于一些关键利益相关者，以及它如何能够解决我们在前几章中列出的关键问题，比如气候变化、市场集中度和经济不平等，以及留给下一代的债务。

第九章

利益相关者模式在企业层面

　　2016 年，世界经济论坛董事会成员、企业软件供应商思爱普前任联席 CEO 施杰翰加入航运巨头马士基集团。此时，马士基集团这家丹麦的跨国企业正在准备进行一场重大变革。在施杰翰加入之前的那些年，这家拥有 112 年历史的企业曾经取得过辉煌的经营成就。但是，近几年，航运行业和石油行业的市场变化多端，马士基集团面临着巨大的挑战。这导致的结果就是，马士基集团的年度营收从 600 亿美元跌至 300 亿美元，正面临亏损状态。展望未来，马士基集团需要做到与时俱进，在下个 100 年仍然保持市场重要性。马士基集团提供的运输服务让人们能够接触到世界各地的市场和商品，提高了人们的生活水平，给整个市场带来了数百万个就业岗位，并且参与全球贸易。但是，马士基集团也极大地增加了温室气体的排放，还促成了一种以不平等和市场集中度的加剧为常态的全球经济体系。施杰翰认为，采取利益相关者模式是企业兴盛的必要之举。那么，他能帮助马士基集团成为利益相关者模式的拥护者吗？

每一家大规模企业都是从小型创业公司起步，在变幻莫测的世界中不断把握新的机遇。马士基集团也不例外。1904 年，在丹麦斯文堡市的一个沿海小镇，一名叫 A. P. 穆勒的年轻人和父亲彼得·马士基 – 穆勒创建了这家企业，经营货物运输业务。起初，马士基集团只拥有并运营一艘二手蒸汽船。经过 100 多年的发展，马士基集团成长为世界上最大的航运企业，成为丹麦经济的骄傲。马士基集团曾活跃于各个领域，从石油勘探到石油运输，从货运代理到营救作业，从集装箱制造到货物运输，业务范围覆盖全球 120 多个国家。该集团的海运业务量占全球海运业务总量的 15%，[1] 这使其成为世界上最大的航运企业。

从一个角度看，马士基集团曾是全球化和几次工业革命带来的奇迹。该集团在中国青岛经营冷藏集装箱制造业务，在北海经营石油钻探业务，在苏伊士运河上航行着"马士基·迈克 – 凯尼·穆勒号"集装箱货轮。这艘货轮运载量巨大，可以装载 18 000 多个集装箱（直到今天仍是世界上最大的轮船之一），令人叹为观止。放眼全球，马士基的冷藏船、集装箱船以及油轮在全世界七大海域纵横驰骋。从瓜亚基尔到新罗西斯克，从悉尼到查尔斯顿，从釜山到蒙得维的亚，全球各个港口无处不见马士基轮船的身影。得益于马士基集团提供的服务，商品成本得以降低，世界各地的人们之间、供应链之间以及企业之间的互联性得以加强。

从另一个角度看，马士基集团也体现出全球经济的许多弊端。马士基集团的石油开采及钻探业务要想盈利，只有开采、钻探、运输以及消耗更多的石油。由马士基集团主导的全球航运业的二氧化碳排放量在全球二氧化碳总排放量中的占比很大，且在不断增长。如果不加以遏制，那么到2050年，全球航运业的二氧化碳排放量占比将达到17%。[2] 由马士基集团促成的全球价值链，不仅让更多的人可以获得更多的商品，还让更多的全球产业份额集中在更少数的全球性企业和企业主手中，从而提升了市场集中度，加剧了收入不平等和财富不平等。

对施杰翰来说，加入马士基集团有一种回家的亲切感。施杰翰出生于丹麦，在他有生以来，马士基集团在丹麦的地位一直十分突出。马士基集团总部是一座造型优美的大型玻璃建筑，位于哥本哈根港口区的中心地带。这座建筑的闻名程度不亚于附近那座凝望着海面的安徒生"小美人鱼"铜像，也不亚于市中心港口星罗棋布的亮丽房屋和帆船。丹麦拥有千年的造船历史和精湛的造船技术，自施杰翰出生以来，马士基的欧登塞造船厂曾一直是丹麦造船业强有力的代表，但它在不久前倒闭了。施杰翰加入马士基集团董事会时，马士基集团对丹麦GDP的贡献率仍然在2.5%以上，拥有数千名员工，是丹麦最大的私企。

施杰翰从事了很长一段时间的软件行业，后来在德国企业软件供应商思爱普坐上了联席CEO职位。之后，他想转行去一家实体企业。这是一个经过深思熟虑的选择。施杰翰认为，在第四次工业革命中，新一波价值将来自以可持续方式主导实体世界的企业，比如航运巨头马士基、工业制造商西门子，以及汽车制造商特斯拉。"如果用最新的技术为实体企业赋能，"施杰翰告诉我们，"那么这些企业会驱动一个更可持续的世界。它们会带来重大影响，因为一旦离开实体世界，我们就什么都不是。"[3]

*   *   *

大约与此同时，有许多人开始意识到，大型科技公司同样需要调整方向。以前，科技公司被誉为经济发展的先锋和信息民主化力量。但近几年，它们已沦为全球经济正在面临的问题之一。Salesforce 的 CEO 马克·贝尼奥夫，与施杰翰一样，也是世界经济论坛董事会成员。贝尼奥夫曾在 2018 年达沃斯年会上发表了类似的言论。"许多企业一向被允许向消费者兜售信用违约互换产品（CDS）、糖类、香烟等有害产品，不受监管约束。我说过，科技与这些产品一样。"贝尼奥夫在其新书中如此回忆道。[4]"我们这个行业多年来一直不受监管，当 CEO 们不愿意承担责任时，"他说，"我认为除了政府介入别无选择。"

施杰翰、贝尼奥夫等人明白，科技企业和科技行业需要做出改变，需要表现得更以利益相关者为导向。但是，它们如何实现这一点呢？

正如我们在上一章所见，利益相关者的概念已经存在很长一段时间。从这种意义上说，一种简单的办法是回归 20 世纪 60 年代"利益相关者主义"早期的企业运营方式。但这种办法显然不会奏效。从利益相关者模式最初普及至今,世界已经发生了巨大的变化。当时的社会分裂、全球化、技术发展、气候变化以及人口状况,与今天处在完全不同的阶段。那么,企业怎样才能再次成功运用利益相关者概念,为改善世界现状做出贡献呢?让我们来看看这些 CEO 及其企业接下来做了什么。

* * *

施杰翰加入后,马士基集团分秒必争地开始了变革进程。施杰翰作为一名丹麦企业领袖,曾于 2010—2014 年在思爱普担任联席 CEO,在思爱普积累了类似的成功变革经验。在思爱普期间,施杰翰激励整个团队要围绕着一个共同的梦想而努力,那就是帮助客户"节约稀缺资源,从而为实现更可持续的世界做出贡献"[5],他还提出了实现这一梦想的一些具体办法。思爱普于1972 年(即首届达沃斯年会举办的第二年)开始运营,曾经开发了一款财务资源管理软件以替代打孔卡片,扩大了财务资源管理的范围,从而使企业走向全球。施杰翰很好奇,如果能更进一步会怎样呢? [6]

如果思爱普也能帮助企业管理能源和淡水等稀缺资源的使用甚至是二氧化碳的排放呢?如果思爱普能利用自身在从原材料到零售等几乎所有行业的庞大客户基础,不只为某一家公司，而是为整条价值链中的所有公司优化稀缺资源的使用呢？如果思爱普能帮助整个世界管理稀缺资源呢？

在这个因资源有限而问题不断增多的世界，帮助企业更有效地管理稀缺资源的能力，以及为世界带来积极影响的机会，永远比企业的季度收益更加激励人心。基于这一思路，我们决定重新审视企业宗旨，并且提出："让世界运行得更好，让人们的生活得到改善。"这一梦想鼓舞人心，其意义远超过向企业销售软件。这将促使我们关注践行企业责任，为世界做出积极贡献。

对思爱普的重新定位使该企业的总体战略发生了根本性改变。施杰翰和同事确定了几个关键点。第一，要想帮助他人减少浪费，思爱普必须以身则。因此，思爱普通过了一项计划，即在 10 年内将企业的二氧化碳绝对排放量削减 50%，尽管企业规模在不断扩大。第二，要制定出明确的相关财务目标。在富有感染力的新宗旨引领下，思爱普认为应以加速发展为目标，以新的战略定位为动力，在保持利润增长的同时实现营收翻番。据施杰翰回忆，"让企业走出优势领域进行重塑需要内在动力，新的宗旨正是这种内在动力的驱动力量。推动我们前进的不是亟须改变的困境，而是渴望改变世界的强烈梦想"。[7]

思爱普的新战略取得了成效，不仅得到了客户的理解，还激励了员工，让员工觉得自己不只是在为一家软件企业工作。思爱普的远大目标和全新宗旨还吸引了股东，他们将思爱普视为模范

利益相关者

企业。作为联席 CEO，施杰翰促进了思爱普新战略的实施，而且看到了初步成果。2018 年，思爱普提前实现了营收翻番和二氧化碳排放量减半的双重目标。尽管施杰翰在 2014 年辞去了联席 CEO 职务，但他仍为这一成果而感到自豪。[8,9] 凭借这些经验，施杰翰承担起变革马士基集团的重任。

事实上，马士基集团有一项重要的无形资产——强烈的核心价值观。"基本原则是人们可以信任我们。"A. P. 穆勒之子、前董事会主席阿诺德·马士基·迈克 – 凯尼·穆勒曾经这么说。这种对信任的关注帮助该集团与客户以及政府建立了持久的关系。除此之外，马士基集团还有五条指引性价值观："时刻谨慎、谦逊尊重、诚实可靠、以人为本、注重声誉。"[10] 虽然这些价值观是在 2003 年，90 岁的迈克 – 凯尼·穆勒辞去董事会主席职务时才正式公布，但它们始终贯穿于穆勒家族对企业的领导。迈克 – 凯尼·穆勒之女安娜·马士基·迈克 – 凯尼·乌格拉是集团董事会副主席，也是第四代家族成员。她在 2019 年写道，这些价值观"承载了企业一个多世纪"。

基于诚实可靠、时刻谨慎、以人为本、注重声誉的价值观，马士基集团显然应该从两个方面采取行动。一方面，马士基集团认识到，其环境足迹正在加剧气候变化和污染等全球性问题。如果马士基集团想继续拥有社会和环境方面的经营许可，就必须做出改变。另一方面，马士基集团如今的经济活动遍布全球，而且经常在几乎不受法律管辖的海域开展，需要对哪些社区履行哪些责任，变得更加模糊不清。

不过，无论走到哪里，马士基集团确实希望能够为社会做出贡献。毕竟，它能发展到现在的规模，离不开第二次工业革命期间斯文堡母港的工业化，离不开丹麦强有力的福利保障制度，也离不开利益相关者经济型社会结构。

马士基集团很快就投入行动。为强化对社区和政府的责任，2017 年初，马士基集团加入了一个由非营利机构组建的工作团队，旨在"重新定义企业的责任文化"。[11] 马士基集团携手志同道合的企业，承诺遵循一套负责任的税务管理原则。[12] 马士基集团表示，这套原则进一步规定了"基本的纳税方法、与当局和其他税务机构的接触方式，以及对利益相关者的报告制度"。

责任承诺制带来了切实的成果。首先，马士基集团开始按年度披露向政府支付的款项，提升了公共互动的透明度与责任感。其次，马士基集团公布了自己在世界各地的全资子公司和非全资子公司名单，排除一切可能对集团活动和会计行为的真实性产生干扰的因素。最后，马士基集团明确了一个目标，即成为"合规且负责的纳税人，压实纳税责任，做到公开透明"。马士基集团的可持续性报告中除了包括其在 ESG 方面的相关举措，以及营收、利润、温室气体排放量等方面的表现外，还开始强调纳税支出。例如，在 2019 年，马士基集团的报告显示，集团针对 57 亿美元的利润缴纳了 4.58 亿美元的企业利润税，实际税率略高于 8%。进入 2020 年，它表示将"继续就税务问题与利益相关者展开对话"，并且"在 2020 年报告中遵循'The B Team 的责任税务原则'"，[13] 以践行成为"合规且负责的纳税人，压实纳税责任，做到公开透明"。

在气候变化方面，马士基集团采取了更加激进的行动。2017—2019年，马士基集团大刀阔斧地剥离了一些利润最高的业务：马士基石油钻探、马士基油轮以及马士基石油。顾名思义，这些业务涉及化石燃料的勘探、开采及运输。马士基集团将这些业务进行出售，或拆分成独立的实体。[14] 这些决策意义十分重大，会对集团的短期盈利能力产生很大的影响。但一旦执行下去，它们就有助于扫清前面的障碍，促使马士基集团步入正轨，成为一家真正的目标驱动型企业。毕竟，马士基集团成立之初是为了将货物运往世界各地，而不是为了竭力开发世界上的有限资源。

随着这些初步举措的实施，利益相关者的责任可以被提升到一个新的层次。施杰翰说，将利益相关者的责任提升到一个新的层次变得十分必要，原因如下。第一，这关乎企业声誉和口碑。由于互联网和社交网络的存在，"说一套做一套"的操作不再可行。一旦言行不一，马士基集团很快就会遭到谴责，维护良好声誉的核心价值观也将陷入危境。第二，这关乎集团的员工和消费者。他们也在要求马士基集团等企业更好地承担社会责任。如果马士基集团达不到他们的要求，那么很可能会遭到新一代消费者和员工的抵制。第三，这关乎投资者。投资者逐渐意识到，基于ESG理念的企业面临的风险较少。2018年，拉里·芬克致贝莱德股东的一封信就是一个典型的例子。如果马士基集团想要获得持续发展并且能够赚到钱，那么关注利益相关者迟早会变得必要。

成为一家以利益相关者为导向的企业就等于获得长期的发展机遇。过去，马士基集团遵循米尔顿·弗里德曼的建议，即企业的职责就是经营。马士基集团最初的业务流程相当直截了当，即通过水路把商品从一个地方运到另一个地方，或者从事其他相关航运业务——直到现在，这依然是马士基集团的赚钱方式。马士基集团开展的企业社会责任（CSR）项目，要么是为了在员工中间营造好感，要么是为了提高企业声誉；无论是出于哪种目的，这些项目都只是关于花钱的问题。然而，今非昔比。由于新技术带来了新机遇，利益相关者导向演变成关于"如何赚钱，而不是如何花钱"，施杰翰这样说道。从股东至上转变为利益相关者至上"不再是'马后炮'"[15]，而将成为企业的核心。但是，如何实现这一点呢？

　　为了找到答案，马士基集团开启了"一场关于企业宗旨的深刻谈话"。"我们为什么成立这家企业？它为什么而存在？"施杰翰发问。"我们追溯历史，探寻企业根源，然后就会发现我们所做的这一切的利益相关者是谁。"他说。

　　然而，在马士基集团，这一尝试没能直接产生令人满意的答案。"我们是一家运输企业，"施杰翰认识到，"我们往各地运输货物。这一企业目标无法令人感到振奋。"但更深入一层后，他找到了答案。"我们为什么运输货物？我们将世界各地的产品生产地连接到全球市场。而且，由于运输成本非常之低，卖方进入全球市场的成本几乎为零，但附加营收相当丰厚。所以，我们通过往世界各地运输产品，来为大家创造生计。"

施杰翰举了香蕉的例子来佐证自己的观点。"最好不要在丹麦种植香蕉，"施杰翰说，因为北欧国家的气候不适宜种香蕉，"马士基集团通过把香蕉从产地运到丹麦，带来了就业、机会和繁荣。"这就是马士基集团的第一个贡献：促进全球贸易，从而创造生计。马士基集团的第二个贡献要归功于它的冷藏集装箱。"把香蕉放到我们的冷藏集装箱中，损耗率只有 0.4%，"施杰翰说，"比起供应链中其他环节平均 40% 的损耗率，我们减少了食物浪费。"

这体现了马士基集团的真正宗旨：不是为了运输而运输，而是为了"促进全球贸易，进而促进发展繁荣，同时大幅减少食物浪费"。瞬间，马士基集团的真正宗旨不再局限于运输货物，而变得更加广泛。集团的工作也能与联合国可持续发展目标挂钩，比如体面工作和经济增长（8），负责任的消费和生产（12），工业、创新和基础设施（9），以及气候行动（13）。

从此，马士基集团再调整企业活动的优先级变得容易很多。石油钻探、油轮及石油销售显然不再符合集团宗旨，而且还会加重环境恶化，因此理所当然地被剥离出去。但是，贸易作为全球经济的另一个方面已经被置于监管之下，确实符合集团的目标。实际上，贸易是马士基集团的核心。马士基集团因而选择捍卫贸易并加大连接世界的努力。

为了确保集团的目标与保护环境不会产生冲突，马士基集团制定了积极的贸易碳排放目标：旨在"使集团业务'脱碳'，将企业的经济增长与二氧化碳排放量脱钩"，还承诺到 2050 年实现净零碳排放目标。以 2008 年为基准，截至 2018 年，马士基集团已经实现了运输业务碳排放量削减 41% 的目标，随后更积极的目标也得到实现。"削减碳排放不是我们的核心大事，"施杰翰说，"但它是一件好事。我们将二氧化碳排放量削减 41%，就相当于节省了同样多的燃料。这不是件坏事。通过减少碳排放，我们能赚到更多钱。"

为了确保集团贸易不只为少数跨国企业带来好处，还能为世界各地的人们创造生计，马士基集团还增加了几项目标，确定为哪些客户提供帮助：它希望"到 2025 年，集团总营收的 10% 以及电商物流营收的 30% 都来自中小型客户"，并且"在 2025 年之前，帮助成立 10 万家从事跨境贸易的中小型企业，其中包括由女性经营的企业"[16]。在制定这些目标的过程中，马士基集团明确赞同一个观点：以利益相关者为导向的企业是关于赚钱而不是关于花钱的。这一点能被证明是正确的吗？

就像许多企业一样，马士基集团的变革任重道远，很多目标尚未得到充分实现。不过，马士基集团进行了有针对性的尝试，思考如何能为可持续发展目标做出贡献，还致力于实现面向集团所有利益相关者的目标，从而极大地扭转了集团的发展方向。正如施杰翰所说，员工获得了"早上起床"的新动力，投资者有理由对马士基集团保持长期的热忱，而不再总想着将其剥离出投资组合，监管者有理由对马士基集团更加认可，不再执着于对其实施限制措施。马士基集团恪守诚信并付出行动，促使集团价值观落地开花。

　　关于如何打造以利益相关者为导向的企业，马克·贝尼奥夫的做法与马士基集团截然不同。这位 Salesforce 创始人已经建立起一项未来事业。有一种观点很乐观，并且成为主流，那就是：科技企业所带来的创新成果改善了人们的生活，降低了产品的价格；过去的重工业会对气候产生负面影响，但科技企业不会，而且科技企业的员工薪酬很高，还能享受最好的津贴。

　　作为第四代旧金山人，贝尼奥夫从小就接触科技行业，他深信这一行业本身正在出现问题。无论是对于早期的企业，比如欧洲的马士基集团，还是对于早期的湾区企业家，比如贝尼奥夫的父亲（曾经经营一家名为 Stuart's 的服装连锁店），核心价值观都至关重要。对于这些企业，信任、声誉、可靠性从来不是营销的噱头，而是企业运营的核心要素。贝尼奥夫认为，如今的大型科技企业最根本的问题在于缺乏这种核心价值观。

　　新一代科技企业是第四次工业革命的产物，它们所遵循的信条是"快速前进、打破常规"[17] 以及"请求宽恕而非许可"。[18]在这个新的商业世界中，一切都变得可塑、可变、可再造，传统的价值观似乎已经成为明日黄花。

　　贝尼奥夫成长于旧金山，起步于科技行业。这位企业领袖认识到，企业缺乏核心价值观是有问题的，因为价值观是其他一切行为的根源。不过，与贝尼奥夫持相同观点的革新者和投资者寥寥无几。对于大多数企业家来说，他们正带来全新的产业，正在打破传统的企业惯例，并且获得了巨大的成功与高度的评价。这些让他们有信心对企业责任、企业管理以及建立信任等概念做出重新解读。

贝尼奥夫还认识到，硅谷存在竞争问题。互联网刚兴起时，包括他自己在内的许多企业家都有机会创办企业，竞争客户资源，抢占市场份额。但近年来，市场已经逐步集中到少数大型科技企业的手中。由于机会缺失，新企业的数量跌至前所未有的低点，不少初创企业更是无力应对，索性寄希望于被某家主导性企业收购。这种情况不仅抑制了竞争，还扼杀了创新，同时形成了一种单一文化，不利于新颖、多样化观点的形成。

然而，在大型科技企业看来，成为行业寡头甚至垄断企业不仅不存在问题，反而还是企业奋斗的目标。贝宝和帕兰提尔（Palantir）科技公司的联合创始人、脸书的早期外部投资者彼得·蒂尔曾在 2014 年的一篇社论中有力地说明了这一点，还被《华尔街日报》刊为头条：《竞争是留给失败者的》。[19] 关于谷歌，蒂尔写道：

> 像谷歌这样的垄断企业应另当别论。谷歌因为无须担心任何竞争问题，所以有更多的余地去关心企业员工、产品，以及企业对更大范围的世界所产生的影响。谷歌所打出的"不作恶"（Don't be evil）口号既是一种品牌策略，也是某种企业的特征——这种企业已足够成功，能够在不危及自身生存的情况下认真对待道德问题。

在商界，金钱十分重要，甚至就是一切。垄断企业有资本考虑赚钱以外的事情，而非垄断企业没有这种资本。在完全竞争中，企业过于专注眼前的利润率，根本不可能对未来做长远打算。只有一样东西可以让企业超脱日常生存的残酷斗争：垄断利润。

蒂尔以一种富有挑衅意味的方式重述了弗里德曼的观点：只有垄断企业才能为良好的企业行为买单。他戏谑地挑战着科技企业家的信念：由于他们的理想主义与成功，他们的技术和产品会自动地让世界变得更加美好，因此不应对他们加以限制。但这也是米尔顿·弗里德曼的竞争学说所带来的结果。该学说认为，市场集中和垄断本身并非坏事，只是可能会带来消费价格增长。这种关于竞争的观点不仅在弗里德曼支持者的心中根深蒂固，而且根植于美国政府的反托拉斯议程，还深深地影响着各大商学院的一贯做法。鉴于硅谷向消费者提供的产品几乎都是免费的，所以不存在消费价格增长的问题，但这就能确定没有其他问题吗？

对于生活在世界上其他地区的人们来说，硅谷企业家的经济观点往往听起来很奇怪。在欧洲，监管者认为垄断市场是有问题的，不仅因为垄断会影响消费价格，还因为垄断企业会存在其他滥用市场权力的行为。"要求买方只向一家主导企业采购特定产品的所有配件"（独家采购）、"将价格定在亏损水平"（掠夺性定价）、"拒绝为衍生品市场中的竞争提供必需的投入"[20]等都是问题所在。运用这些定义，欧洲监管者对微软和谷歌等大型科技公司进行了反垄断罚款，还对苹果和亚马逊持续开展调查。[21]

最后，在贝尼奥夫看来，不平等程度的不断加剧是一个尤为突出的问题。尽管他拥有数十亿的财富，但也无法置身事外。一方面，贝尼奥夫与其他的企业创始人、企业投资者及企业员工都发展得非常好。另一方面，一些不太富裕的旧金山市民的发展机会和收入被严重剥夺，以至他们真的开始"向谷歌巴士扔石头"（谷歌巴士是一项私营交通服务，技术工人乘坐谷歌巴士在旧金山的住所与谷歌办公园区之间通勤）。包括作家道格拉斯·拉什科夫（著有《向谷歌巴士扔石头：增长如何成为繁荣的敌人》一书）在内的一些观察家意识到，很多迹象都显示大型科技企业会使贫富差距扩大，"向谷歌巴士扔石头"只是众多迹象之一。而且，如果不加以控制，这种情况会更加糟糕。但一些人对这一问题直接视而不见。旧金山作为美国最富有的城市之一，所面临的无家可归者问题正在失控。即便如此，大多数企业家并未认识到自己可以或应当为解决该问题出一份力。截至 2019 年，旧金山已经有超过 8 000 名无家可归者，比两年前增长了 17%。[22] 这一现实与该市在 2004 年立下的 10 年内解决无家可归者问题的伟大目标相去甚远。[23] 对于像贝尼奥夫的父亲那样的商人来说，解决这种问题是企业义不容辞的责任。但是，当旧金山的科技界被呼吁出资解决问题时，大多数人选择了沉默。多年来，包括硅谷企业在内的许多大型科技企业纳税极少，要么是因为企业的扩张道路导致它们转盈为亏，要么是因为企业实施了全球税收优化计划，即在子公司之间转移利润以应付不同的税收制度。考虑到这一事实，旧金山的科技企业逃避责任的做法尤其令人大跌眼镜。

贝尼奥夫从各个方面做出了回应。他认识到，科技行业无法在短期内重新获得人们的信赖，但眼下可以采取一些措施来塑造良好的信誉。他倡导自己的企业从事那些他认为对整个社会有益的事业，即使这些事业未必有利于巩固他在业内的地位。贝尼奥夫认为，这么做有助于让人们相信，他所在企业的领导层并不是只关注利润和增长，而是会考虑更广泛的影响。他写道，"技术并非万能之计"，并指出新技术会带来的负面影响（尽管有时并非有意导致）。[24] 贝尼奥夫认为，新技术已经带来新的压力与风险，随之而来的是新的道德问题。他还提醒同行，企业致力于获取大众信任绝对是至关重要的，即使这意味着短期的利润会降低。"可信赖应当是企业的最高价值观，"他在达沃斯年会上说，"否则就会有坏事发生。"

2016 年，贝尼奥夫进一步发起倡议。他开始呼吁欧盟委员会反垄断专员玛格丽特·维斯塔格以及其他监管者考虑拆分大型科技企业。他认为，有的大型科技企业只顾遏制竞争、捆绑用户，并不能带来创新。"我们已经发现，有些企业收购其他企业是为了创建可能的专属数据流，从而打造竞争壁垒，"他说，"所以，如果美国政府继续对此置之不理，其他政府就会采取行动。"[25] 在接下来的几年，他不断发起类似的呼吁。贝尼奥夫坚信，许多企业都在违反隐私标准，滥用数据，因为监管者一直"玩忽职守"。所以，他在 2019 年利用达沃斯这个平台呼吁加强监管时，并不让人觉得惊讶。"如果 CEO 们不愿履行责任，"他说，"那么我认为除了政府介入别无选择。"[26]

从科技行业的总体竞争格局来看，这些呼吁也是可以理解的。如果微软或脸书等能够收购领英或 WhatsApp 这样的企业，那么 Salesforce 可能会遭受负面影响。但是，随着时间的推移，贝尼奥夫直言不讳的立场确实激励了其他人采取类似的措施。一些大型科技企业的领导者，比如苹果公司的蒂姆·库克，开始呼吁对他们难以独自决策的科技领域进行监管。尽管这种姿态被巧妙地用于针对其他竞争对手，但它确实表明科技企业已经开始反思自身行为所产生的社会影响。

"技术有潜力让世界不断变好，"苹果公司 CEO 蒂姆·库克在 2019 年达沃斯年会举办之前写道，"但如果使用技术的人没有充分的信念和信心，技术就无法发挥出这一潜力。"[27] 由于美国缺少类似于欧盟《通用数据保护条例》的规定，蒂姆·库克提出了自认为应当指导美国立法的 4 条原则：尽量减少个人数据的使用；个人对于谁在使用自己的数据享有"知情权"；个人对于自己的数据享有"访问权"；个人享有"数据安全得到保障的权利"，"数据安全得不到保障，信任是不可能存在的"。

2020 年，脸书 CEO 马克·扎克伯格加入了要求政府加强监管的行列。他建议欧盟委员会考虑对政治广告、用户数据可移植性实施更加严格的规定，对脸书这样的科技企业进行更严格的监督，这样监管就能"在企业犯错时追究其责任"。[28] 但重要的是，他还支持新的税收规定。"科技企业应当服务于社会，"他写道，"在企业层面也是如此，所以我们支持经合组织努力为互联网行

业制定公平的全球税收规则……健全的监管制度可能会有损脸书
当前的利益，但从长远来看，它将对包括我们在内的所有人都更
加有利。"

这些提议很容易遭到批评，而且不难看出，它们也是全球
激烈竞争的组成部分。尽管如此，这些提议仍然具有重要意义，
因为它们标志着主导第四次工业革命的科技行业进入了新的成
熟阶段，也标志着我们向更加完善的科技行业监管制度迈出了
一步。

归根结底，要成为关注利益相关者的企业，关键在于行动，
而不是言语。对于贝尼奥夫而言，这意味着至少可以从两个方
面采取行动。首先，贝尼奥夫意识到包括 Salesforce 在内的许多
硅谷企业在多样性方面存在问题，于是他聘请了一家外部咨询
公司，来审查企业的薪酬状况及人力资源管理活动。结果显示，
Salesforce 在薪酬上存在性别差距，这促使该企业管理层对工作
相当但薪酬更低的员工的合同进行了调整。其次，当旧金山（贝
尼奥夫和家人从小就住在这座城市）的无家可归者问题摆在贝尼
奥夫的眼前时，他决定发声支持对包括 Salesforce 在内的大型科
技企业征税，从而资助该市采取结构性措施解决无家可归者的问
题。这项提议被称为"C 提案"（Proposition C），具体是主张针
对总部位于旧金山的企业营收超过 5 000 万美元的部分征收 0.5%
的税。[29] 其他或将受到影响的科技企业 CEO 发声反对这项提议。
对于贝尼奥夫，这是一种回馈社区（贝尼奥夫及其企业称之为家
的地方）的一种方式。在《纽约时报》的一篇社论[30]中，他直白

地表明自己支持该提议的理由。他表示，利益相关者资本主义时代已经到来。

　　C 提案是针对企业在我们的社区乃至我们的国家中扮演的角色实行的一次全民公决。企业的职责不再只是经营。我们的义务不只是为股东增加利润。我们必须坚持对更广泛的利益相关者负责，即消费者、员工、环境以及我们工作和生活所在的社区。那些拥有最多财富的企业和企业主是时候挺身而出，回馈我们当中最脆弱的群体了。

　　贝尼奥夫和施杰翰等企业领导人及其所领导的企业正是在用行动支持自己的言论，提醒人们在第四次工业革命时代企业应肩负更广泛的责任。在这个时代，企业应当开阔视野，而不是只关注损益表。先驱者们已经展开行动。

　　对于那些愿意选择这条路径的企业，它们所关注的方面与施杰翰、贝尼奥夫等人已经确定的方面十分相似：

- 接受公平的竞争环境。
- 努力改善工作环境和员工福祉。
- 支持企业所在的社区。
- 注重保护环境及企业发展的长期可持续性。
- 支付企业应缴的税款。

这些都是在 2020 年《达沃斯宣言》中被明确规定的行动，它符合我们的利益相关者模式中所规定的为所有利益相关者的利益而行动的一般概念。如果每一家企业都致力于实现这些目标，并解决根本问题，那么股东资本主义的许多过度行为将被自动根除。马士基集团和 Salesforce 的案例就是这一论断的有力证明。

这是否意味着我们的企业变革要完全依赖执行领导层的善意？答案是否定的。众所周知，管理往往要依靠数字，这种利益相关者责任也必须能够加以衡量。正如上一章已经简单提到过的，我们最近已经在该方面迈出了一大步。2020 年底，由美国银行 CEO 布莱恩·莫伊尼汉领导的世界经济论坛国际工商理事会[31] 提出了"利益相关者资本主义指标"。这些指标用数字来衡量企业在完成 ESG 目标方面的进展，从而促使企业不只是为了利润而进行优化。利益相关者资本主义指标具体如下：[32]

- 治理原则支柱，包括的指标和披露内容涵盖公司既定目标，董事会构成（相关经验、性别、少数群体成员、利益相关者代表），利益相关者参与情况（确定了哪些对利益相关者来说比较重要的议题，如何就这些议题与利益相关者开展讨论），反腐败措施，违反道德及法律行为的报告机制，以及影响业务开展的风险与机遇。

- 环境支柱，包括有关气候变化的指标，如相关的温室气体排放（以及为实现《巴黎协定》目标所制订的计划），还涉及企业活动的土地利用和生态敏感性、缺水地区的水资源利用和消耗。

- 员工支柱，包括的指标涵盖多样性和包容性，薪酬平等（针对每一对相关群体：女性与男性、少数族裔群体与多数族裔群体等），工资水平（CEO薪酬与员工薪酬中位数之比、基本工资与法定最低工资之比），童工、强制劳动、健康与安全事故风险（事故数量和如何避免事故的说明），以及企业所提供的培训。

- 繁荣支柱，包括的指标涵盖员工流动性和雇用人数，企业所做的经济贡献（体现为工资、社区投资等形式的积极贡献，以及体现为接受政府援助等形式的消极贡献），金融投资和研发费用，以及企业支付的总税收（包括企业所得税、增值税和营业税、财产税、雇主支付的工资税等）。

通过在报告中披露这些指标，管理者和董事会能够明白需要在何处调整策略，其他的利益相关者（比如员工、客户、供应商、投资者、非政府组织以及政府）能够判断以利益相关者为导向的企业的业绩。这些利益相关者资本主义指标切实可行，有望到2022年实现普及应用。这是因为利益相关者资本主义指标得到了广泛的支持：美国银行、荷兰皇家帝斯曼集团和荷兰皇家飞利浦公司等先驱者，以及上述的马士基集团和Salesforce等都纷纷表示支持。在就这些指标展开商讨的过程中，140位国际工商理事会成员中有2/3的人都表示支持，其中包括许多世界级大企业的领导者。主流的会计师事务所，即所谓的"四大"（德勤、安永、毕马威和普华永道），还协助制定了这些指标。它们致力于推动这些指标成为一项全球标准。这样一来，在将利益相关者资本主义从理念变为现实的过程中，应用利益相关者资本主义指标成为一个重要步骤。

这并不代表企业将会被束缚住手脚，也不代表企业只要采用ESG 衡量体系就能畅通无阻。本章中提到的许多企业已经明了成为以利益相关者为导向的企业对于自身的意义，但有些企业还没能做到这一点。对于这些企业，应用利益相关者资本主义指标能够起到帮助作用。这项任务的重要性是空前的，因为投资者正逐渐对那些只顾眼前利益的企业失去耐心。在这方面，以贝莱德公司创始人兼 CEO 拉里·芬克为例。贝莱德公司是一家管理着超过 6 万亿美元资产的投资公司，[33] 是世界上最大的私人资产管理公司，也是全球许多大型上市公司的大股东，拥有不可忽视的发言权。

几年前，芬克和他的一些投资经理开始对那些只关注短期经济利润，而不关注更广泛的利益相关者目标的企业敲响警钟。这种短视的做法会对社会、地球造成相当大的损害，并且最终会损害投资者和企业本身的利益，因此亟须做出改变。芬克在 2018年写给他所投资企业的 CEO 的年度公开信中传达了这一要点。"社会正在要求企业服务于社会，不管这些企业是否上市，"芬克在信中写道，"为了实现长期的繁荣，每一家企业都必须发布财务业绩，还必须表明其如何为社会做出积极贡献。"

在以利润为导向的华尔街文化中，芬克所传达的信息令股东和观察家都十分吃惊。"这可能会是一个转折时刻，"《纽约时报》专栏作家安德鲁·罗斯·索尔金写道，"引发了关于资本主义本质的各种问题。"[34, 35] 但有些人认为，这一时刻终于在最后关头到来。正如《金融时报》的吉莉恩·泰特在其专栏中提到，即便当贝莱德公司在其年度公开信中倡导ESG理念时，"环保组织还在控诉这家资产管理公司继续通过其主要投资产品，将大量资金注入化石燃料等行业"[36]。

在芬克发布了那封具有标志性意义的公开信之后，贝莱德公司（敦促其利益相关者就ESG问题采取更多的行动）与气候活动家（批评贝莱德公司做得不够）之间的针锋相对持续了数月乃至数年。2019年，美国的一家倡议组织"多数行动"（Majority Action）通过计算发现，作为股东，贝莱德公司投票赞成企业气候决议的次数仅占总投票次数的12%。[37] 对此，芬克在2020年的公开信中传达的信息是，贝莱德公司将"在投资过程中把可持续性置于核心地位"[38]。当不久之后再次被指控"气候伪善"时，贝莱德公司的回应是，"处罚了50多家没能在气候变暖问题上取得进展的企业"[39]，还对其持股的另外191家企业提出警告，"如果没有取得实质性进展，它们有可能在2021年被投反对票"。

在接受本书作者访谈时，芬克仍继续坚守自己的ESG承诺。他表示，重要的不应当是短期利润，而应当是企业的长期生命力。有了这样一个更长远的目标，"利益相关者资本主义模式能创造更大的利润，"芬克说，"如果一家企业能与所在社会保持更加良好的关系，社会也愿意与这家企业有更多的来往。"[40] 即使从资本主义的角度来看，利益相关者模式也是更适宜的，芬克说，因为"只关注股东资本主义的企业走得还不够快"。它们没有看到会对自己产生长远影响的宏观趋势，例如新一代消费者不断变化的社会偏好和关切所在。它们盲目追逐利润和增长，却不知道利润和增长背后的驱动力量。这或许终将成为导致这些企业衰败的因素。在这方面，我们来看看美国安然公司的例子，并以此作为本章结尾。

*　*　*

以股东为单一导向会有许多风险，安然公司就是一个很好的例证。这家总部位于得克萨斯州的企业集团成立于 20 世纪 80 年代中期，由休斯敦天然气公司和北方内陆天然气公司合并而成，这两家能源公司起家于天然气等化石燃料的勘探、生产和分销。[41] 就员工人数和对 GDP 的贡献而言，这两家能源公司分别在得克萨斯州和奥马哈市留下过辉煌的足迹。沿着利益相关者的思路重新考虑安然公司的宗旨，或许能够引人思考关于这两家天然气公司如何在这两个地方继续发挥影响力。随着时间的推移，这两家公司也许能够调整方向，在得克萨斯州和奥马哈市生产可再生能源，或者转型为研发公司，专门致力于提高能源效率，改善其能源供应对象的生活条件。但是，正如我们所知，事实并非如此。

在 20 世纪 80 年代和 90 年代的并购和放松管制浪潮中，安然公司的新任领导层转而从事多样化且短期收益更高的业务。公司开始涉足短期能源交易，变得更像一家金融服务公司，而不是能源企业。它还出于账目方面原因成立了几家专门用于隐瞒成本、虚增利润的公司。一有合适的机会，它便立即抬高其所控制区域的能源供应价格，从而给公司带来巨额利润，但给消费者带来了灾难性后果。安然公司管理层没有面向利益相关者的长远定位，只考虑在短期内扩大营收和利润。在数年里，这种做法取得了超乎想象的成效。安然公司成为不断扩张的企业集团，营收和利润简直羡煞旁人。而除内部人员外，其他人尚不清楚它的成功主要建立在欺骗和腐败之上。因此，安然公司多次被誉为最具创新精神的财富 500 强企业。安然还吸引了众多投资者和员工，这些人渴望成为这家表面上十分成功的企业的一分子。

但事实证明，安然公司的成功是一个谎言。公司管理层非但没有提高盈利能力，反而在隐瞒成本、虚报营收、误导投资者和政府监管人员方面做得越来越好。2001 年真相浮出水面后，安然公司别无选择，只能宣布破产。其 15 年来的所作所为结果只是一场骗局。包括 CEO 和 CFO（首席财务官）在内的多名公司高管被判犯下欺诈罪。[42] 安然公司的管理层单纯地关注创造利润并提高股东价值，最终却适得其反。投资者被欺骗，因为安然公司的实际价值远远达不到其最高估值。

不过，安然公司的案例给我们带来了一个启示。在根据美国破产法典第十一章完成破产程序后，公司业务中还剩下一个有价值的部分——北方内陆天然气公司，这是最初合并为安然公司的那两家天然气公司之一。尤其是其旗下的北方天然气分公司。这家分公司自 20 世纪 30 年代初开始运营，直到当时还活跃于内布拉斯加州奥马哈市。事实证明，北方天然气分公司始终坚守成立时的初衷：向奥马哈居民供应能源。

为北方天然气分公司找到买家并不难。在奥马哈生活了一辈子的亿万富翁投资者沃伦·巴菲特从最初的收购者手中买下了这家分公司的剩余部分，[43] 并将其发展成自己的伯克希尔·哈撒韦能源公司旗下的一个成功分支。这家公司直至今天仍然活跃。至于它成功的原因，在于它转向了更加以利益相关者为导向的使命。伯克希尔·哈撒韦能源公司表示，北方天然气分公司"不只运输天然气，还为客户提供改善生活的方案、工具和资源"[44]。这一教训经验非常值得铭记。

* * *

至此，我们已经对以利益相关者为导向的企业及其领导层的情况有所了解。接下来，我们将分析另一个在经济和社会中发挥着重要作用的利益相关者。

第十章

利益相关者模式在国家、公民社会和国际社会层面

新冠肺炎疫情期间的新西兰

在 2020 年 3 月的最初几周，新西兰总理杰辛达·阿德恩和她的内阁部长们面临一个重大的两难选择：要么对国家实施严格封锁以阻止新冠肺炎病毒的传播，要么保持开放以避免经济陷入急剧衰退。起初，这似乎是一个典型的双输局面：要么牺牲生命，要么牺牲生计，而且很有可能两者都保不住。作为一个拥有强大的医疗保健体系的偏远岛国，新西兰比大多数国家都更有可能经受住新冠肺炎病毒的侵袭，而且是在不采取严厉措施的前提下。但与此同时，在意大利、伊朗等国，新冠肺炎病毒的无序传播对公共健康和经济都造成严重的影响，这为新西兰敲响了警

钟。新西兰要想两害相权取其轻，应该采取哪一种政策取向？

阿德恩及其政府的一个有利条件在于，可以吸取其他地区早期抗击新冠肺炎病毒的经验教训。2019 年底，该病毒首先在中国武汉被发现。到 2020 年初，随着该病毒开始在中国其他地方传播，人们迅速确认这是一种传染性极强且可能非常致命的病毒。到 2020 年 2 月，新冠肺炎病毒的传播已经开始呈指数级增长。不久之后，世界其他地区也逐渐认识到这场大流行病的发展局势多么严峻。随着新冠肺炎病毒先是在泰国、日本、韩国等亚洲国家蔓延，而后又在欧洲、中东、澳大利亚扩散，新西兰这个位于太平洋上的岛国开始日渐担忧，其政府越来越坚定决心，要吸取其他地区的教训。

随后，新冠肺炎病毒蔓延至新西兰。2 月 28 日，新西兰出现了首个新冠肺炎病毒检测阳性病例：一名从伊朗返回的旅行者。在随后的几天里，新西兰陆续报告了更多病例，其中包括第一个本地传播病例。到 3 月中旬时，新西兰每天报告的新增病例达到几十个。内阁成员与国家高级卫生专家开会时，意见不一。根据艾丽斯·克莱因在《新科学家》（ *New Scientist* ）杂志上的报道，一些专家支持采取相对宽松的措施，参照瑞典应对疫情的方法。[1]（这个斯堪的纳维亚国家没有强制关闭商店、学校和工作场所，最终有数万人感染了新冠肺炎病毒，其中有数千人死亡。）另一些专家则主张采取更积极的应对方法，实施严格封锁，中止几乎所有的经济活动，禁止人员流动。他们希望通过这种方法使新冠肺炎疫情增长曲线渐趋平缓，[2] 但这也并非毫无争议。流行

　　　　　　　　　　　　　利益相关者

病学家迈克尔·贝克支持采取更加强硬的抗疫计划，但他的一些同事则认为他的计划过于激进。据他说，"有些人将这比作杀鸡却用宰牛刀"。[3]

3月21日，阿德恩总理向公众宣布了新西兰政府的决定。他们决定采用贝克等人倡导的强硬抗疫计划。这意味着新西兰的公共生活将几乎在一夜之间陷入停滞。每个公民都必须待在家中，学校停课，所有非必要的商店都要关门，经济将遭受重大打击。在第一次封锁生效的几天后，阿德恩就政府所要采取的措施发表讲话。她没有过多地强调这些措施会带来的经济后果，而是指出了她认为更重要的东西。"如果不采取我刚才宣布的那些措施，可能会有数万名新西兰人死于新冠肺炎病毒。"她通过国家电视台向民众说道，"在接下来的几周里，你们将要牺牲很多东西，要放弃与他人接触，要进行隔离，要独自应对带孩子的难题——所有这些牺牲都会实实在在地拯救生命，拯救数千人的生命。"她说，在她看来，"最糟糕的情况是人们根本无法承受的，这将意味着我国会遭遇有史以来最大规模的人口损失，我不会冒这个险"。[4]

对于阿德恩来说，这是一项大胆的举动。就在两年多前，37岁的她成为世界上最年轻的女性领导人。[5]不过，她确实获得了很直接的支持。该国很多极具影响力的领袖人物从一开始就支持政府的计划，其中就包括新西兰最大零售商的创始人斯蒂芬·廷德尔。[6]4月初，廷德尔在接受《华盛顿邮报》的一次电话采访时说道："如果我们当初没有足够迅速地关闭商店，那么痛苦将会延续很长一段时间。"在这名商人看来，正确的做法应该是着眼全局，而不应该视角太过狭隘，过度关注自己的企业受到的短期影响。民众的服从度也很高，这或许部分得益于他们的总理走的是共情路线。"要友善，"在请财政部部长和警察局局长报告相关的经济后果和执法问题之前，阿德恩这样告诉民众，"我们需要的是，你们能够互相支持。今晚就回家，看望一下你的邻居，与你所在街道的人都建立起电话联系渠道，计划好如何与彼此保持联系。我们会一起渡过这个难关，但前提是我们必须团结起来。要勇敢，要友善。"

阿德恩及其政府，还有新西兰人民所做出的迅速反应取得了成效。在短短几周内，这个国家的每日新增感染病例数量开始下降。5月，随着新西兰每日报告的新增病例数量下降至不到5例，放松封锁的曙光初现。到5月下旬时，新冠肺炎病毒在新西兰本地的传播已经被彻底阻断。在确诊病例不再新增后，新西兰于6月结束了所有的内部封锁措施。到7月时，这个国家已经连续两个多月无新增病例（不过，确实有一些从境外回国的新西兰人在隔离期间检测出新冠肺炎病毒阳性）。在新冠肺炎病毒带来的"第一波"危机中，新西兰的累计死亡病例不超过25（新西兰的总人口接近500万），公共生活和经济活动用了不到3个月时间就近乎恢复至常态。当然，新西兰的经济确实遭受重创。根据奥塔哥大学经济学家的分析，新西兰在2020年第一季度GDP收缩了1.6%，创下了1991年以来最大季度跌幅。[7]2020年10月，据国际货币基金组织估计，新西兰全年经济收缩幅度将超过6%，[8]

一方面是因为早期封锁措施带来的直接影响，另一方面是因为旅游等行业的整体下滑。

但对于一个已经不再迷恋 GDP 增长的国家和领导人来说，短期的经济成本是他们愿意付出的代价。这种付出在短期内就会得到回报，具体体现在人力成本方面；此外，它还有望在长期得到回报，因为经济生活恢复正常的速度较快。短期回报已经成功显现，长期回报要在几个季度后才会明晰。

新西兰之所以能够做出这一选择，原因可能还在于其结果可以相对容易地用其他标准来衡量。就在一年多以前，新西兰创建了一个"生活标准框架"（LSF）衡量体系，其中包括广泛的福祉指标，以补充现有的仅围绕 GDP 增长的衡量标准。该衡量体系旨在提供"有关政府间福祉优先级的政策建议"，并且会定期更新。如果用这种更广阔的思维方式来看待新冠病肺炎疫情，会发现新西兰人所采取的应对方式是非常有道理的。短期内，GDP增长确实可能会受到冲击，但健康、安全和保障以及社会关系等LSF 衡量体系中的所有指标都会从中受益。该衡量体系的建立本身并不是目的，而只是新西兰在采取另类治理方式时所用到的各种工具之一。这种治理方式符合利益相关者资本主义的根本原则和信念：如果一个社会中的每个人都能发展良好，那么这个社会也能发展良好；进步并不是仅体现在利润和 GDP 层面，每个人对社会和经济的贡献都需要被重视，高层的有效领导和社会基层的赋能授权同样重要。

这种涵盖各个方面的利益相关者方法，无论从长期还是从短期来看，无论是对于企业还是对于员工，无论是在顺境下还是在逆境下，都能取得成效。在新西兰的新冠肺炎病例清零几个月后，当地的一些研究者谈到他们认为这个国家抗疫如此成功的原因。梅西大学传统、新闻和营销学院的高级讲师贾格迪什·撒克博士在 2020 年 7 月告诉《卫报》："我们整个国家之所以能够团结一心，部分原因在于我们相信我们的政治和卫生专家能够履行承诺，而且他们确实做到了这一点。"[9] 此外，这些研究者还发现，"几乎所有的新西兰人都正确地认识到有关新冠肺炎病毒的重要事实"，并采取相应的行动，勤洗手，保持社交距离。[10] 事实证明，在与新冠肺炎病毒的这场持久战中，这是一个获胜之计。2020 年 8 月，新西兰一家肉类进口工厂的工人及其家庭成员被确诊新冠肺炎。面对疫情的反弹，新西兰已经做好准备再次战斗。正如《纽约时报》所总结的，[11] 这个国家秉着同样的决心，再次实施阿德恩总理的"重拳出击、尽早行动"策略，在短短几周内就击退了第二波疫情。2020 年 10 月，新冠肺炎病例再度清零后的新西兰举行了大选。因为阿德恩政府的做法获得民众的赞许，阿德恩在这次大选中获得了历史性胜利。

* * *

新西兰的情况反映了一个更广泛的趋势。在世界范围内，新冠肺炎疫情充分暴露了哪些国家在应对大流行病方面有所准备，哪些国家准备不足。一些观察家指出，那些应对新冠肺炎

　　　　　　　　　　　　　利益相关者

疫情有力的政府存在一个显著的共同点：由女性担任领导者的政府似乎做得更好。事实上，在2020年6月，（利物浦大学）研究员塞伯利亚·加里基帕蒂（Supriya Garikipati）和（雷丁大学）研究员乌玛·坎班帕蒂（Uma Kambhampati）从统计学角度证实了这一发现。[12] 她们认为，德国、丹麦、芬兰、冰岛以及新西兰等由女性领导的国家在应对疫情方面确实比大多数国家做得更好。研究人员认为，其原因在于女性领导者采取了"积极主动且协调一致的政策应对措施"，而且她们身上有一些共同特征，比如倾向于规避风险（这使她们在疫情尚未导致大规模死亡时就及早采取封锁措施），富有同理心。[13] 还有学者、（据说还有）记者声称，女性领导者通常更具包容性，愿意接受多元化观点，并且相信科学。[14]

我还从中观察到另一个共同点：许多在这场特殊的危机中应对得力的领导者，都采取了一种"全社会"应对策略。他们会顾及所有的利益相关者，并且使他们全都参与其中。正如我们前面所说的，这种策略[15]不仅是成功抗击病毒的有效方法，而且是领导一个国家、一个城市、一个州或一个社区的最佳方式。因此，接下来让我们来看看政府采取利益相关者策略通常是何种情况。

国家政府的关键任务

在现代社会，国家政府和地方政府如何能够更好地履行职责，这一直是一个很难回答的问题。正如我们所看到的，近年来，许多政府面对技术进步反应迟缓且应对不力，难以保持税基稳定，无法控制不平等现象，对自由市场的监管也越来越艰难。政府在这些方面应该如何做出改善？

回归 20 世纪的经济意识形态显然没有任何意义。保护主义和闭关自守策略是不可持续的。许多国家在 20 世纪就已发现，那些手段会导致物价上涨，技术进步放缓，社会更加贫穷，繁荣无法实现。许多之前的苏联加盟国和奉行封闭经济的国家都已经印证这一点。但与此同时，自由放任或完全不干涉经济也并非良策。那些实施自由放任策略的国家，不平等程度往往急剧上升，从而引发民众和政界的反对情绪。在 21 世纪第一个 10 年或第二个 10 年中，包括阿根廷、巴西、玻利维亚、墨西哥和委内瑞拉在内的许多拉丁美洲国家从新自由主义转向"21 世纪社会主义"，部分原因就在于之前过度依赖市场导致了严重的经济不平等。这种经济策略的摆动往往导致了灾难性的结果。

政府要想发挥最大的效用，应该遵循一条更加务实的路径。最简单来说，在利益相关者模式中，政府的主要作用是实现公平的繁荣。这意味着政府应该使每个个体行为者都能够最大限度地实现繁荣，但前提是要以对民众和地球都公平的方式。政府应该通过以下三种主要方式实现这一点。首先，政府应该重视每个人对社会做出的贡献，为所有人提供平等的机会，并在过度不平等现象出现时加以遏制。其次，政府应该为在自由市场上运作的企业充当仲裁者和监管者。最后，政府扮演着为子孙后代守护地球环境的角色，要制止破坏环境的活动。

就政府的第一项任务——确保机会平等和遏制过度不平等而言，我相信最有效的政府必然要专注于三个古老的社会需求：教育、医疗和住房。鉴于当前世界人们还越来越依赖在线活动，我还可以补充一点——数字连接应该成为社会的第四个核心需求。无论是在中国还是美国，这些领域都关系到社会中的每个成员，而且政府面临的最大挑战往往就来源于这些领域。

我们首先考虑前三个需求，即教育、医疗和住房。以中国为例，清华大学经济管理学院院长白重恩[16]告诉我们，"就所观察到的不平等现象而言，这些是最重要的因素"[17]。据他说，随着中国经济从 20 世纪 70 年代末开始逐步开放，"并不是每个人都有同样的机会。有些人比其他人更容易获得资源，这不仅无法缓解不平等，而且于经济增长无益"。尤其是，城市居民更有机会获得医疗、社会服务和教育资源。与之相比，中国的农村医疗保险直到 2003 年才开始实施。孩子的教育资源则一直都与其父母的户口或居住证挂钩，没有城市户口的孩子往往就无法就读于城里那些高质量的学校。即便是在城市居民内部，也有一些人比其他人在获得住房上享有优先权。随着时间的推移，城市不断发展，而且所谓的一线、二线城市发展势头尤其强劲，最初的不平等状况进一步扩大，导致了系统性的不平等，许多人缺乏机会。（白重恩提到，到 2010 年前后，中国的基尼系数达到峰值，劳动收入在 GDP 中所占的份额触底，受过教育的劳动者的技能溢价开始下降。这些指标都表明，尽管劳动者的劳动技能有所提升，但收入不平等已经达到历史最高水平。）

美国人对于教育、医疗和住房资源不平等的故事也一定不陌生。最著名的是，种族隔离和种族分区政策的实施导致的结果是，直到 20 世纪下半叶，许多美国城市中较好的学校、社区和工作岗位仍将非裔美国人拒之门外。在这一过程中，私营部门也扮演了重要角色。这方面最广为人知的做法就是所谓的"红线歧视"[18]，即银行基于种族主义标准来批准或者拒绝某些地区居民的银行贷款申请。如今美国的社会正义运动背后的驱动因素之一就是，尽管有早期的《民权法案》以及后来的立法改革，但许多系统性不平等现象从未真正消失。此外，教育、医疗和住房领域的不平等并不全都源于种族歧视。直到今天，美国许多一流大学都存在所谓的"校友子女偏好"，即优先录取父母也曾在该校就读的学生，在有些情况下是指优先录取父母曾为学校捐赠的学生。尽管美国政府数十年来一直在倡导居者有其屋，但抵押贷款债券和担保债务凭证方面不透明的金融创新还是导致了 2008 年的住房危机，使数以百万计的美国人失去住所与工作。时至今日，有一些人的经济状况仍未从这场危机中彻底恢复。在 2018 年，还有大约 2 800 万美国人（占美国总人口的近 10%）没有医疗保险[19]（截至本书写作时，这是所能找到的最近期的数据）。即便是对于那些有医疗保险的美国人来说，本国的医疗费用也比其他地方要高得多，美国的人均医疗费用是经合组织成员中最高的，许多美国人都需要通过支付定额手续费和其他自付费用的方式承担很大一部分医疗费用。随着 2020 年新冠肺炎疫情的蔓延，这些长期存在的不平等问题导致美国遭遇双重公共健康危机，还

利益相关者

导致了深刻的社会和经济危机，这根本不足为奇。

不过，数字连接也非常重要。在第四次工业革命时代得以连接互联网，有点像在前一个时代能够使用石油和内燃机。在互联网成为公共资源后，能够使用互联网的人群与无法使用互联网的人群之间立即出现了一道"数字鸿沟"。随着越来越多的工作岗位和服务开始依赖数字连接，经济命运由此发生重大转变，这种转变一直持续到今天。一项[20]又一项[21]的研究表明，稳定的、无所不在的网络连接是多么重要，尤其是在新冠肺炎疫情形势最为严峻时期。那些拥有高质量的网络和连接设备的人，可以更容易地进行远程办公，从而能够保住工作和收入。同样地，那些能够上网的孩子可以继续上课，而不能上网的孩子往往只能靠自学。那些在疫情期间不敢去看医生、不敢去医院的人，可以通过远程医疗获得医疗方面的建议。智能手机普及率较高的国家，比如新加坡，可以使用基于蓝牙功能的应用程序更容易地实施有效检测和追踪。[22]

新加坡作为利益相关者政府的典范

正如上述两个案例所显示的，政府要有效发挥其核心职能并非易事。但有些国家，比如北欧国家、新西兰、新加坡，确实明显比其他国家做得好。它们的模式为其他（更大的）经济体提供了经验教训。

其实，最了不起的发展蓝图可能是由新加坡描绘出的。这个位于东南亚一角的半岛上的国家，拥有 500 万人口。正如我们在第六章中所看到的，这个城市国家是"亚洲四小龙"之一，从 20 世纪 60 年代开始，它经历了不可思议的技术和经济转型。现在的新加坡是亚洲主要的科技和贸易中心。新加坡之所以能取得今天这般成就，极为重要的一点是，新加坡政府努力为其所有公民提供高质量的教育、医疗和住房服务。有些人可能会对此感到惊讶，因为他们对新加坡的印象就是一座座华美的摩天大楼，专供那些经常乘私人飞机到处旅行的国际富豪群体中的少数幸福人士享用。正如彭博社在最近的一篇文章中指出："在电影《摘金奇缘》中，主角们在新加坡穿梭于豪宅与殖民地时期建筑风格的奢华酒店之间。但现实情况是，（新加坡）绝大多数家庭都住在由政府建造的面积不大的公寓里。"[23]

这些由新加坡建屋发展局（HDB）负责建造和维护的公共住房（被称为"组屋"），从核心层面看与美国或欧洲城市的住房项目没有太大区别。它们都是未经修饰的大规模公寓楼，专供特定人群使用。不过，新加坡的组屋还是有与众不同之处，这至少源于以下三个方面。首先，这些公寓从一开始就旨在通过种族融合政策来鼓励社会和种族融合。新加坡的主要族群（华裔、印度裔、马来裔）各有一定的住房配额。这就避免了不同的群体之间互相孤立，而这种孤立现象在其他城市是很常见的。据新加坡的一名高级部长尚达曼说，使不同族群混居确保了社会的和谐。[24]"一旦分属不同族群的人口居住在一起，他们就不只是要共用同一个走廊，乘坐同一部电梯。"他在 2020 年的一次政府采访中说道，"孩子们会上同一所幼儿园、同一所小学，因为全世界的孩子都是在自己的住处附近上学，他们会一起长大。"[25]

其次，记者亚当·马金迪指出，"许多国家的政府都将公共住房计划的重点放在最贫困的社会成员身上，往往任由那些简陋的混凝土砖房沦为城市贫民窟。但新加坡政府认识到，这些房屋代表了国家繁荣中公民的最大利益。因此，新加坡建屋发展局不仅精心维护组屋建筑和地面设施，而且会定期对其进行升级改造，比如新建电梯，修建人行道，翻新建筑"[26]。这些努力是任何一名来访者都能够亲眼看到的。这些年，我在新加坡的时候花了不少时间漫步于组屋区，那些街区给人的视觉感受和体验都很宜人，而且修建了很舒服的人行道。街区周围通常坐落着一些比较小资的咖啡吧、时装店和书店。这与在其他地方参观类似的公共住房项目时可能会有的体验是完全不同的。

最后，新加坡建屋发展局建造的组屋供长期租赁。这使居民能够积累财富，同时又能控制由房地产导致的不平等现象。其原因在于，组屋的销售通常是以 99 年租赁期的形式进行。这就给"业主"以足够长的窗口期，使他们可以在那里生活到老，然后进行转售，获得其投资组屋的回报。但组屋的转售有一个前提条件，那就是只能在租约剩余年限内转售，因此这些由政府建造的公寓不会像纽约、伦敦、香港等大都市的私人公寓，或者是新加坡本地的私人公寓那样价格暴涨。这就解释了为什么新加坡一方面是全球房价最贵的城市之一（其私人房地产市场的价格排名世界第二[27]），另一方面又是住房可负担性较高的城市之一（其

80% 的公民都生活在政府以较有吸引力的价格提供的组屋中）。

在教育方面，新加坡取得的成就也很突出。简单来说，《经济学人》杂志在 2018 年指出："新加坡的教育系统被认为是世界上最好的。"[28] 这一点首先可以从新加坡学生的表现中看出。在旨在衡量学生的数学、科学和阅读素养的国际学生评价项目（PISA）排名中，从这个东南亚半岛国家随机挑选的学生始终位居全球前三。这使得新加坡学生成为该地区同龄人中的佼佼者。不过，新加坡真正出色之处在于其教育系统的结构和资金筹措方式。公立学校教师与私立机构教师的工资相当。他们会追求职业发展，争取晋升为特级教师，课程也会根据最新的教育研究进行调整。[29] 将教育视为国家进步的主要手段，这是新加坡政府经深思熟虑制定的一项长期发展战略。新加坡的教育之所以能够取得上述成就，正是这一战略的结果。在新加坡，大多数孩子上的都是公立小学。2020 年，新加坡总理李显龙在访问该国一所公立小学时，重申了这一愿景。"教育是新加坡人最重要的事情之一。"他说，"它也是政府所关注的最重要的事情之一，因为我们相信，通过教育，我们可以帮助我们的公民掌握技能，学习知识，成为有生产能力的人、有用的人，成为优秀的人，能够自食其力。"[30]

新加坡还拥有世界一流的医疗体系，它提供了覆盖所有公民的全民医疗服务，无论是政府还是公民自己都无须承担太多医疗费用。列格坦研究所每年发布的全球繁荣指数衡量了全球各地人们的健康水平和可获得的医疗服务水平。在 2019 年的列格坦全球繁荣指数中，新加坡排名靠前，领先于日本、瑞士和韩国。[31] 就如同其教育模式，新加坡在医疗领域的强劲表现意味着其公民能够保持健康到老，并且在身体出现问题时会得到所需的照顾。此外，新加坡的医疗系统不仅成果显著，而且运作效率非常高。美国的医疗支出占 GDP 的比重为 17%，欧盟经济体的这一占比为 10% 左右，而新加坡的这一占比还不到 5%。新加坡的医疗系统之所以性价比如此之高，在于它以一种独特的方式融合了公立机构与私立机构的角色与贡献。在新加坡，"政府掌控一切"，儿科教授阿伦·E.卡罗尔在向《纽约时报》分析新加坡模式时指出，"政府严格管理着国内有哪些技术可以应用，以及在哪些情况下可以应用这些技术；决定哪些药品和设备属于公共医疗覆盖的范畴；设定价格，决定提供哪些补贴"。政府还会采取预防性措施，比如对食品质量实施监管。不过，私营部门和自由市场也发挥了重要作用。其中，"初级医疗保健大多由私营部门提供，费用通常较为低廉"，约 80% 的新加坡人的初级医疗保健服务是由全科医生提供的 [32]（当涉及住院服务时，这一占比则刚好反过来。住院服务大多是由大型公立医院提供的）。记者埃兹拉·克莱因解释称，公民——而不是政府，主要通过两大计划来支付自己的医疗费用。[33] 其中一个是保健储蓄计划（Medisave），用于支付常规性的医疗保健费用；另一个是健保双全计划（Medishied），用于支付非常规性的重大疾病治疗费用。前者为强制加入，后者一般是自动加入，但公民可以选择退出。只有当这两个私人筹资计划都不足以解决问题时，政府才会介入，启用保健基金计划（Medifund）这一最后付款人。从这个角度来说，新加坡的模式与你在美国等地所看到的模式正好相反。"〔美国所拥有的〕很大程度上是一个公共融资的私人交付系统，"卡罗尔解释说，"而新加坡所拥有的很大程度上是一个私人融资的公共交付系统。"[34]

此外，数字连接也是新加坡政策关注的重点。这个城市国家此前就已是数字连接领域做得最好的国家之一，它在2019年出台了"智慧国家战略"[35]，涵盖教育、医疗、住房和交通等关键领域。通过这种方式，政府希望确保其公民和企业能够从数字连接和相关技能中发掘更大的价值。这一战略很快就取得了一系列成果。例如，新加坡有近一半人口都下载了Healthy365应用程序，它能够为人们提供一些健康方面的提示和技巧，并且追踪用户的健康活动。MyInfo Business和GoBusiness网站则为数千家企业填写政府文件和申请营业执照提供了便利。通过Moments of Life应用程序，数以万计的家庭可以在网上完成各种事情——从出生登记到寻找新工作或学习新技能。[36] 每一项应用或服务从表面看来可能都只是一项微小的改进，但它们加在一起，就使得新加坡成为世界上最精通数字领域的经济体之一。

综合来看，新加坡政府在教育、医疗、住房和数字连接领域所采取的是一种务实的态度。新加坡政府认识到这三个政策领域的重要性，也认识到自身在打造这些政策领域中的关键作用，从而采取果断行动，确保其民众能够从优质的教育、医疗和住房服务中受益。但它避免通过意识形态路径来实现这一点，而且避免将自己视为主要的利益相关者。"新加坡相信强政府，而不相信大政府。"高级部长尚达曼在一次采访中这样告诉我们。

当然，这并不是说新加坡模式没有任何缺陷。新冠肺炎疫情就暴露了新加坡模式中一些令人头疼的弊端。起初，新加坡似乎已经牢牢控制住了新冠肺炎病毒的蔓延，这对于一个与其他疫情"热点"地区联系如此紧密的国际化都市来说，是一项了不起的壮举。新加坡政府迅速行动，部署了全国疫情检测、追踪和治疗计划，限制公共生活和（国际）出行。然而，尽管早期的抗疫行动取得了成功，但这个城市国家还是遭遇了新冠肺炎疫情大暴发，最初的暴发地是外籍劳工宿舍，之后从那里蔓延开来。这部分经常被遗忘的人群由此被置于聚光灯下。与大多数新加坡国民或侨民不同，这部分人在很大程度上游离在正规系统之外，无法正常享受国家提供的社会服务。《金融时报》驻新加坡记者斯特凡尼娅·帕尔马指出，那些对政府的做法持批判态度的人认为这一事件"证明了新加坡低薪移民的'隐形'"，但她也提到当局已经"开始行动"，以应对新冠肺炎疫情在外籍劳工宿舍的暴发。帕尔马在 2020 年 6 月写道："新标准的制定，比如每间宿舍居住人数不得超过 10 人，将确保宿舍能对包括大流行病在内的公共卫生风险有更强的抵御能力。"[37]

此外，新加坡的选举模式也与其他许多民主国家截然不同。自 1965 年独立以来，新加坡始终由人民行动党一党执政。确实也有其他党派参与该国每五年组织一次的大选，在 2020 年甚至赢得了接近 40% 的选票。但这些反对党至今未能赢得大多数议席，也未能在政府主要部门中占据主导地位。因此，《日经亚洲评论》报道称："在经济学人智库发布的 2019 年全球民主指数排名中，新加坡排第 75 位，落后于同地区的马来西亚（第 43 位）、印度尼西亚（第 64 位）和泰国（第 68 位）。这个城市国家在'选举进程与多元化'方面表现尤其糟糕。"[38]

最后，新加坡所遵循的路径可能是其他任何一个国家都无法完全精准复制的：许多面积较大、人口密度较低的国家或是较贫穷的国家，即便有意向也没有能力提供同样的服务。但是，指导新加坡，还有新西兰、丹麦制定决策的那种务实的、以利益相关者为主导的理念，还是值得其他国家借鉴的。

新西兰与"唯 GDP 论"的破除

如果说关注教育、医疗和住房等政策领域是利益相关者政府的一个关键成功因素，那么新西兰政府则表明成功还有另一个因素：摆脱狭隘的 GDP 增长目标，转而关注更大的指标体系。

正如我们所看到的，直到今天，世界上大多数国家政府以及许多主要的国际组织仍然将 GDP 作为衡量一个特定经济体成功与否的主要变量。但我们也知道，GDP 从来就不是用来衡量福祉的。在 20 世纪 30 年代末，当 GDP 开始普及时，它主要被用于估测一个国家的战时生产能力——鉴于当时二战即将爆发，这是一项必要的衡量指标。但此后，这一指标的发明者西蒙·库兹涅茨，还有包括玛丽安娜·马祖卡托、戴安娜·科伊尔和诺贝尔奖得主约瑟夫·斯蒂格利茨在内的许多经济学家都指出 GDP 存在一些根本性缺陷。[39]

虽然世界经济论坛和经合组织都在致力于打造一套更加全面的衡量标准，但真正在实践中首先破除"唯GDP论"的国家，新西兰是其中一个。因此，新西兰的"生活标准框架"（见图10.1）值得我们进行更详细的研究。

图 10.1 对新西兰"生活标准框架"的表述

资料来源：根据新西兰财政部资料重绘。"The Relationship between the Sustainable Development Goals and the Living Standards Framework (DP 18/06)," July 26, 2018, https://treasury.govt.nz/publications/dp/dp-18-06-html.

从概念上讲，"生活标准框架"旨在提供"一种共识，即什么能有助于实现更高的生活标准，从而能够支撑代际福祉"。从这个角度看，福祉水平的高低不能（仅仅）依靠GDP来衡量，而要基于这个国家的 4 类资本。[40]

- 自然资本，涵盖了"支撑地球生命和人类活动的自然环境的方方面面"，具体包括"土地、土壤、水、植物和动物、矿物和能源资源"。
- 人力资本，即"人们从事工作、学习、娱乐和社会活动的能力和潜力"，具体包括人们的"技能、知识、身心健康"。
- 社会资本，是指"关系到人们以何种方式共同生活、工作以及体验归属感的规范、规则和机构"，具体包括"信任、互惠、法治、文化和共同体认同、传统和习俗、共同的价值观和利益"。
- 金融和有形资本，与 GDP 联系最为密切，因为它包括"金融资产和人造（人为生产）的有形资产，通常与支持性物质生活条件密切相关"，具体包括"工厂、设备、房屋、道路、建筑物、医院和金融证券"。

这 4 类资本共同作用，决定了当前人类、整个国家和子孙后代的福祉。要想衡量这个国家的这 4 类资本各处于何种水平，除该框架之外还有一个商业智能仪表盘，能够显示新西兰在事关当前和未来福祉的 12 个领域表现如何。这些领域具体包括公民参与、文化认同、环境、健康、住房、收入与消费、工作与报酬、知识与技能、时间使用、安全和保障、社会关系和主观幸福感。

显而易见的是，这些领域与我们所定义的公平的繁荣的涵盖范围密切相关。其中有三项指标关涉教育、医保和住房（知识与技能、健康、住房），两项指标对应着 GDP 更细化、个人化的版本（工作与报酬、收入与消费），其他指标关涉的要么是地球福祉，要么是个人福祉的要素——这些要素有些是主观性的，有些则是社会动态机制的一部分。最后，应该指出的是，该框架还承认繁荣存在一项风险与韧性要素，该要素在"面对变化、冲击和意外事件"时会发挥作用。但遗憾的是，这个商业智能仪表盘中尚未有一个适当的指标来衡量这种韧性。（不过，新冠肺炎疫情似乎成为政府能否成功应对风险的试金石。）

这个框架和商业智能仪表盘在新西兰管理其国家及公民福祉中是否起到了作用，以及起到多大作用，现在做出判断还为时过早。这个商业智能仪表盘在 2018 年底才被激活，2019 年 12 月首次进行了年度更新。但如果新冠肺炎疫情可以被视为一项指征，那么新西兰为提升福祉和韧性而采取的全面策略就取得了显著成功。2020 年 10 月，杰辛达·阿德恩和她率领的政党明显赢得了民意支持，在大选中取得了压倒性胜利。这是该国自 1996 年实施比例选举制以来，首次有政党获得绝对多数选票。[41] 其他以利益相关者为导向的政府完全可以借鉴新西兰的经验。

公民社会和国际社会

最后一个在利益相关者模式中占据中心地位的群体是公民社

会。近年来，工会、非政府组织和有组织的民权团体等一直在尽力维持其在 20 世纪时的成员基础和影响力。但一系列新问题的出现表明，任何一个社会的正常运转都离不开这些组织，其他利益相关者最好对这些组织持接受且支持态度。

首先以新劳动者群体和消费者群体在第四次工业革命中的作用为例。在以往的工业革命中，劳动者随着时间的推移形成了我们今天所熟知的传统的雇员与雇主关系，他们往往借助强大的工会，就自己的工资和工作条件进行集体谈判。但目前这种关系正在减弱。立法改革和全球化的发展对传统的工会势力造成了第一次冲击。此外，在大多数地方，第四次工业革命所带来的零工经济几乎完全消除了工会、集体谈判以及我们几十年来所熟知的传统雇佣关系。

在一些地区，这种近乎"白板"的状态产生了积极的效果。例如，我的同事在一次访问印度尼西亚时，乘坐 Grab 和 GoJek 两家共享出行公司的摩托车和汽车到处跑，司机们对于零工经济所提供的工作机会大多都是很热衷的。他们中的很多人之前是农业工人，或者在城市里打过零工。没有传统的劳动合同并不构成障碍，也不会带来不便，他们已经习惯了这种状态。事实上，共享出行公司所使用的技术，反而提升了他们工作和报酬方面的透明度，提供给了他们更多的选择。甚至有一些之前在工厂工作的司机，也对于转行成为零工经济从业者表示满意。其中一位司机告诉我们，成为 Grab 的司机后，他的月薪平均是在工厂工作时的 4 倍。

　　　　　　　　　　　　　　　　　　　利益相关者

这种经验并不是这个亚洲群岛国家独有的，也并不只是传闻。在世界各地，设计师、司机、杂活工和许多其他行业人士都找到了新的工作机会和更高的薪水，这要归功于 Upwork、TaskRabbit、Fiverr 等自由职业服务平台，还有滴滴、Grab、来福车等打车平台。在塞尔维亚、巴基斯坦或乌克兰等国家，除了在传统就业市场上找工作外，借助在线平台签订自由职业合同已经成为另一种流行的选择。

但在其他很多情况下，零工经济的出现对于劳动者来说并不那么友好。例如，在美国，打车公司的兴起意味着数十万劳动者无法享受传统就业过去所提供的法律保护和经济福利。以美国最大的个人出行市场纽约市为例，截至 2018 年底，优步或来福车司机平均每小时净收入为 11.9 美元，远低于当年晚些时候纽约州设定的法定最低时薪 15 美元。[42]（后来这一群体的收入被提升至符合最低工资标准。）在 2020 年新冠肺炎疫情期间，新成立的网约车平台司机工会——独立司机协会（the Independent Drivers Guild）的阿齐兹·巴表示，许多零工经济从业者受到的冲击比其他从业者更为严重，因为他们没有雇主提供的医疗保险，而且由于工作性质的原因，他们的平均财务状况更加不稳定。[43]

类似的情况也在消费市场上演。几十年来，国际消费者协会及其在各个国家的附属机构等，与连锁零售商、消费品公司、政府服务部门展开争论，在维护消费者权利方面发挥了关键作用。这些消费者保护团体之所以能够做到这一点，所依靠的是坚实的会员基础。会员每年缴纳会费，团体代表会员的利益发起集体诉讼，从而使会员收益。但这些团体近年来也面临着多重挑战。一方面，选择新加入这些团体的消费者越来越少，还有些会员选择退出，导致这些团体的行事手段和议价能力都有所减弱。另一方面，大型互联网企业作为新型销售商出现，经常会带来新的商业模式，并且较少以实体商店的形式存在。随着许多这类互联网平台向用户提供免费服务，消费者保护团体的行动范围需要做出改变，从原来就产品质量和最佳选购地点提出建议，转向对平台企业的操作进行审查。

但为了缓解这些新出现的不平等和不安全感，我们需要新的公民社会团体。单靠企业和政府无法找到满足劳动者与消费者需求的解决方案。当下时代，有哪些组织是新成立的，又有哪些组织经历了凤凰涅槃？

消费者权益保护团体

"人类前进组织"（Humanity Forward）就是一个典型的现代消费者权益保护团体。这是由之前的美国总统候选人杨安泽创立的一个非营利组织。该组织意识到第四次工业革命给美国社会带来的根本性变化，并提出了一些解决方案，例如实行"全民基本收入"（UBI）计划，厘清数据所有权。[44]人类前进组织对于全民基本收入计划的构想是，每月向每个美国成年人提供 1 000 美元的支票，认为这样可以为零工经济从业者以及生活或工作缺乏基本安全保障的人提供安全缓冲。从我们的角度来看，这种方法并非像人们所说的那般是万能之计，但它确实渗透着利益相关者模式和第四次工业革命的一些基本观点：前者主张每个人都应获得平等的机会，后者则将在未来几十年持续干扰劳动力市场。因此，我们有必要对这一计划展开进一步审查和辩论。

杨安泽提出的将"数据作为产权"写入法律的倡议，提供了一个有趣的例证，即个人可以通过现代利益相关者途径围绕自己的权利聚合在一起。杨安泽认为，"个人需要对自己所产生的数据拥有所有权，有权知道自己的数据是如何被使用的，并且加以保护"，他不赞同当前互联网平台的做法，即"数据由搜集者所有"（也就是由互联网平台所有）。[45] 人类前进组织希望将消费者团结在一起，发挥他们共同的力量，迫使监管机构和企业尊重消费者对数据的所有权，确保消费者在分享自己的数据时会获得报酬。为此，消费者可以注册"数据红利项目"。[46] 正如科技媒体 The Verge 的报道："该项目正押注于集体行动，希望以此来变革法律，将数据产权归于全国各地的用户。"这些倡议能否成功，关键取决于所在社会的公民是否支持。但它们表明了，在当今科技赋能经济的时代，个人同样可以聚集起来，捍卫自己认为正确的事情。正是通过这些公民社会的行动，社会才得以发展得更好。

现代工会

之前有学者认为，在当前的工作场所也应该有现代工会的立足之地，比如杰弗里·赫希和约瑟夫·赛纳就在他们的论文《现代经济的现代工会》中提出了这样的观点。[47] 但如何才能实现这一点？我们已经看到，在丹麦等国家，工会会员在劳动者中的占比依然很高，建设性态度带来的是更具竞争力的企业和薪酬，而且劳动者得以不断学习新技能。这就是工会力量的最佳体现。但与此同时，我们也看到英国、美国等国在过去几十年里如何经历了工会会员的大量流失和工会权力的大幅减弱，与之相伴的是工资水平降低，员工培训方面的投入减少。如果说这种工会拥护度和工会权力的下降在一定程度上是反工会政策导致的结果，那么正确的做法是终结这些政策。同时，还有另一个因素在起作用：在全球范围内，零工经济的从业者不断增多，然而传统工会至今仍基本无法恰当地应对挑战。

对于零工经济的从业者来说，组建一个现代工会也许是至关重要的。在美国，据估计有 5 700 万自由职业者，[48] 也就是说这些人都是在没有签订传统雇佣合同的情况下工作。这代表着未来的工作趋势，其标志就是：Z 世代（即出生于 20 世纪 90 年代和 21 世纪初的那些人）的劳动者中，有一半以上都以自由职业开启自己的职业生涯，许多人还将其视为职业生涯发展的长期路径。塞尔维亚、乌克兰、巴基斯坦、印度或印度尼西亚等国也呈现了类似的趋势。我们在第五章提到的那名成功的设计师普蒂·普亚尔就出生于印度尼西亚。在这些国家，许多年轻的从业者都是在 Upwork 等电子工作平台上找到自己的第一份工作，他们的雇主往往并不是来自本国，而是来自美国和其他富裕经济体。这种情况当然是有益的，因为它有助于防止这些国家"人才流失"，确保有美元或其他稳定的外币流入这些国家，并通过这些远程工作者的额外购买力增强当地经济。但这种情况也可能存在很大的弊端。正如一家媒体报道的，这导致的结果就是，那些毕业生都梦想着远程办公、月薪 2 000 美元以上。[49] 但他们可能不会直接意识到，他们的处境其实比那些正式员工更脆弱，因为他们没有签订长期劳动合同，无法享受福利，不受法律保护，也没有失业保护。

但人们不应因此而感到绝望，而是应该致力于打造新形式的劳动者工会和国际合作。从专门为某个平台工作或专门从事某个行业的零工经济劳动者（比如司机）入手，可能是一个很好的开端。纽约的独立司机协会和加利福尼亚州的"零工工人崛起"（Gig Workers Rising）组织就是这么做的。这两个团体都致力于将那些主要为优步、来福车以及其他类似的打车平台工作的司机聚集起来，争取"更好的工资水平、工作条件和尊重"[50]。这些司机的地位和待遇都因此而发生了一些结构性变化。2020 年 8 月，加利福尼亚州一家法院下令优步、来福车等打车和送货应用将其司机当作正式员工对待。[51] 据媒体报道，这就要求这些公司要确保司机的工资不得低于最低工资，而且要提供健康保险、加班费和带薪病假。[52] 然而，关于这项立法的法庭较量一直持续至秋季。正如我们之前所看到的，加利福尼亚州选民在 2020 年 11 月投票通过了 22 号提案，推翻了之前关于此事的大部分立法，优步、来福车和其他的网约车平台无须将司机归为正式雇员，网约车司机再次成为临时工。[53]（截至本书写作时，相关平台在法庭上的较量仍在继续。）在纽约，正如我们上文所提到的，独立司机协会设法使司机的薪酬有所改善，确保了他们扣除开支后的最低薪酬超过该州的最低工资标准——每小时 15 美元。

从利益相关者的角度，那些所谓的临时工通过这种方式组建工会组织，为自己争取体面的薪酬和福利，是正确的做法。政府要赋予他们与其他劳动者相似的权利，这是理所应当的常识。正如英国牛津大学互联网学院的亚历克斯·伍德在接受《连线》杂志采访时所主张的："如果你选择为某一平台工作就无法为其他平台工作，如果他们掌控了你的数据，如果信用体系将你捆绑在这一平台，这时候你就需要劳动保护，这就是我们为什么要制定劳动法。"[54] 从临时工的角度来说，相关企业最好能考虑他们的需求，设立一个与工会组织进行协商的机构，而不是直接与他们在法庭上对抗。

通信、信息技术或创意设计等其他行业的自由职业者，最好也能组成行业利益集团，以争取更好的保护条件。这种远程工作的市场往往是虚拟的和 / 或国际化的，但这并不意味着劳动标准必然会陷入"逐底竞争"。比如，理应可行的一种方式是，要求特定州或国家针对临时工岗位设定统一的最低时薪标准，无论是"线上"劳动者还是"线下"劳动者都适用。当虚拟合同的执行需要跨越国界时可以签订新的双边或多边协议，由政府规定在什么条件下可以跨国进行虚拟通勤。要争取制定能够保障劳动者获得适当报酬的规则，这才符合工人的最大利益。

在这方面，我们还有很长一段路要走。据我们所知，当前世界上任何地方都没有针对自由职业者制定完全适当的法律，有效的自由职业者工会即便存在，也是凤毛麟角。

在纽约，最大的自由职业者组织之一是自由职业者联盟[55]，该联盟的创始人萨拉·霍洛维茨是一名律师，也是工会代表的女儿。自由职业者联盟主要以提供优惠的健康保险、技能培训和联合办公空间而著称。它也是《自由职业者不免费法案》（Freelance Isn't Free Law）的早期倡导者和发声者，称该法案能够"保护自由职业者不被拖欠工资"，而且"为其他城市和州提供了蓝本"。[56] 不过，该组织至今并未为其所代表的自由职业者争取最低工资标准和福利，这使得它更像是一个提供会员福利的会员制组织，而不像是工会。它也因此而遭到来自左翼的批判。"自由职业者联盟对待劳动者的方式就如同向消费者提供服务，它不配被称为工会。"社会主义刊物《雅各宾杂志》（Jacobin Magazine）在早期批判该组织的文章中这样写道。[57]

此外，针对零工经济的监管大多都仅仅局限于出租车司机和送货司机等类似的岗位，而对劳动关系吸附性较弱的劳动者或进行虚拟通勤的劳动者则关注较少。例如，欧洲议会在 2019 年 4 月通过了有关"引入雇员权利最低限度保障的新规定"[58]，包括禁止制定排他性条款，雇员有权在雇主逾期取消订单时获得赔偿，有权免费接受强制性培训。这些规定本来是为了帮助那些家政工人、随叫随到的司机或快递员，以及所有签订零工时合同的劳动者，[59] 但正如鲁汶大学的瓦莱里奥·迪·斯特凡诺等劳动经济学家所指出的，[60] 这些规则没有为其他自由职业者提供类似的权益，比如我前面所说的来自乌克兰、塞尔维亚、巴基斯坦或印度等国的信息技术人员。

倡导团体

公民社会中还有一个组成部分，其关切在利益相关者模式中也应该被考虑到，那就是新兴的倡导团体和其他争取社会正义的运动，比如发起"黑人的命也是命"运动的团体、LGBTQ 权益团体、倡导男女同工同酬的团体，还有其他力争自己的利益不被忽略的团体。每一个处于领导地位的人都应该设法与这些新兴的公民社会团体进行对话。这些团体往往由新一代的公民和劳动者带领，他们的关切随着时间的推移只会有所增加。因此，只要把准他们的脉搏，便能更好地掌握所有社会未来的发展方向。

要正常进行此类对话并不容易，要解决那些公开的问题也不容易。有些歧视问题已经存在了数十年，甚至数百年。诸如种族歧视、性别歧视等问题存在的原因通常是系统性的，这意味着单个利益相关者很难凭一己之力完全消除这些问题。而且，虽然有些需求已经刻不容缓，亟须得到满足，但要平衡发展与稳定，或是要协调不同利益团体之间的需求冲突，是一项长期的工作，很难一蹴而就。最后，虽然那些成熟的利益相关者群体大多都有明确指定的发言人或谈判代表，但一些新兴的倡导团体不愿意指定正式的领导者。（在我们看来，也不应该强迫他们指定这样一位领导者。）

上述所有情况导致的结果是，我们很难考虑到这些公民社会团体的关切，从而无法找到正确的解决方案。但我们不能以此为借口，而不去试图进行对话，不邀请这些倡导团体或少数群体的代表参与决策，或是不采取具体行动以实现社会正义。一个社会要想取得发展，必须使其所有成员都参与其中，今后有任何一个成员掉队都是不可接受的。面对人们追求社会公平、经济公平和气候公平的呼声，企业管理层和董事会首先应该认同利益相关者责任的概念，并将其纳入企业季度会议和年度会议的议程。其次，他们应该明确自己在多样性与包容性、薪酬平等、工资水平等领域的目标，并且表明他们正在试图与哪些团体接触。（近年来，从第一能源[61]到星巴克[62]等一些美国企业已经开始将高管薪酬与招聘和晋升的多元化挂钩。）最后，他们应该每年报告自己在衡量指标和目标的选择上所取得的进展，并就进展情况向其利益相关者做出解释。

在更实际的层面，想要了解如何实现社会正义，不妨将目光转向一些人们通常想不到的地方。以巴基斯坦的希迪（Sheedi）族的情况为例。[63] 我是通过世界经济论坛的全球杰出青年社区才了解这个群体。（全球杰出青年社区是由一群来自世界各地的青年组成的，世界经济论坛创建该社区的目的是确保下一代，即20~30岁的年轻人被赋能，从而帮助塑造我们共同的未来，他们会就自己所观察到的当前存在的地方性和全球性挑战互相沟通，并且致力于共同应对这些挑战。目前，该社区活跃在全球400多个城市，从亚特兰大到阿克拉，从苏黎世到萨格勒布。[64]）希迪族是南亚最大的非洲裔少数族群，人数达数十万，是"过去几个世纪里以南亚为家的非洲奴隶、水手和士兵的后代"[65]。几十年来，这个群体一直被边缘化，"既要努力克服外界偏见，又要与更广泛存在的社会经济弊端做斗争"。

但在 2018 年，这种情况开始发生变化。在那一年，坦泽拉·坎布拉尼，一位 39 岁的希迪族女性、三个孩子的母亲，成为第一位当选信德省议会议员的希迪族人，信德省是这个国家非洲裔巴基斯坦人数量最多的省份。正如全球杰出青年社区成员所指出的，"当时这一开创性选举结果饱受异议，还有一名同一党派成员辞职"，但自当选以来，坎布拉尼"对于希迪族在巴基斯坦遭受的歧视直言不讳"，并得到了其所在党的党魁比拉瓦尔·布托（被谋杀的巴基斯坦前总理贝娜齐尔·布托之子）的支持。事实上，"2019 年 3 月，坎布拉尼推动通过了一项决议，要处罚那些对希迪族学生表现出种族歧视行为的教育工作者，"全球杰出青年社区成员写道，[66] "在乔治·弗洛伊德被杀后，她还在省议会中发起了一项抗议决议，反对美国针对黑人的种族主义歧视。"

鉴于所面临的歧视问题的系统性特征，无论是坎布拉尼反对希迪族遭受歧视的斗争，还是各种基层运动，都将是一个漫长的过程，而且中间会经历跌宕起伏。但从中可以吸取的一项重要经验教训是，当少数群体或其他倡导团体能够参与决策时，坎布拉尼以及其他人争取社会正义的斗争进程将会加速。议会代表可以帮助指出少数群体或其他群体面临的问题，从而助力这些群体在争取社会正义的斗争中赢得大众的信任。例如，根据国际新闻机构路透社 2020 年 6 月的报道，非裔美国人乔治·弗洛伊德在美国被杀后，坎布拉尼在信德省议会上发起了一项抗议决议，旨在反对"种族主义浪潮"。同样地，全球杰出青年社区成员在为世界经济论坛的互联网议程撰写的一篇文章中，再次称赞坎布拉尼是一位社区领袖，并将美国的"黑人的命也是命"运动与巴基斯坦希德族争取社会正义的斗争进行类比。无论是在哪种情况下，坎布拉尼的议员身份都有助于赢得大众对于文章内容，以及文章中所谈论的争取社会正义事业的信任。

*　*　*

从以上所谈论的马士基集团、新西兰以及公民社会团体的例子中，我们能够得出的经验是，组织和个人要想取得成功，不能只遵循传统模式。历史发展的进程伴随着信念、实践和学说的不断演化。组织一心只关注自己的利益，并且在追求自身利益的过程中丝毫不考虑利益相关者利益的时代已经终结。在这样一个互联的社会里，每个行为主体的成功都取决于与其他许多行为主体的广泛连接和互动，决策做出的前提是要能够给整个系统带来积极的结果。对于企业来说，这具体意味着：那些坚持股东利益至上理念的企业是在逆历史潮流而动，终会被淘汰；那些已经认识到相关迹象并开始实践利益相关者模式的企业则将顺应历史潮流，扬帆远航。

通往利益相关者模式之路

在 2019 年新冠肺炎疫情暴发后的几个月，我们所熟知的世界发生了天翻地覆的变化。和大多数人一样，我只能待在家里和空荡荡的办公室里静观其变，通过视频电话了解他人的状况。在日内瓦，和世界上其他许多城市一样，以往川流不息的街道、繁华的商业活动、熙熙攘攘的人群都已不见，整座城市陷入令人不安的寂静。与之相对的则是医院里一片纷乱的场景，所有病房被匆忙改造为临时的新冠肺炎感染患者收治点，同样充斥着令人不安的氛围。

身处危急时刻，人们很难对全球的未来前景保持乐观。数百万人失去生命或身患重病，数千万人乃至上亿人失去了谋生手段。可能有远超 10 亿的儿童和老人被切断了与外界的联系，前者连续数月无法去上学，后者则长时间见不到他们所爱的人。或许，唯一令人感到欣慰的一点是，温室气体排放量暂时下降，稍微缓解了地球大气层的压力。这也解释了为什么有很多人开始猜测：疫情结束后，政府、企业以及其他有影响力的利益相关者是否真的会改良发展路径，还是说我们会回归以往的状态？换句话说，我们是否能转向利益相关者模式，还是说我们注定要退回那种更注重眼前利益、更自私、更原始的模式？

读完本书的第一部分后，你可能倾向于给出一个悲观的答案。正如在前几章所见，我们正面临着巨大的经济、环境、社会和政治挑战。随着时间的推移，正如许多人的亲身经历所示，这些问题似乎不光没有得到改善，反而每况愈下。世界上每一个国家的收入和财富不平等问题几乎都在加重，影响我们所有人的气候变化问题在恶化，从美洲大陆到亚洲大陆的社会和政治分裂都在加剧。我们的全球经济体系似乎陷入了恶性循环，通往衰退的道路异常黑暗，吞噬掉一切进步的可能。

本书的第二部分阐明，尽管社会在不断进步，但要走出这种恶性循环没有捷径，即便我们已经掌握了摆脱这种循环的机制。每天都有新技术诞生，这些技术可以用来改善我们的生活和地球环境。自由市场、贸易及竞争创造了如此巨大的财富，从理论上来说，只要愿意，它们可以让每个人的境况都变得更好。但我们如今所处的现实并非如此。

技术进步通常发生在垄断经济中，它被优先用于提高企业利润，而不是促进社会发展。在 20 世纪五六十年代美国资本主义的黄金时代创造了巨大繁荣的经济体系，在今天却带来了不平等和气候变化。在二战后促进了全球进步和民主的政治体系，如今却引发了社会的不和谐与民众的不满。这些政策无一不出于良好的意图，但都产生了意想不到的负面后果。

然而，我们不应该垂头丧气。我们有理由相信，一个更具包容性的良性经济体系是有可能被建立起来的，而且这一体系的建成指日可待。随着新冠肺炎疫情最初带来的冲击逐渐消退，我们看到了一丝曙光，因为所有的利益相关者都在为了公共利益和全人类的福祉而行动。疫情暴发仅仅几个月后，各国就对200多种潜在的新冠肺炎病毒疫苗展开研究。到2020年12月，包括美国、德国和英国在内的多个国家计划进行第一批疫苗接种[1]。疫苗的成功研发大多是公共部门和私营部门共同参与、跨国合作的结果。一些企业向世界经济论坛新冠肺炎专项工作组提供了许多援助，包括卫生产品、呼吸机、疫苗容器和资金，以帮助应对这一公共卫生突发事件。政府和企业之间也有着强烈的合作意愿，以保障疫苗研发和分发所需的经费充足到位。在我看来，这些行动表明，如果我们下定决心改善全球经济体系，那么我们就可以做到。它们还表明，随着每个人都在奋力地抗击疫情，这场危机还可能激发出我们所有人最好的一面。

在本书的第三部分，我尝试说明这种良性本质会成为全球经济体系的固有特征，而不是少数特例。我还阐明了企业、政府、国际组织以及公民社会如何进行自我重塑。它们可以放弃追逐短期的利润或狭隘的私利，转而追求全人类和全地球的共同福祉。这无须进行180度的大转变，企业无须停止为其股东谋求利润，政府也无须改变把公民福祉放在第一位的做法。

它们需要做的，只是把目光放长远，不再局限于下个季度或下个财年，而是要关注下个 10 年和下一代人；它们需要做的，只是把其他人的关切考虑在内。这就是马士基集团等企业的做法，它们在这么做的同时还保持着盈利能力和竞争力。这也是新西兰和新加坡的做法，在关心他人和地球的同时，为国家的全体公民和企业带来繁荣。

我们应当以这些开拓者为榜样。在追求其他更加短期的目标的同时，我们应该对未来进行深入思考，改变我们的商业模式或使命宣言，阐明我们将如何为人类和地球更加广泛的福祉做出贡献。建立这样一个良性经济体系并不是乌托邦式理想。包括企业领导人、投资者和社区领袖等在内的大多数人，对于自己对世界和他人生活的影响持有相似的态度，大多数人都想做善事。但能够为我们的社会层面和经济层面的领导者提供指引的明晰指南，在最近几十年一直是缺位的。

在过去 30~50 年里，新自由主义意识形态在世界上大部分地区日益占据上风。其核心理念是：市场无所不能，"企业的职责就是经营"，以及政府应当避免为市场的运作制定限制性规则。这些教条式理念被证明是不对的。但幸好我们不是命中注定要遵循这些教条。

正如我在本书的前面多次提到的，2020 年 9 月，由美国银行的 CEO 布莱恩·莫伊尼汉领导的世界经济论坛国际工商理事会发起了"利益相关者资本主义指标"倡议，这进一步坚定了我的信念，即一个更加良性的资本主义体系是有可能被建立起来的。在未来两到三年内，一些非财务指标和披露会被纳入企业年报（基于自愿），从而使得衡量企业在一段时间内的进展情况成为可能。

这样做将使我们能够回答许多问题，例如：某企业的性别薪酬差距如何？它雇用和晋升的人中有多少是来自不同背景的？它在削减温室气体排放方面进展如何？它在全球以及各司法辖区内缴纳了多少税款？它在招聘和培训员工方面做了哪些努力？

但是，为什么这个项目现在才开始取得成效呢？在世界经济论坛，我们数十年来一直在倡导企业不应当只致力于优化短期利润。在 2016 年前后，出现了一些商业领袖，他们希望私营部门能够在实现联合国可持续发展目标中发挥具体作用。布莱恩·莫伊尼汉，以及飞利浦总裁万豪敦、百事公司时任 CEO 卢英德等人都赞同这一理念，并且动员许多同行签署了一份确认承诺的合约。

在接下来的几年，来自"星期五为未来"（由格雷塔·通贝里发起）、MeToo 运动、"黑人的命也是命"等社会正义运动及气候正义运动的压力增强了这种紧迫感。企业需要做的不只是许下一个善意但模糊的承诺。在 2019 年夏，布莱恩等人提出一种想法，即创建一种用来衡量企业表现的工具，以替代此前一直存在着的"各种大杂烩式指标"[2]。同年秋，这项工作便已经开启。"四大"咨询公司——德勤、安永、毕马威和普华永道参与制定了衡量指标。

截至 2020 年 1 月，关于这套衡量指标的第一份征求意见稿已经准备就绪，并受到热烈欢迎。然后，新冠肺炎疫情来袭。这场疫情成为一块真正的试金石。这个项目能否挺过这场全球危机？从更广泛意义上说，整个利益相关者理念是否会在新冠肺炎疫情中夭折？就在数月前，美国影响力巨大的企业游说团体——位于华盛顿的美国商业圆桌会议已经对利益相关者理念表示支持。但现在，人们开始担心在企业中，这种支持利益相关者模式的早期承诺会让步于更加现实、更加自私自利的行为：能省则省，即使这意味着要解雇员工或削减供应商。

　　不过，现实情况是，企业对于这一项目的热情反而有所增长。世界经济论坛这一项目的负责人玛哈·埃尔托吉告诉我们："人们开始意识到，这真的很重要，尤其是在这场危机中。"因而，当 2020 年春季的一场线下会议被取消时，包括我自己在内的所有主要项目发起人立即召开了一场线上会议。这正是完成该项目的良好契机。因此，在一个世纪以来最严重的全球公共卫生危机期间，我们在举办了许多研讨会、访谈会和其他会议后，终于在 2020 年秋确定并公开发布了这些指标。正是这些进展让我看到希望，即利益相关者模式不会只是昙花一现，而会成为我们未来经济体系的一个固有特征。

　　当然，我们距离为所有人建立一个更好的全球经济体系的目标还很遥远。利益相关者资本主义指标只是实现这一目标所需的众多举措之一，而且留给我们的时间越来越短。但是，在悲观情绪日益盛行、狭隘且短视的自私自利行为依然大行其道的世界，

　　　　　　　　　　　　　　　　　　　利益相关者

这些举措表明，一种更具包容性、更加可持续的模式是有可能实现的。

在经历了二战的浩劫之后，我有幸生长在一言一行都体现出利益相关者思维的小镇和社会中。我看到了利益相关者思维在我父亲的工厂中发挥了作用。在那里，从一线工人到高层管理者，所有人都同样致力于实现企业和产品的长期成功，而且在成功到来时，每个人都能分享到成果。我在战后的腓特烈港和拉芬斯堡看到了利益相关者思维，当地政府及所有公民凝心聚力，重建被摧毁的家园。从那时起，无论是身处商界还是政界，从士瓦本到新加坡，我始终在提倡利益相关者模式。

我希望，在读完本书后，你也能够从心底里接受利益相关者模式。我希望，你能够和我一样认识到：世界的现状并非既定不变，只要我们所有人共同努力，就能让世界变得更加美好。我还希望，在这个后疫情时代，我们所有人能够从现在开始共同打造一个我们所需要的，更有韧性、更具包容性、更可持续的经济体系。这就是利益相关者模式的本质所在：一个致力于促进发展、增进人类和地球福祉的全球经济。

| 致 谢 |

这本书是真正的团队合作的成果。这本书的内容能够成形，离不开父母对我的教育，离不开我所在的社区和社会，离不开我在世界经济论坛的合作伙伴，也离不开世界经济论坛分布在世界各地的分支机构。对我来说，这也是利益相关者通力合作的体现。由于篇幅有限，我无法——感谢那些有意或无意地为本书做出贡献的人。请允许我在此仅对那些积极参与本书创作的人员致以真诚的谢意。

首先，我要感谢彼得·万哈姆，他是我的通信主管，也是我撰写本书的得力助手。作为本书项目的成员，两年来，彼得不辞辛苦地走访世界各地，从网络图书馆中搜集各种资料，与多方人士进行交谈。在我们着手写作的过程中，从起草书稿各个部分的内容，到思索 21 世纪利益相关者模式的蓝图，他在各方面都做出了重要贡献。50年前，我撰写了第一本关于利益相关者原则的书，如今很高兴看到像彼得这样的新一代全球化公民正在接受利益相关者理念，并且助力其适用于未来世界。

作为世界经济论坛执行主席，我还要感谢世界经济论坛总裁博尔格·布伦德。多年以来，我们建立了密切的工作关系，成为真正的"老搭档"。博尔格负责世界经济论坛的大部分日常管理工作，并且表现得非常出色。因此，在过去几个月，尽管面临新冠肺炎疫情带来的挑战，我仍然得以有充足的时间撰写本书。

阿德里安·蒙克、梅尔·罗杰斯、凯利·奥蒙森和苏珊娜·格拉斯迈尔等，都是本书的密切合作者，为本书做出了重要贡献。世界经济论坛公共参与事务主管阿德里安是内部人员中第一个支持本书项目的人。他担任了书稿的第一编辑和写作风格顾问。如果读者喜欢本书的"第一手"报告式写作手法，这要归功于我们所选择的阿德里安风格。梅尔是一位重要的战略顾问，她在疫情期间不断地激励所有相关人员坚持不懈。凯利和苏珊娜促成了许多访谈，为本书提供了重要的内容基础。所有人集思广益，为本书的内容、标题及封面设计建言献策。

还有我们的家人、同事以及外界的合作伙伴等许多人，都为本书最终成稿做出了贡献。我要特别感谢我的妻子希尔德，她在我们讨论这本书的过程中提出了许多宝贵意见，而且在各种场合扮演了批判性读者的角色。我还想感谢本书的几位"第二读者"，他们分别是曾与我合著《后疫情时代：大重构》的蒂埃里·马勒雷、世界经济论坛北美负责人保罗·斯梅克、我在华盛顿特区的重要决策咨询人艾伦·弗莱什曼，以及彼得的妻子瓦莱里娅·苏皮尼。在本书撰写的各个阶段，他们都提供了重要的反馈、支持和编辑建议。

我还要感谢约翰威立国际出版公司董事会主席杰西·威立、总编辑比尔·法隆、主编布尔维·帕特勒、项目编辑克里斯蒂娜·维里根，以及文字编辑和平面设计团队，是他们让本书得以面世。杰西和比尔最先认同本书。他们于2018年12月和我在纽约见了面，并承诺提供帮助。比尔和布尔维在随后的编辑和出版过程中给我们提供了许多耐心细致的指导，所以本书才能够在2021年1月的达沃斯议程周前及时在书店上架。克里斯蒂娜·维里根对本书进行了专业的编辑，给予了内容和风格上的反馈，促成了本书的最终版本。

在确定和定义利益相关者模式方面，我得到了来自世界各地的世界经济论坛成员的帮助。世界经济论坛北京代表处的同事，包括曲鹏程、李木梓和大中华区首席代表艾德维，协助我们采访了中国的相关人士。在世界经济论坛纽约代表处，玛哈·埃尔托吉发挥了协调作用，使国际工商理事会、四大会计师事务所领导聚集在一起，商讨制定利益相关者资本主义指标。我还要特别感谢国际工商理事会主席布莱恩·莫伊尼汉。正是由于他的卓越领导力和远见卓识，那些承诺遵循利益相关者原则的企业才得以借助利益相关者资本主义指标"践行诺言"。

我还要感谢所有接受本书采访的学者、记者、企业领袖、全球杰出青年、国际组织负责人、各国部长以及其他"利益相关者"。从日内瓦高级国际关系学院的国际经济学教授理查德·鲍德温，到来自印度尼西亚的全球杰出青年安妮莎·维比和温斯顿·乌托莫，他们拓宽了我们对全球经济的视野，让我们认识到打造更加美好的未来所需的重要基石。我会在下文采访致谢部分感谢每一位受访者。

最后，也是最重要的一点，我要感谢我已故的父母欧根·威尔海姆和埃丽卡。在二战期间和战后生活极其困难的情况中，他们依然尽可能为我提供了所有条件，让我成为一名国际公民。在父母的支持下，我得以结识来自其他国家的人，得以到处旅行和出国留学。我的父亲是我的榜样。作为企业领导者，他兢兢业业。二战后，他挺身而出，承担起国内公共生活领域的一些重任。他通过言传身教鼓励我拥抱利益相关者模式。我的父亲认为，企业领导者应当把经验和能力运用到公共职能上。他还认为，我们应当齐心协力，共同努力打造一个更加美好的世界。

对此，对所有人为我所做的一切，我永远心存感激。

克劳斯·施瓦布

*　*　*

我还要感谢以下每一位接受本书采访的人，感谢你们为本书付出了宝贵的时间，提供了有益的见解，做出了重要的贡献。(按人名字母顺序排列)

　　　　　　　　　　　　　利益相关者

- Adi Reza Nugroho（安迪·雷扎·努格罗霍），MYCL 联合创始人兼首席执行官，印度尼西亚万隆。
- Ahadu Wubshet（阿哈杜·伍布谢特），摩尔咖啡创始人兼总经理，埃塞俄比亚亚的斯亚贝巴。
- Angel Gurria（安赫尔·古里亚），经合组织秘书长，法国巴黎。
- Annisa Wibi Ismarlanti（安妮莎·维比·伊斯马兰蒂），MYCL 联合创始人兼财务总监，印度尼西亚万隆。
- Araleh Daher（阿拉莱·达赫），美国总统轮船公司销售主管，吉布提共和国吉布提市。
- Arekha Bentangan Lazuar（安雷卡·本丹根·拉祖尔），MYCL 联合创始人兼技术总监，印度尼西亚万隆。
- Asrat Begashaw（阿斯拉特·贝加肖），埃塞俄比亚航空公司公关经理，埃塞俄比亚亚的斯亚贝巴。
- Carl Benedikt Frey（卡尔·贝内迪克特·弗雷），牛津大学马丁学院技术与就业项目联席主任，英国牛津。
- Chong'En Bai（白重恩），清华大学经济学教授，中国北京。
- Claus Jensen（克劳斯·延森），丹麦金属行业工人工会主席，丹麦哥本哈根。
- Daniel Moss（丹尼尔·莫斯），彭博社亚洲经济评论专栏作家，新加坡。
- David Autor（戴维·奥特尔），麻省理工学院经济学教授，美国马萨诸塞州剑桥市。
- David Lin（林戴维），全球足迹网络首席科学官，美国加利福尼亚州奥克兰。
- David M. Rubenstein（戴维·M. 鲁宾斯坦），凯雷投资集团联合创始人兼联合执行主席，美国纽约。

- Diane Coyle（戴安娜·科伊尔），剑桥大学班尼特公共政策研究所所长，英国剑桥。

- Dominic Waughray（多米尼克·沃雷），世界经济论坛全球公共产品中心主管，瑞士日内瓦。

- Fabiola Gianotti（法比奥拉·贾尼奥蒂），欧洲核子研究组织总干事，瑞士日内瓦。

- Geert Noels（基尔特·诺埃尔斯），Econopolis 咨询公司首席执行官，比利时安特卫普。

- Gideon Lichfield（吉迪恩·利奇菲尔德），《麻省理工科技评论》主编，美国马萨诸塞州剑桥市。

- Greg Ip（格雷格·伊普），《华尔街日报》首席经济评论员，美国华盛顿特区。

- Guohong Liu（刘国宏），中国（深圳）综合开发研究院院长助理，中国深圳。

- Heather Long（希瑟·朗），《华盛顿邮报》财经记者，美国华盛顿特区。

- Heinrich Huentelmann（海因里希·亨特尔曼），"拉芬斯堡人"全球公共关系主管，德国拉芬斯堡。

- James Crabtree（詹姆斯·克拉布特里），新加坡国立大学李光耀公共政策学院副教授，新加坡。

- Jim Hagemann Snabe（施杰翰），马士基集团董事会主席、西门子董事会主席，丹麦哥本哈根。

- Joseph Stiglitz（约瑟夫·斯蒂格利茨），哥伦比亚大学经济学教授，美国纽约。

- Josh Bivens（乔希·比文斯），经济政策研究所研究主任，美国华盛顿特区。

- Kai-Fu Lee（李开复），创新工场董事长兼首席执行官，中国北京。

- Laurence D. Fink（劳伦斯·D. 芬克，又称拉里·芬克），贝莱德集团董事会主席兼首席执行官，美国纽约。

- Lina Khan（丽娜·汗），哥伦比亚大学法学院副教授，美国纽约。

- Liwei Wang（王力为），财新传媒资深作家，中国北京。

- Maha Eltobgy（玛哈·埃尔托吉），世界经济论坛塑造投资未来负责人，美国纽约。

- Michelle Bachelet（米歇尔·巴切莱特），联合国人权事务高级专员，瑞士日内瓦。

- Min Zhu（朱民），清华大学国家金融研究院院长，中国北京。

- Nicholas Stern（尼古拉斯·斯特恩），伦敦政治经济学院格兰瑟姆气候变化与环境研究所主席，英国伦敦。

- Nicholas Thompson（尼古拉斯·汤普森），《连线》杂志主编，美国纽约。

- Puty Puar（普蒂·普亚尔），插画师和内容创作者，印度尼西亚西爪哇省。

- Richard Baldwin（理查德·鲍德温），日内瓦高级国际关系学院国际经济学教授，瑞士日内瓦。

- Richard Samans（理查德·萨曼斯），国际劳工组织研究主任，瑞士日内瓦。

- Robert Atkinson（罗伯特·阿特金森），信息技术与创新基金会主席，美国华盛顿特区。

- Robin Løffmann（罗宾·勒夫曼），曼恩能源方案公司代表，丹麦哥本哈根。

- Roland Duchatelet（罗兰·杜查莱特），迈来芯公司创始人，比利时圣特雷登。

- Saadia Zahidi（萨迪亚·扎西迪），世界经济论坛新经济与社会中心主任，瑞士日内瓦。

- Sean Cleary（西恩·克利里），未来世界基金会执行主席，南非开普敦。

- Seniat Sorsa（塞纳特·索尔萨），宏远服饰分公司总经理，埃塞俄比亚阿瓦萨。

- Susan Lund（苏珊·伦德），麦肯锡全球研究院合伙人，美国华盛顿特区。

- Tharman Shanmugaratnam（尚达曼），新加坡政府高级部长，新加坡。

- Thomas Søby（托马斯·斯瑟比），丹麦金属行业工人工会首席经济学家，丹麦哥本哈根。

- Tilahun Sarka（提拉洪·沙卡），埃塞俄比亚至吉布提标准铁路公司总经理，埃塞俄比亚亚的斯亚贝巴。

- Tim Wu（吴修铭），哥伦比亚大学法学教授，美国纽约。

- Tristan Schwennsen（特里斯坦·施文森），"拉芬斯堡人"首席档案管理员，德国拉芬斯堡。

- Wei Tian（田薇），中国国际电视台《薇观世界》主持人，中国北京。

- William Utomo（威廉·乌托莫），IDN Media 创始人，印度尼西亚雅加达。

- Winston Utomo（温斯顿·乌托莫），IDN Media 创始人，印度尼西亚雅加达。

- Yu Liu（刘宇），中国（深圳）综合开发研究院低碳经济项目高级研究员，中国深圳。

- Zia Qureshi（齐亚·库瑞什），布鲁金斯学会全球经济与发展项目客座研究员，美国华盛顿特区。

| 注 释 |

第一章

1　70 Jahre Kriegsende, Schwabische Zeitung, Anton Fuchsloch, May 2015, (in German) http://stories.schwaebische.de/kriegsende#10309.

2　Wie der Krieg in Ravensburg aufhort, Schwabische Zeitung, Anton Fuchsloch, May 2015, (in German) http://stories.schwaebische.de/kriegsende#11261.

3　Year Zero,A History of 1945, Ian Buruma, Penguin Press, 2013, https://www.penguinrandom house.com/books/307956/year-zero-by-ian-buruma/.

4　Organisation for Economic Co-operation and Development (OECD) , Eurostat, https:// ec.europa.eu/eurostat/statistics-explained/pdfscache/1488.pdf.

5　Friedrichshafen, History of the Zeppelin Foundation, https://en.friedrichshafen.de/citizen-city/zeppelin-foundation/history-of-the-zeppelin-foundation/.

6   Der Spiegel, A Century-Long Project, October 2010, https://www.spiegel.
de/fotostrecke/ photo-gallery-a-century-long-project-fotostrecke-56372-5.
html.

7   该企业初建时名为奥托·迈尔出版公司（Otto Meier Verlag），是以其
创始人奥托·迈尔的名字命名，后来改名为"拉芬斯堡人"。

8   基于 2019 年 8 月对海因里希·享特尔曼和特里斯坦·施文森进行的
采访。

9   Ravensburger, About Ravensburger, https://www.ravensburger-gruppe.de/
en/about-ravensburger/company-history/index.html#1952-1979.

10   Heritage, ZF, https://www.zf.com/mobile/en/company/heritage_zf/heri-
tage.html.

11   Our World in Data,Working women:Key facts and trends in female
labour force participation, https://ourworldindata.org/female-labor-force-
participation-key-facts.

12   Kompetenzzentrum Frauen in Wissenschaft und Forschung, Entwicklung
des Studentinnenanteils in Deutschland seit 1908, https://www.gesis.
org/cews/unser-angebot/ informationsangebote/statistiken/thematische-
suche/detailanzeige/article/entwicklung-des-studentinnenanteils-in-
deutschland-seit-1908/.

13   School Enrollment, Tertiary, Saudi Arabia, World Bank, 2018, https://
data.worldbank.org/indicator/SE.TER.ENRR?locations=SA.

14   Global Gender Gap report 2018, http://reports.weforum.org/global-
gender-gap-report-2018/key-findings/.

15   "Historical Background and Development of Social Security," Social
Security Administration, https://www.ssa.gov/history/briefhistory3.html.

16   Tuberculosis Treatment, Mayo Clinic, https://www.mayoclinic.org/
diseases-conditions/tuberculosis/diagnosis-treatment/drc-20351256.

17   "地球村"这个词是在 20 世纪 60 年代由加拿大思想者马歇尔·麦

克卢汉最先提出的。

18 "The World Economic Forum, a Partner in Shaping History, 1971–2020," p.16, http: //www3.weforum.org/docs/WEF_A_Partner_in_Shaping_ His-tory.pdf.

19 The Davos Manifesto, 1973, World Economic Forum, https://www. weforum.org/agenda/2019/12/davos-manifesto-1973-a-code-of-ethics-for-business-leaders/.

20 "A Friedman Doctrine—The Social Responsibility of Business Is to Increase Its Profits," Milton Friedman, *The New York Times*, September 1970, https://www.nytimes.com/1970/09/13/archives/ a-friedman-doctrine-the-social-responsibility-of-business-is-to.html.

21 *The New York Times Magazine*, "What Is Fukuyama Saying? And to Whom Is He Saying It?", James Atlas, October 1989, https://www. nytimes.com/1989/10/22/magazine/what-is-fukuyama-saying-and-to-whom-is-he-saying-it.html.

22 "Pioneers in China," 1993, ZF Heritage, zf.com/mobile/en/company/ heritage_zf/heritage. html.

23 Eurofound, "Pacts for Employment and Competitiveness: Ravensburger AG," Thorsten Schulten, Hartmut Seifert, and Stefan Zagelmeyer, April 2015, https://www.eurofound. europa.eu/es/observatories/eurwork/case-studies/pecs/pacts-for-employment-and-competitiveness-ravensburger-ag-0.

24 GDP Growth, Annual (%), 1961–2019, The World Bank, https://data. worldbank.org/indicator/NY.GDP.MKTP.KD.ZG.

25 International Monetary Fund, New Data on Global Debt, https://blogs. imf.org/2019/01/02/new-data-on-global-debt/.

26 Gross debt position, Fiscal Monitor, April 2020, International Monetary Fund, https://www.imf.org/external/datamapper/datasets/FM.

27 Global Footprint Network, https://www.footprintnetwork.org/2019/06/26/press-release-june-2019-earth-overshoot-day/.

第二章

1 库兹涅茨出生于平斯克，这个地方当时位于俄国领土范围内。今天的平斯克位于白俄罗斯境内。

2 "Political Arithmetic: Simon Kuznets and the Empirical Tradition in Economics," Chapter 5: The Scientic Methods of Simon Kuznets, Robert William Fogel, Enid M. Fogel, Mark Guglielmo, Nathaniel Grotte, University of Chicago Press, p.105, https://www.nber.org/system/files/chapters/c12917/c12917.pdf.

3 直接引自库兹涅茨为诺贝尔奖委员会所写的自传。The Nobel Prize, "Simon Kuznets Biographical," 1971, https://www.nobelprize.org/prizes/economic-sciences/1971/kuznets/biographical/.

4 "GDP: A brief history," Elizabeth Dickinson, *Foreign Policy*, January 2011, https://foreign-policy.com/2011/01/03/gdp-a-brief-history/.

5 同上。

6 "Beyond GDP: Economists Search for New Definition of Well-Being," *Der Spiegel*, September 2009, https://www.spiegel.de/international/business/beyond-gdp-economists-search-for-new-definition-of-well-being-a-650532.html.

7 2019 年 8 月 18 日，我们对戴安娜·科伊尔进行了电话采访。

8 按照 2010 年不变价美元计算。

9 World Bank, GDP Growth (annual %）, 1961–2018, https://data.worldbank.org/indicator/ NY.GDP.MKTP.KD.ZG.

10 "What's a Global Recession," Bob Davis, *The Wall Street Journal*, April 2009, https://blogs.wsj.com/economics/2009/04/22/whats-a-

global-recession/.

11 United States Census Bureau, International Data Base, September 2018, https://www.census.gov/data-tools/demo/idb/informationGateway.php.

12 "World Economic Outlook," International Monetary Fund, Updated July 2019, https://www.imf.org/en/Publications/WEO/Issues/2019/07/18/ WEOupdateJuly2019.

13 "World Economic Outlook," International Monetary Fund, April 2019, Appendix A. https://www.imf.org/~/media/Files/Publications/ WEO/2019/April/English/text.ashx?la=en.

14 这关系到基于市场汇率的 GDP 的增长（参见注释 11 和 12 所引用表格中的相应数据）。

15 "World Bank Country and Lending Groups," World Bank, https:// datahelpdesk.worldbank.org/knowledgebase/articles/906519-world- bank-country-and-lending-groups.

16 "The Great Emerging-Market Growth Story is Unravelling," *The Financial Times*, June 2019, https://www.ft.com/content/ad11f624-8b8c-11e9- a1c1-51bf8f989972.

17 参见前文提及的国际货币基金组织评估的 2019 年世界债务。关于国际金融协会评估的 2020 年第一季度债务，参见 https://www. iif.com/Portals/0/Files/content/Research/Global%20Debt%20Monitor_ July2020.pdf。

18 "Coronavirus Lifts Government Debt to WWII Levels—Cutting It Won't Be Easy," *The Wall Street Journal*, August 2020, https:// www.wsj.com/articles/coronavirus-lifts-government-debt-to-wwii- levelscutting-it-wont-be-easy-11598191201.

19 "Resolving Global Debt: An Urgent Collective Action Cause," Geoffrey Okamoto, IMF First Deputy Managing Director, October 2020, https:// www.imf.org/en/News/Articles/2020/10/01/sp100120-resolving-global-

debt-an-urgent-collective-action-cause.

20　"Gross Debt Position, % of GDP," Fiscal Monitor, International Monetary Fund, April 2020, https://www.imf.org/external/datamapper/ G_XWDG_G01_GDP_PT@FM/ADVEC/ FM_EMG/FM_LIDC.

21　"Inflation Rate, Average Consumer Prices, Annual Percent Change, Advanced Economies," World Economic Outlook, International Monetary Fund, April 2020, https://www.imf.org/external/datamapper/ PCPIPCH@WEO/ADVEC/OEMDC.

22　International Monetary Fund, DataMapper, https://www.imf.org/external/ datamapper/GGXWDG_NGDP@WEO/OEMDC/ADVEC/WEO-WORLD.

23　"Youth Dividend or Ticking Time Bomb?" *Africa Renewal*, UN, 2017, https://www.un.org/africarenewal/magazine/special-edition-youth-2017/ youth-dividend-or-ticking-time-bomb.

24　"EM Youth Bulge: A Demographic Dividend or Time Bomb?" Jonathan Wheatley, *Financial Times*, May 2013, https://www.ft.com/content/f08 db252-6e84-371d-980a-30ab41650 2.

25　National Institute of Population and Social Security Research, Japan, http://www.ipss.go.jp/pp-zenkoku/e/zenkoku_e2017/pp_zenkoku2017e_ gaiyou.html#e_zenkoku_II.

26　"Gross Debt Position, % of GDP," Fiscal Monitor, International Monetary Fund, April 2020, https://www.imf.org/external/datamapper/ G_XWDG_G01_GDP_PT@FM/ADVEC/ FM_EMG/FM_LIDC.

27　同上。

28　"U.S. Central Bank Cuts Interest Rate for 1st Time Since 2008," CBC, July 2019, https://www.cbc.ca/news/business/federal-reserve-interest-rate-decision-1.5231891.

29　"United States Fed Funds Rate, 1971–2020," Trading Economics, https://tradingeconomics.com/united-states/interest-rate.

30　这种做法不光在伊朗、俄罗斯、沙特阿拉伯、伊拉克、阿联酋、利
　　比亚、科威特等石油和天然气生产国很常见，在中国、印度尼西
　　亚、墨西哥、埃及等其他新兴市场也很常见。"Energy Subsidies,
　　Tracking the Impact of Fossil-Fuel Subsidies," IEA, https://www.iea.
　　org/topics/energy-subsidies.

31　"Public Spending on Health: A Closer Look at Global Trends," World
　　Health Organization, https://apps.who.int/iris/bitstream/handle/10665/
　　276728/WHO-HIS-HGF-HF-WorkingPaper-18.3-eng.pdf?ua=1.

32　"Global Infrastructure Outlook," Global Infrastructure Hub, https://
　　outlook.gihub.org/.

33　"We'll Live to 100—How Can We Afford It?" World Economic Forum,
　　http://www3.weforum.org/docs/WEF_White_Paper_We_Will_Live_to_
　　100.pdf.

34　"Labor Productivity and Costs," Bureau of Labor Statistics, https://
　　www.bls.gov/lpc/prodybar.htm.

35　"Decoupling of Wages from Productivity," OECD, Economic Outlook,
　　November 2018, https://www.oecd.org/economy/outlook/Decoupling-
　　of-wages-from-productivity-november-2018-OECD-economic-outlook-
　　chapter.pdf.

36　"Some Notes on the Scientic Methods of Simon Kuznets," Robert Fogel,
　　National Bureau of Economic Research, December 1987, https://www.
　　nber.org/papers/w2461.pdf.

37　"Global Inequality is Declining—Largely Thanks to China and India,"
　　Zsolt Darvas, Bruegel Institute, April 2018, https://bruegel.org/2018/04/
　　global-income-inequality-is-declining-largely-thanks-to-china-and-
　　india/.

38　"Upper-Middle-Income Countries," World Bank, https://datahelpdesk.

worldbank.org/knowledgebase/articles/906519-world-bank-country-and-lending-groups.

39　"China Lifts 740 Million Rural Poor Out of Poverty Since 1978," Xinhua, September 2018, http://www.xinhuanet.com/english/2018-09/03/c_137441670.htm.

40　Minneapolis Fed, "Income and Wealth Inequality in America, 1949–2016," https://www.minneapolisfed.org/institute/working-papers-institute/iwp9.pdf.

41　"Piketty's Inequality Story in Six Charts," John Cassidy, *The New Yorker*, March 2014, https://www.newyorker.com/news/john-cassidy/pikettys-inequality-story-in-six-charts.

42　"World Inequality Report, 2018," https://wir2018.wid.world/files/download/wir2018-summary-english.pdf.

43　*The Precariat: The New Dangerous Class*, Guy Standing, 2011, https://www.bloomsbury.com/uk/the-precariat-9781849664561/.

44　2012 年 3 月，卡勒·拉森在加拿大温哥华接受了彼得·万哈姆的采访。

45　"World Inequality Report, 2018," https://wir2018.wid.world/files/download/wir2018-summary-english.pdf.

46　"How Unequal Is Europe? Evidence from Distributional National Accounts, 1980–2017," Thomas Blanchet, Lucas Chancel, Amory Gethin, World Economic Database, April 2019, https://wid.world/document/bcg2019-full-paper/.

47　"EU income inequality decline:Views from an income shares perspective," Zsolt Darvas, Bruegel Institute, 2018, https://www.bruegel.org/2018/07/eu-income-inequality-decline-views-from-an-income-shares-perspec-tive/.

48　"Wealth Inequality in the United States since 1913: Evidence from

利益相关者

Capitalized Income Tax Data," Emmanuel Saez and Gabriel Zucman, *The Quarterly Journal of Economics*, May 2016, http://gabriel-zucman. eu/files/SaezZucman2016QJE.pdf.

49 "Share of Total Income going to the Top 1% since 1900, Within-Country Inequality in Rich Countries," Our World in Data, October 2016, https:// ourworldindata.org/income-inequality.

50 "How America's 1% Came to Dominate Equity Ownership," Robin Wigglesworth, *Financial Times*, February 2020, https://www.ft.com/ content/2501e154-4789-11ea-aeb3-955839e06441.

51 然而，有趣的是，正如经济学家布兰科·米兰诺维奇指出的，虽然主要由股票所有权驱动的财富不平等程度非常高，且仍在不断提升，但像卡尔·马克思在 19 世纪所指出的那种纯粹的"资产阶级"现在已经不复存在。那些富裕家庭的财富确实有一大部分来源于"资本"，但并非全部来源于"资本"。事实上，大多数"富裕"的人也要靠工作谋生，他们往往在金融、法律、医疗行业中拥有高薪职位。

52 "The American Economy Is Rigged," Joseph Stiglitz, *Scientific American*, November 2018, https://www.scientificamerican.com/article/ the-american-economy-is-rigged/.

53 "Mortality and Morbidity in the 21st Century," Anne Case and Angus Deaton, Brookings Institute, March 2017, https://www.brookings.edu/ bpea-articles/mortality-and-morbidity-in-the-21st-century/.

54 "Deaths of Despair, Once an American Phenomenon, Now Haunt Britain," *The Economist*, May 2019, https://www.economist.com/ britain/2019/05/16/deaths-of-despair-once-an-american-phenomenon-now-haunt-britain.

55 "Variation in COVID-19 Hospitalizations and Deaths Across New York City Boroughs," *Journal of the American Medical Association*,

April 2020, https://jamanetwork.com/journals/jama/fullarticle/2765524.

56 "Total Public and Primary Private Health Insurance," Organization for Economic Cooperation and Development, https://stats.oecd.org/Index. aspx?DataSetCode=HEALTH_STAT.

57 "Global Social Mobility Index 2020: Why Economies Benefit from Fixing Inequality," World Economic Forum, January 2020, https:// www.weforum.org/reports/global-social-mobility-index-2020-why-economies-benefit-from-fixing-inequality.

58 "Fair Progress? Economic Mobility across Generations around the World, 2018," The World Bank, https://www.worldbank.org/en/topic/poverty/ publication/fair-progress-economic-mobility-across-generations-around-the-world.

59 同上。

60 "Some Notes on the Scientific Methods of Simon Kuznets," Robert Fogel, NBER, December 1987, https://www.nber.org/papers/w2461.pdf.

61 这两句话改编自："The World Economic Forum, A Partner in Shaping History, The First 40 Years, 1971—2010," http://www3.weforum.org/ docs/WEF_First- 40Years_Book_2010.pdf。

62 *The Limits to Growth*, p.51, http://www.donellameadows.org/wp-content/user les/Limits-to-Growth-digital-scan-version.pdf.

63 同上，p.53。

64 同上，p.71。

65 "Earth Overshoot Day," Global Footprint Network, https://www. overshootday.org/newsroom/press-release-july-2019-english/.

66 "Delayed Earth Overshoot Day Points to Opportunities to Build Future in Harmony with Our Finite Planet," Global Footprint Network, August 2020, https://www.overshootday.org/newsroom/press-release-august-2020-english/.

利益相关者

67　"Statistical Review of World Energy 2019, Primary Energy," BP, https://
www.bp.com/en/global/corporate/energy-economics/statistical-review-
of-world-energy/primary-energy. html.

68　"Fossil Fuels, Fossil Fuels in Electricity Production," Our World in
Data, https://ourworldindata.org/fossil-fuels.

69　"Statistical Review of World Energy 2019, Primary Energy," BP, https://
www.bp.com/en/global/corporate/energy-economics/statistical-review-
of-world-energy/primary-energy.html.

70　"Global Resources Outlook 2019," http://www.resourcepanel.org/
reports/global-resources-outlook.

71　"Water Scarcity," UN Water, 2018, https://www.unwater.org/water-facts/
scarcity/.

72　同上。

73　World Economic Forum, 2016, https://www.weforum.org/press/2016/01/
more-plastic-than-fish-in-the-ocean-by-2050-report-offers-blueprint-for-
change/.

74　"22 of World's 30 Most Polluted Cities are in India, Greenpeace Says,"
The Guardian, March 2019.

75　AirVisual, https://www.airvisual.com/world-most-polluted-cities.

76　"Soil Pollution: A Hidden Reality," Rodríguez-Eugenio, N., McLaughlin,
M., and Pennock, D., FAO, 2018, http://www.fao.org/3/I9183EN/i9183
en.pdf.

77　"Extinctions Increasing at Unprecedented Pace, UN Study Warns,"
Financial Times, May 2019, https://www.ft.com/content/a7a54680-
6f28-11e9-bf5c-6eeb837566c5.

78　同上。

79　UN Intergovernmental Panel on Climate Change, 2018, https://www.ipcc.
ch/site/assets/uploads/sites/2/2018/07/sr15_headline_statements.pdf.

80 "New Climate Predictions Assess Global Temperatures in Coming Five Years," World Meteorological Organization, July 2020, https://public. wmo.int/en/media/press-release/new-climate-predictions-assess-global-temperatures-coming-five-years.

81 "Here Comes the Bad Season: July 2019 Is Likely to Be the Hottest Month Ever Measured," *The Atlantic*, https://www.theatlantic.com/science/archive/2019/07/july-2019-shaping-be-warmest-month-ever/594229/.

82 "Telebasel, Sich entleerende Gletschertasche lässt Bach in Zermatt hochge-hen," https://telebasel.ch/2019/06/11/erneut-ein-rekordheisser-hochsommer-verzeichnet/.

83 "Migration, Climate Change and the Environment, A Complex Nexus," UN Migration Agency IOM, https://www.iom.int/complex-nexus#estimates.

84 同上。

85 "Burning Planet: Climate Fires and Political Flame Wars Rage," World Economic Forum, January 2020, https://www.weforum.org/press/2020/01/burning-planet-climate-fires-and-political-flame-wars-rage.

86 "Our house is still on fire and you're fuelling the flames," World Economic Forum Agenda, January 2020, https://www.weforum.org/agenda/2020/01/greta-speech-our-house-is-still-on-fire-davos-2020/.

第三章

1 "Top 5 Tech Giants Who Shape Shenzhen, 'China's Silicon Valley,'" *South China Morning Post*, April 2015, https://www.scmp.com/lifestyle/technology/enterprises/article/1765430/top-5-tech-giants-who-shape-shenzhen-chinas-silicon.

2　2019 年 6 月，刘国宏在中国深圳接受了彼得·万哈姆的采访。

3　Nanyang Commercial Bank, https://www.ncb.com.hk/nanyang_bank/eng/html/111.html.

4　"First Land Auction Since 1949 Planned in Key China Area," *Los Angeles Times*/Reuters, June 1987, https://www.latimes.com/archives/la-xpm-1987-06-28-mn-374-story.html.

5　"The Silicon Valley of Hardware," *Wired*, https://www.wired.co.uk/video/shenzhen-episode-1.

6　"Exclusive: Apple Supplier Foxconn to Invest $1 Billion in India, Sources Say," Reuters, July 2020, https://www.reuters.com/article/us-foxconn-india-apple-exclusive/exclusive-apple-supplier-foxconn-to-invest-1-billion-in-india-sources-say-idUSKBN24B2GH.

7　"Global 500: Ping An Insurance," *Fortune*, https://fortune.com/global500/2019/ping-an-insurance.

8　"The World's Biggest Electric Vehicle Company Looks Nothing Like Tesla," Bloomberg, April 2019, https://www.bloomberg.com/news/features/2019-04-16/the-world-s-biggest-electric-vehicle-company-looks-nothing-like-tesla.

9　"How Shenzhen Battles Congestion and Climate Change," Chia Jie Lin, GovInsider, July 2018, https://govinsider.asia/security/exclusive-shenzhen-battles-congestion-climate-change/.

10　"China's Debt Threat: Time to Rein in the Lending Boom," Martin Wolf, *Financial Times*, July 2018, https://www.ft.com/content/0c7ecae2-8cfb-11e8-bb8f-a6a2f7bca546.

11　"China's Debt-to-GDP Ratio Surges to 317 Percent," The Street, May 2020, https://www.thestreet.com/mishtalk/economics/chinas-debt-to-gdp-ratio-hits-317-percent.

12　"Climate Change: Xi Jinping Makes Bold Pledge for China to Be

Carbon Neutral by 2060," *South China Morning Post*, September 2020, https://www.scmp.com/news/china/diplomacy/article/3102761/climate-change-xi-jinping-makes-bold-pledge-china-be-carbon.

13 "Current Direction for Renewable Energy in China," Anders Hove, The Oxford Institute for Energy Studies, June 2019, https://www.oxforde-nergy.org/wpcms/wp-content/uploads/2020/06/Current-direction-for-renewable-energy-in-China.pdf.

14 "Everyone around the World is Ditching Coal—Except Asia," Bloom-berg, June 2020, https://www.bloomberg.com/news/articles/2020-06-09/the-pandemic-has-everyone-ditching-coal-quicker-except-asia.

15 "Statistical Review of World Energy 2020," BP, https://www.bp.com/en/global/corporate/energy-economics/statistical-review-of-world-energy.html.

16 "World Integrated Trade Solution," World Bank, 2018, https://wits.worldbank.org/CountryProfile/en/Country/CHN/Year/LTST/TradeFlow/Import/Partner/by-country/Product/Total#.

17 "China Imports," Comtrade, UN, 2018, https://comtrade.un.org/labs/data-explorer/.

18 "Does Investing in Emerging Markets Still Make Sense?" Jonathan Wheatley, *The Financial Times*, July 2019, https://www.ft.com/content/0bd159f2-937b-11e9-aea1-2b1d33ac3271.

19 *The Great Convergence*, Richard Baldwin, Harvard University Press, https://www.hup.harvard.edu/catalog.php?isbn=9780674660489.

20 "Member States," ASEAN, https://asean.org/asean/asean-member-states/.

21 "Total Population of the ASEAN countries," Statista, https://www.statista.com/statistics/796222/total-population-of-the-asean-countries/.

22 "Economic Outlook for Southeast Asia, China and India 2019," OECD,

利益相关者

https://www.oecd.org/development/asia-pacific/01_SAEO2019_Overview_WEB.pdf.

23 "World Economic Outlook: Latest World Economic Outlook Growth Projections," International Monetary Fund, October 2020, https://www.imf.org/en/Publications/WEO/Issues/2020/09/30/world-economic-outlook-october-2020.

24 "Vietnam Emerges a Key Winner from the US-China Trade War," *Channel News Asia*, https://www.channelnewsasia.com/news/commentary/us-china-trade-war-winners-losers-countries-vietnam-hanoi-saigon-11690308.

25 "Southeast Asia Churns Out Billion-Dollar Start-Ups," Bain, https://www.bain.com/insights/southeast-asia-churns-out-billion-dollar-start-ups-snap-chart/.

26 "India's Economic Reform Agenda (2014–2019), a Scorecard," Center for Strategic and International Studies, https://indiareforms.csis.org/2014reforms.

27 "World Economic Outlook," International Monetary Fund, October 2020, Chapter 1, p.9, https://www.imf.org/en/Publications/WEO/Issues/2020/09/30/world-economic-outlook-october-2020.

28 "India's Harsh Covid-19 Lockdown Displaced at Least 10 Million Migrants," Niharika Sharma, Quartz India, September 2020, https://qz.com/india/1903018/indias-covid-19-lockdown-displaced-at-least-10-million-migrants/.

29 "International Literacy Day 2020: Kerala, Most Literate State in India, Check Rank-Wise List," *The Hindustan Times*, September 2020, https://www.hindustantimes.com/education/international-literacy-day-2020-kerala-most-literate-state-in-india-check-rank-wise-list/story-IodNVGgy5hc7PjEXUBKnIO.html.

30 "Chinese Investments in Africa," Brookings Institution, https://www.brookings.edu/blog/africa-in-focus/2018/09/06/figures-of-the-week-chinese-investment-in-africa/.

31 "Global Economic Prospects, Sub-Saharan Africa," The World Bank, January 2019, http://pubdocs.worldbank.org/en/307811542818500671/Global-Economic-Prospects-Jan-2019-Sub-Saharan-Africa-analysis.pdf.

32 "The Asian Century Is Set to Begin," *Financial Times*, March 2019, https://www.ft.com/content/520cb6f6-2958-11e9-a5ab-ff8ef2b976c7.

33 "World Economic Outlook: Latest World Economic Outlook Growth Projections," International Monetary Fund, October 2020, https://www.imf.org/en/Publications/WEO/Issues/2020/09/30/world-economic-outlook-october-2020.

34 "Air Pollution," World Health Organization, https://www.who.int/airpollution/en/.

35 "World Inequality Report 2018: Income Inequality in India," World Inequality Lab, https://wir2018.wid.world/.

第四章

1 "Rede von US-Präsident John F. Kennedy vor dem Rathaus Schöneberg am 26. Juni 1963", City of Berlin, https://www.berlin.de/berlin-im-ueberblick/geschichte/artikel.453085.php.

2 "Ronald Reagan, Remarks at Brandenburg Gate,1987",University of Bochum, https://www.ruhr-uni-bochum.de/gna/Quellensammlung/11/11_reaganbrandenburggate_1987.htm.

3 "A Partner in Shaping History, The First 40 Years," The World Economic Forum, http://www3.weforum.org/docs/WEF_First40Years_Book_2010.pdf.

4 "A Partner in Shaping History, German Reunification and the New

Europe," World Economic Forum, p.108, http://www3.weforum.org/docs/ WEF_A_Partner_in_Shaping_ History.pdf.

5　"Reality Check: Are Migrants Driving Crime in Germany?" BBC News, September 2018, https://www.bbc.com/news/world-europe-45419466.

6　"Germany Shocked by Cologne New Year Gang Assaults on Women," BBC, January 2016, https://www.bbc.com/news/world-europe-35231046.

7　"Why Italy's Technocratic Prime Minister Is So Popular," *The Economist*, June 2020, https://www.economist.com/europe/2020/06/25/why-italys-technocratic-prime-minister-is-so-popular.

8　"Start Taking the Backlash Against Globalization Seriously," Klaus Schwab and Claude Smadja, *The International New York Times*, February 1996, https://www.nytimes.com/1996/02/01/opinion/IHT-start-taking-the-backlash-against-globalization-seriously.html.

9　"Italy Hit by Wave of Pitchfork Protests as Austerity Unites Disparate Groups," Lizzie Davies, *The Guardian*, December 2013, https://www.theguardian.com/world/2013/dec/13/italy-pitchfork-protests-austerity-unites-groups.

10　"Clashes with fans as Pitchfork protests enter third day," ANSA, December 2013, http://www.ansa.it/web/notizie/rubriche/english/2013/12/11/Clashes-fans-Pitchfork-protests-enter-third-day_9763655.html.

11　例如，在加拿大，这场运动在网上大受欢迎，因为它将那些反移民、反多元文化、反政治精英的人聚集起来。参见：«Le movement "gilet jaune" s'enracine à droite au Canada», *Le Courrier International*, January 2019, https://www.courrierinternational.com/article/le-mouvement-gilet-jaune-senracine-droite-au-canada。

12　关于各国内部以及世界各地不平等状况的全面讨论，我参考了布兰科·米兰诺维奇的《全球不平等》一书。在这本书中，米兰诺维奇从全球维度和历史维度探讨了收入、财富和机会不平等的现状和演变过程，其中有些观点是我在本书的分析中为了简明效果而省略了的。

第五章

1　2019 年 10 月，乌托莫兄弟在印度尼西亚的雅加达接受了彼得·万哈姆的采访。

2　IDN Times, IDN Media, consulted October 2020, https://www.idn.media/products/idntimes.

3　以下内容是基于彼得·万哈姆有关世界经济论坛议程的文章进行改编和更新。"Why Indonesians Fight like Avengers for Globalization," https://www.weforum.org/agenda/2018/12/why-indonesians-fight-like-avengers-for-globalization/.

4　同上。

5　"Indonesia Maintains Steady Economic Growth in 2019," World Bank's June 2019 Economic Quarterly, https://www.worldbank.org/en/news/press-release/2019/07/01/indonesia-maintains-steady-economic-growth-in-2019.

6　本节内容是基于以下内容改编："How Globalization 4.0 Fits into the History of Globalization," Peter Vanham, World Economic Forum Agenda, January 2019, https://www.weforum.org/agenda/2019/01/how-globalization-4-0-fits-into-the-history-of-globalization。

7　"The Belt and Road Initiative," Permanent Mission of the People's Republic of China to the United Nations Office at Geneva and other International Organizations in Switzerland, http://www.china-un.ch/eng/zywjyjh/t1675564.htm.

8　我们避免使用"发现"一词，因为早在欧洲人意识到在欧洲和亚洲之间还存在一片大陆之前，美洲大陆就已出现定居的原住民。现在为人们所广泛了解且接受的一点是，在哥伦布之前，维京人莱夫·埃里克森就已踏上这片土地，他被认为是首个从欧洲到达美洲的人。

9　http://www.bbc.co.uk/history/british/victorians/victorian_technology_01.shtml.

10　https://ourworldindata.org/international-trade.

11　https://edatos.consorciomadrono.es/file.html?persistentId=doi:10.21950/BBZVBN/U54JIA&version=1.0.

12　约翰·梅纳德·凯恩斯，《〈凡尔赛和约〉的经济后果》，1919年，引文内容可见于 https://www.theglobalist.com/global-man-circa-1913/。

13　"The Industrial Revolution," Khan Academy, https://www.khanacademy.org/humanities/big-history-project/acceleration/bhp-acceleration/a/the-industrial-revolution.

14　"India in the Rise of Britain and Europe: A Contribution to the Convergence and Great Divergence Debates," Bhattacharya, Prabir Heriot-Watt University, May 2019, https://mpra.ub.uni-muenchen.de/97457/1/MPRA_paper_97457.pdf.

15　"Top Wealth Shares in the UK, 1895–2013, Figure 4.6.1," World Inequality Lab, https://wir2018.wid.world/part-4.html.

16　https://www.wto.org/english/res_e/booksp_e/anrep_e/world_trade_report11_e.pdf.

17　https://edatos.consorciomadrono.es/file.xhtml?persistentId=doi:10.21950/BBZVBN/U54JIA&version=1.0.

18　"Trade in the Digital Era," OECD, March 2019, https://www.oecd.org/going-digital/trade-in-the-digital-era.pdf.

19　正如英国自然环境研究理事会生态与水文研究中心所提供的解释："热带雨林常被称为'地球之肺'，因为它们吸收二氧化碳并释放氧气。" https://www.ceh.ac.uk/news-and-media/news/tropical-rainforests-lungs-planet-reveal-true-sensitivity-global-warming.

20　"The Globalization Paradox: Democracy and the Future of the World Economy," Dani Rodrik, W.W. Norton, 2011, https://drodrik.scholar.harvard.edu/publications/globalization-paradox-democracy-and-future-world-economy.

21　*The End of History and the Last Man*, Francis Fukuyama, Penguin Books, 1993.

22　"The Rise and Fall of Hungary," Zsolt Darvas, *The Guardian*, October 2008, https://www.theguardian.com/business/blog/2008/oct/29/hungary-imf.

23　"How Rotterdam Is Using Blockchain to Reinvent Global Trade," Port of Rotterdam, September 2019, https://www.portofrotterdam.com/en/news-and-press-releases/how-rotterdam-is-using-blockchain-to-reinvent-global-trade.

24　2020 年 10 月 16 日，乌托莫兄弟在印度尼西亚的雅加达接受了彼得·万哈姆的采访。

第六章

1　«Danmark i verdens robot top-10», Dansk Metal, January 2018, https://www.danskmetal.dk/Nyheder/pressemeddelelser/Sider/Danmark-i-verdens-robot-top-10.aspx.

2　"Why American Workers Need to Be Protected from Automation," Bill de Blasio, *Wired*, September 2019, https://www.wired.com/story/why-american-workers-need-to-be-protected-from-automation/.

3　"Robots Are the Ultimate Job Stealers. Blame Them, Not Immigrants," Arlie Hochschild, *The Guardian*, February 2018, https://www.theguardian.com/commentisfree/2018/feb/14/resentment-robots-job-stealers-arlie-hochschild.

4　*The Fourth Industrial Revolution*, Klaus Schwab, Penguin Random House, January 2017, https://www.penguinrandomhouse.com/books/551710/the-fourth-industrial-revolution-by-klaus-schwab/.

5　"The Future of Employment: How Susceptible Are Jobs to Computerization?" Carl Frey and Michael Osborne, Oxford University, September 2013, https://www.oxfordmartin.ox.ac.uk/downloads/academic/The_Future_of_Employment.pdf.

6　*The Technology Trap: Capital, Labor, and Power in the Age of Automation*, Carl Frey, Princeton University Press, June 2019, https://press.princeton.edu/books/hardcover/9780691172798/the-technology-trap.

7　"If Robots and AI Steal Our Jobs, a Universal Basic Income Could Help", Peter H. Diamandis, Singularity Hub, December 2016, https://singularityhub.com/2016/12/13/if-robots-steal-our-jobs-a-universal-basic-income-could-help/.

8　2019 年 5 月，克劳斯·延森接受了彼得·万哈姆的采访。

9　当船舶建造工作的主力军变成机器人，而不再是人类时，该行业有些工作岗位确实消失了。但即便如此，拥有长期变革的愿景的延森依旧保持乐观且极具建设性的态度。该行业仍然需要有工人监督施工，修理发动机，将所有部件组合起来。如果丹麦工人能够在世界范围内保持竞争力，则丹麦依然会是全球船舶制造和维修中心。这种乐观积极的态度早已刻入该工会的基因。"我的工会成立于 1888 年，我们的第一任工会主席曾说过一句话，我今天想再次重申，"他说，"我们改变技术，但我们不会改变自己的观点。"

10　2019 年 11 月，罗宾·勒夫曼在哥本哈根接受了彼得·万哈姆的采访。

11　2019 年 11 月，托马斯·斯瑟比在哥本哈根接受了彼得·万哈姆的采访。

12　Unemployment, Statistics Denmark, consulted in October 2020, https://www.dst.dk/en/Statistik/emner/arbejde-indkomst-og-formue/arbejdsloeshed.

13　"Inequality in Denmark through the Looking Glass," Orsetta Causa, Mikkel Hermansen, Nicolas Ruiz, Caroline Klein, Zuzana Smidova, OECD Economics, November 2016, https://read.oecd-ilibrary.org/economics/inequality-in-denmark-through-the-looking-glass_5jln041vm6tg-en#page3.

14　"How Many US Manufacturing Jobs Were Lost to Globalisation?" Matthew C. Klein, *Financial Times*, December 2016, https://ftalphaville.ft.com/2016/12/06/2180771/how-many-us-manufacturing-jobs-were-lost-to-globalisation/.

15　Trading Economics, United States Labor Force Participation Rate, with numbers supplied by the US Bureau of Labor Statistics, https://trading economics.com/united-states/labor-force-participation-rate.

16　Trading Economics, Denmark Labor Force Participation Rate, https://tradingeconomics.com/denmark/labor-force-participation-rate.

17　2019 年 11 月，托马斯·斯瑟比在哥本哈根接受了彼得·万哈姆的采访。

18　OECD, Directorate for Employment, Labour and Social Affairs, Employment Policies and Data, Skills and Work dashboard, http://www.oecd.org/els/emp/skills-and-work/xkljljosedifjsldfk.htm.

19　2019 年 4 月，希瑟·朗在华盛顿接受了彼得·万哈姆的采访。

20　同上。

21　2019 年 11 月，托马斯·斯瑟比在哥本哈根接受了彼得·万哈姆的采访。

22　"How Today's Union Help Working People: Giving Workers the Power to Improve Their Jobs and Unrig the Economy," Josh Bivens et al., Economic Policy Institute, August 2017, https://www.epi.org/publication/how-todays-unions-help-working-people-giving-workers-the-power-to-improve-their-jobs-and-unrig-the-economy/.

23 "Singapore Society Still Largely Conservative but Becoming More Liberal on Gay Rights: IPS Survey," *The Straits Times*, May 2019, https://www.straitstimes.com/politics/singapore-society-still-largely-conservative-but-becoming-more-liberal-on-gay-rights-ips.

24 "Singapore: Crazy Rich but Still Behind on Gay Rights," *The Diplomat*, October 2018, https://thediplomat.com/2018/10/singapore-crazy-rich-but-still-behind-on-gay-rights/.

25 2019 年 7 月，新加坡高级部长尚达曼接受了彼得·万哈姆的采访。

26 "Singapore's Economic Transformation," Gundy Cahyadi, Barbara Kursten, Dr. Marc Weiss, and Guang Yang, Global Urban Development, June 2004, http://www.globalurban.org/GUD%20Singapore%20MES%20Report.pdf.

27 "An Economic History of Singapore—1965–2065," Ravi Menon, Bank for International Settlements, August 2015, https://www.bis.org/review/r150807b.htm.

28 "Singapore's Economic Transformation," Gundy Cahyadi, Barbara Kursten, Dr. Marc Weiss, and Guang Yang, Global Urban Development, June 2004, http://www.globalurban.org/GUD%20Singapore%20MES%20Report.pdf.

29 "Singapore Faces Biggest Reskilling Challenge in Southeast Asia," Justina Lee, *Nikkei Asian Review*, December 2018, https://asia.nikkei.com/Economy/Singapore-faces-biggest-reskilling-challenge-in-Southeast-Asia.

30 "PwC's Hopes and Fears Survey," p.4, PwC, September 2019, https://www.pwc.com/sg/en/publications/assets/new-world-new-skills-2020.pdf.

31 2019 年 10 月，吴修铭在纽约接受了彼得·万哈姆的采访。

32 "The 100 Largest Companies by Market Capitalization in 2020," Statista, consulted in October 2020, https://www.statista.com/

statistics/263264/top-companies-in-the-world-by-market-capitalization.

33　"Amazon's Antitrust Paradox," Lina M. Kahn, *The Yale Law Journal*, January 2017.

34　"Big Tech Has Too Much Monopoly Power—It's Right to Take It On," Kenneth Rogoff, *The Guardian*, April 2019, https://www.theguardian. com/technology/2019/apr/02/big-tech-monopoly-power-elizabeth-warren-technology; Paul Krugman's "Monopoly Capitalism Is Killing US Economy," Joseph Stiglitz's "America Has a Monopoly Problem— and It's Huge," and Kenneth Rogoff's "Big Tech Is a Big Problem"; "The Rise of Corporate Monopoly Power," Zia Qureshi, Brookings, May 2019, https://www.brookings.edu/blog/up-front/2019/05/21/the-rise-of-corporate-market-power/.

35　"Steve Wozniak Says Apple Should've Split Up a Long Time Ago, Big Tech Is Too Big," Bloomberg, August 2019, https://www.bloomberg. com/news/videos/2019-08-27/steve-wozniak-says-apple-should-ve-split-up-a-long-time-ago-big-tech-is-too-big-video.

36　不过，有些学者确实对这一观点提出了质疑。比如，针对农业革命给人类粮食供应的质量和数量带来的影响，尤瓦尔·赫拉利就没有那么乐观。

37　*A Tale of Two Cities*, Charles Dickens, Chapman & Hall, 1859.

38　"The Emma Goldman Papers," Henry Clay Frick et al., University of California Press, 2003, https://www.lib.berkeley.edu/goldman/Publicatio-nsoftheEmmaGoldmanPaperssamplebiographiesfromthedirectoryofindi-viduals.html.

39　"Historical Background and Development of Social Security," Social Security Administration, https://www.ssa.gov/history/briefhistory3.html.

40　"Standard Ogre," *The Economist*, December 1999, https://www. economist.com/business/1999/12/23/standard-ogre.

41 "The Presidents of the United States of America": Lyndon B. Johnson, Frank Freidel and Hugh Sidey, White House Historical Association, 2006, https://www.whitehouse.gov/about-the-white-house/presidents/lyndon-b-johnson/

42 该术语出自: *Capitalism, Socialism and Democracy*, Joseph Schumpeter, Harper Brothers, 1950 (first published 1942)。

43 "A Friedman Doctrine—The Social Responsibility Of Business Is to Increase Its Profits," Milton Friedman, *The New York Times*, September 1970, https://www.nytimes.com/1970/09/13/archives/a-friedman-doctrine-the-social-responsibility-of-business-is-to.html.

44 Global Income Distribution from the Fall of the Berlin Wall to the Great Recession, Christoph Lakner and Branko Milanovic, World Bank, December 2013, http://documents.worldbank.org/curated/en/914431468162277879/pdf/WPS6719.pdf.

45 "Deconstructing Branko Milanovic's 'Elephant Chart': Does It Show What Everyone Thinks?" Caroline Freund, PIIE, November 2016, https://www.piie.com/blogs/realtime-economic-issues-watch/deconstructing-branko-milanovics-elephant-chart-does-it-show.

46 US District Court for the District of Columbia - 97 F. Supp. 2d 59 (D.D.C. 2000), June 7, 2000, https://law.justia.com/cases/federal/district-courts/FSupp2/97/59/2339529/.

47 Commission Decision of May 24, 2004 relating to a proceeding pursuant to Article 82 of the EC Treaty and Article 54 of the EEA Agreement against Microsoft Corporation, Eur-Lex, https://eur-lex.europa.eu/legal-content/EN/ALL/?uri=CELEX:32007D0053.

48 "Big Business Is Overcharging You $5,000 a Year," David Leonhardt, *The New York Times*, November 2019, https://www.nytimes.com/2019/11/10/opinion/big-business-consumer-prices.html.

49 同上。

50 "The 7 Biggest Fines the EU Have Ever Imposed against Giant Compa-
    nies," Ana Zarzalejos, Business Insider, July 2018, https://www.busine-
    ssinsider.com/the-7-biggest-fines-the-eu-has-ever-imposed-against-
    giant-corporations-2018-7.

51 "Antitrust: Commission fines Google €1.49 billion for abusive practices
    in online advertising," European Commission, March 2019, https://
    ec.europa.eu/commission/presscorner/detail/en/IP_19_1770.

52 "Antitrust: Commission fines truck producers € 2.93 billion for
    participating in a cartel," European Commission, July 2016, https://
    ec.europa.eu/commission/presscorner/detail/es/IP_16_2582.

53 Cartel Statistics, European Commission, Period 2015–2019, https://
    ec.europa.eu/competition/cartels/statistics/statistics.pdf.

54 Merger Statistics, European Commission, https://ec.europa.eu/
    competition/mergers/statistics.pdf.

55 "Vestager Warns Big Tech She Will Move beyond Competition Fines,"
    Javier Espinoza, *Financial Times*, October 2019, https://www.ft.com/
    content/dd3df1e8-e9ee-11e9-85f4-d00e5018f061.

56 https://www.nytimes.com/2019/11/10/opinion/big-business-consumer-
    prices.html.

57 "The Alstom-Siemens Merger and the Need for European Champions,"
    Konstantinos Efstathiou, Bruegel Institute, March 2019, https://www.
    bruegel.org/2019/03/the-alstom-siemens-merger-and-the-need-for-
    european-champions/.

58 *The Fourth Industrial Revolution*, Klaus Schwab, Currency, January
    2016.

59 "Unpacking the AI-Productivity Paradox," Eric Brynjolfsson, Daniel
    Rock and Chad Syverson, *MIT Sloan Management Review*, January

2018, https://sloanreview.mit.edu/article/unpacking-the-ai-productivity-paradox/.

60　Centre for the Fourth Industrial Revolution, World Economic Forum, https://www.weforum.org/centre-for-the-fourth-industrial-revolution.

61　*The Value of Everything*, Mariana Mazzucato, Penguin, April 2019, https://www.penguin.co.uk/books/280466/the-value-of-everything/9780141980768.html.

62　"One of the World's Most Influential Economists Is on a Mission to Save Capitalism from Itself," Eshe Nelson, Quartz, July 2019, https://qz.com/1669346/mariana-mazzucatos-plan-to-use-governments-to-save-capitalism-from-itself/.

63　2019 年 10 月，吴修铭在纽约接受了彼得·万哈姆的采访。

第七章

1　出自格雷塔·通贝里在 2019 年 1 月举行的世界经济论坛达沃斯年会上的演讲。经编辑的演讲内容可见于："'Our house is on fire': Greta Thunberg, 16, Urges Leaders to Act on Climate," *The Guardian*, January 2019, https://www.theguardian.com/environment/2019/jan/25/our-house-is-on-fire-greta-thunberg16-urges-leaders-to-act-on-climate。

2　同上。

3　"School Strike for Climate—Save the World by Changing the Rules," Greta Thunberg, TEDxStockholm, December 2018, https://www.youtube.com/watch?v=EAmmUIEsN9A&t=1m46s.

4　Asperger Syndrome, National Autistic Society, United Kingdom, https://www.autism.org.uk/about/what-is/asperger.aspx.

5　Greta Thunberg, Twitter, August 2019, https://twitter.com/GretaThunberg/status/1167916636394754049.

6　"Greta Thunberg: How One Teenager Became the Voice of the Planet," Amelia Tait, *Wired*, June 2019, https://www.wired.co.uk/article/greta-thunberg-climate-crisis.

7　"Summary for Policymakers of IPCC Special Report on Global Warming of 1.5°C, Approved by Governments," IPCC, October 2018, https://www.ipcc.ch/site/assets/uploads/sites/2/2019/05/pr_181008_P48_spm_en.pdf.

8　"The Limits to Growth," The Club of Rome, 1972, https://www.clubofrome.org/report/the-limits-to-growth/.

9　"A Partner in Shaping History," World Economic Forum, p.55, http://www3.weforum.org/docs/WEF_First40Years_Book_2010.pdf.

10　"These 79 CEOs believe in global climate action," World Economic Forum, November 2015, https://www.weforum.org/agenda/2015/11/open-letter-from-ceos-to-world-leaders-urging-climate-action/.

11　"Global Emissions Have Not Yet Peaked," *Our World in Data*, August 2020, https://ourworldindata.org/co2-and-other-greenhouse-gas-emissions#global-emissions-have-not-yet-peaked.

12　"A Breath of Fresh Air from an Alpine Village," Swissinfo, https://www.swissinfo.ch/eng/tuberculosis-and-davos_a-breath-of-fresh-air-for-an-alpine-village/41896580.

13　"Global Warming Has Begun, Expert Tells Senate," *The New York Times*, June 1988, https://www.nytimes.com/1988/06/24/us/global-warming-has-begun-expert-tells-senate.html.

14　"What Is the UNFCCC," United Nations Climate Change, https://unfccc.int/process-and-meetings/the-convention/what-is-the-united-nations-framework-convention-on-climate-change.

15　"Global Extreme Poverty," Our World in Data, https://ourworldindata.org/extreme-poverty.

16　"Ethiopia Secures Over $140 Million USD Export Revenue from

Industrial Parks," Ethiopian Investment Commission, October 2019, http://www.investethiopia.gov.et/index.php/information-center/news-and-events/868-ethiopia-secures-over-$-140-million-usd-export-revenue-from-industrial-parks.html.

17 2019 年 9 月，塞纳特·索尔萨在埃塞俄比亚的阿瓦萨接受了彼得·万哈姆的采访，此处说法正是基于采访内容。

18 2019 年 9 月，塞纳特·索尔萨在埃塞俄比亚的阿瓦萨接受了彼得·万哈姆的采访。

19 "GDP Growth (annual %), Ethiopia," World Bank, https://data.world bank.org/indicator/NY.GDP.MKTP.KD.ZG?locations=ET.

20 "GDP, Constant 2010 US$, Ethiopia," World Bank, https://data. worldbank.org/indicator/NY.GDP.MKTP.KD?locations=ET.

21 "GDP per Capita, Constant 2010 $, Ethiopia," World Bank, https://data. worldbank.org/indicator/NY.GDP.PCAP.KD?locations=ET.

22 "Deforestation, Did Ethiopia Plant 350 Million Trees in One Day?" BBC, August 2019, https://www.bbc.com/news/world-africa-49266983.

23 "Ethiopia Plants over 350 Million Trees in a Day, Setting New World Record," UNEP, August 2019, https://www.unenvironment.org/news-and-stories/story/ethiopia-plants-over-350-million-trees-day-setting-new-world-record.

24 "Ethiopia," IEA, https://www.iea.org/countries/Ethiopia.

25 "Indonesia's leader says sinking Jakarta needs giant sea wall," Associated Press, July 2019, https://apnews.com/article/8409fd8291ce43509 bd3165b609de98c.

26 "Fin du mois, fin du monde : même combat?", France Culture, November 2019, https://www.franceculture.fr/emissions/linvite-des-matins/fin-du-mois-fin-du-monde-meme-combat.

27 "Per Capita Emissions, Navigating the Numbers: Greenhouse Gas Data

and International Climate Policy," World Resources Institute, http://pdf. wri.org/navigating_numbers_chapter4.pdf.

28 "Palau Climate Change Policy for Climate and Disaster Resilient Low Emissions Development," Government of Palau, 2015, pp.22-23, https:// www.pacificclimatechange.net/sites/default/files/documents/PalauCC Policy_WebVersion-FinanceCorrections_HighQualityUPDATED%20 11182015Compressed.pdf.

29 "Urbanization," Our World in Data, November 2019, https://ourworld indata.org/urbanization.

30 "68% of the World Population Projected to Live in Urban Areas by 2050, Says UN," UN Department of Economic and Social Affairs, May 2018, https://www.un.org/development/desa/en/news/population/2018-revision-of-world-urbanization-prospects.html.

31 "Global Gridded Model of Carbon Footprints (GGMCF)," http:// citycarbonfootprints.info/.

32 "Sizing Up the Carbon Footprint of Cities," NASA Earth Observatory, April 2019, https://earthobservatory.nasa.gov/images/144807/sizing-up-the-carbon-footprint-of-cities.

33 "Why a Car Is an Extravagance in Singapore," CNN, October 2017, https://edition.cnn.com/2017/10/31/asia/singapore-cars/index.html.

34 "World Population Growth," Our World in Data, May 2019, https:// ourworldindata.org/world-population-growth.

35 "Russia's Natural Population Decline to Hit 11-Year Record in 2019," *The Moscow Times*, https://www.themoscowtimes.com/2019/12/13/ russias-natural-population-decline-hit-11-year-record-2019-a68612.

36 "Fertility Rate, Total (Births per Woman)—India," World Bank, https:// data.worldbank.org/indicator/SP.DYN.TFRT.IN?locations=IN.

37 "The Carbon Footprint of Bitcoin," Christian Stoll, Lena Klaaßen,

Ulrich Gallersdörfer, *Joule*, July 2019, https://www.cell.com/joule/fulltext/S2542-4351(19)30255-7.

38 "Firms Must Justify Investment in Fossil Fuels, Warns Mark Carney," Andrew Sparrow, *The Guardian*, December 2019, https://www.theguardian.com/business/2019/dec/30/firms-must-justify-investment-in-fossil-fuels-warns-mark-carney.

39 "The Net-Zero Challenge: Fast-Forward to Decisive Climate Action," World Economic Forum, January 2020, https://www.weforum.org/reports/the-net-zero-challenge-fast-forward-to-decisive-climate-action.

40 "German Air Travel Slump Points to Spread of Flight Shame," William Wilkes and Richard Weiss, Bloomberg, December 2019, https://www.bloomberg.com/news/articles/2019-12-19/german-air-travel-slump-points-to-spread-of-flight-shame?sref=61mHmpU4.

41 "How Greta Thunberg and 'Flygskam' Are Shaking the Global Airline Industry," Nicole Lyn Pesce, MarketWatch, December 2019, https://www.marketwatch.com/story/flygskam-is-the-swedish-travel-trend-that-could-shake-the-global-airline-industry-2019-06-20.

42 "This Is What Peak Car Looks Like," Keith Naughton and David Welch, *Bloomberg Businessweek*, February 2019, https://www.bloomberg.com/news/features/2019-02-28/this-is-what-peak-car-looks-like.

43 "COVID-19 Made Cities More Bike-Friendly—Here's How to Keep Them That Way," Sandra Caballero and Philippe Rapin, World Economic Forum Agenda, June 2020, https://www.weforum.org/agenda/2020/06/covid-19-made-cities-more-bike-friendly-here-s-how-to-keep-them-that-way/.

44 "Germany Calls for a New Trans Europe Express TEE 2.0 Network," *International Railway Journal*, September 2020, https://www.railjournal.com/passenger/main-line/germany-calls-for-a-new-trans-europe-express-tee-2-0-network/.

45　ESG 是环境、社会和公司治理的英文缩写。

46　"EU Emissions Trading System (EU ETS）," European Commission, https://ec.europa.eu/clima/policies/ets_en.

47　"The European Union Emissions Trading System Reduced CO_2 Emissions Despite Low Prices," Patrick Bayer and Michaël Aklin, *PNAS Proceedings of the National Academy of Sciences of the United States of America*, April 2020, https://www.pnas.org/content/117/16/8804.

48　Alliance of CEO Climate Leaders, World Economic Forum, https://www.weforum.org/projects/alliance-of-ceo-climate-leaders.

49　"The Net-Zero Challenge: Fast-Forward to Decisive Climate Action," World Economic Forum and Boston Consulting Group, January 2020, http://www3.weforum.org/docs/WEF_The_Net_Zero_Challenge.pdf.

50　出自格雷塔·通贝里在 2019 年 1 月举行的世界经济论坛达沃斯年会上的演讲。经编辑的演讲内容可见于："'Our house is on fire': Greta Thunberg, 16, Urges Leaders to Act on Climate," *The Guardian*, January 2019, https://www.theguardian.com/environment/2019/jan/25/our-house-is-on-fire-greta-thunberg16-urges-leaders-to-act-on-climate。

第八章

1　"What Kind of Capitalism Do We Want?", Klaus Schwab, *TIME Magazine*, December 2019, https://time.com/5742066/klaus-schwab-stakeholder-capitalism-davos/.

2　"What is Capitalism," Sarwat Jahan and Ahmed Saber Mahmud, *Finance & Development*, International Monetary Fund, June 2015, https://www.imf.org/external/pubs/ft/fandd/2015/06/basics.htm.

3　*Modern Company Management in Mechanical Engineering*, Klaus Schwab, Hein Kroos, Verein Deutscher Maschinenbau-Anstalten, 1971,

http://www3.weforum.org/docs/WEF_KSC_CompanyStrategy_Presen-
tation_2014.pdf.

4　"'Locust-19'set to ravage crops across east Africa," David Pilling and
Emiko Terazono, *Financial Times*, April 2020, https://www.ft.com/
content/b93293d4-3d73-42bc-b8b7-2d3e7939490e.

5　"The Locust Plague in East Africa Is Sending Us a Message, And It's Not
Good News," Carly Casella, Science Alert, July 2020, https://www.
sciencealert.com/the-locust-plagues-in-east-africa-are-sending-us-a-
message-and-it-s-not-a-good-one.

6　"The World is on the Move as Never Before," Bloomberg, October 2019,
https://www.bloomberg.com/graphics/2019-how-migration-is-changing-
our-world/.

7　正如我们所看到的，这种互联性是一个始终存在的现实。但是，对
于利益相关者而言，近几十年来的技术进步放大和强化了这种互联
性。因此，在新的利益相关者模式中，这种互联性理应得到特别关
注。现代技术将世界各地的人们联系在一起，同样地，它也使企业
进行全球贸易以及国家间相互竞争成为可能。事实上，当前世界已
经出现了一些反向发展的迹象，有些政策正试图抑制上述趋势。尽
管如此，这个世界仍比以往任何时候都更加全球化。公平地说，自
从大约 10 年前开始，跨国公司之间的全球实物贸易增长速度已经
落后于全球经济的整体增长速度，政府的贸易保护主义再次抬头。
但数字贸易仍在快速增长，压过了实体贸易领域的全球化放缓趋
势——《经济学人》还专门给这一趋势起了个名字，叫"慢球化"
（Slowbalisation）。这种情况所带来的结果是所有的利益相关者都能感
受到的。例如，数字全球化带来的一个结果是，少数大型科技公司
主导了全球市场，其中有些公司的市值已经超过 1 万亿美元。这在一
定程度上解释了，为什么全球企业不平等程度和全球市场集中度都
达到了历史最高点。这也有助于解释为什么尽管全球收入不平等程

度趋于下降（这得益于中国的崛起），但个人财富的集中度却达到了历史新高。（国际乐施会报告称，在 2019 年，世界上最富裕的 2 000 人所拥有的财富超过了世界上最贫穷的 46 亿人所拥有的财富总和，那些世界上最富裕的人的财富来自他们创办的大型科技公司。）

8　"Fact Sheets on the European Union: The Principle of Subsidiarity," European Parliament, http://www.europarl.europa.eu/factsheets/en/sheet/7/subsidiaritatsprinzip.

9　"Subsidiarity," Cambridge Dictionary, https://dictionary.cambridge.org/dictionary/english/subsidiarity.

10　"Chart of the Day:These Countries Create Most of theWorld's CO_2 Emissions," World Economic Forum, June 2019, https://www.weforum.org/agenda/2019/06/chart-of-the-day-these-countries-create-most-of-the-world-s-co2-emissions/.

11　"Connotations of Chinese Dream," *China Daily*, March 2014, https://www.chinadaily.com.cn/china/2014npcandcppcc/2014-03/05/content_17324203.htm.

12　"The Speech that Launched the Great Society," The Conversation, January 2015, https://theconversation.com/the-speech-that-launched-the-great-society-35836.

13　评论参见："Who Creates a Nation's Economic Value?" Martin Wolf, *Financial Times*, April 2018, https://www.ft.com/content/e00099f0-3c19-11e8-b9f9-de94fa33a81e。

14　"The Worldwide Uber Strike Is a Key Test for the Gig Economy," Alexia Fernandez Campbell,Vox, May 219, https://www.vox.com/2019/5/8/18535367/uber-drivers-strike-2019-cities.

15　"Uber Pre IPO, 8th May, 2019 Global Strike Results," RideShare Drivers United, May 2019, https://ridesharedriversunited.com/uber-pre-ipo-8th-may-2019-global-strike-results/.

16 "Worker or Independent Contractor? Uber Settles Driver Claims Before Disappointing IPO," *Forbes*, May 2019, https://www.forbes.com/sites/ kellyphillipserb/2019/05/13/worker-or-independent-contractor-uber-settles-driver-claims-before-disappointing-ipo/#7a157b93f39f.

17 "Uber and Lyft Drivers in California Will Remain Contractors," Kate Conger, *The New York Times*, November 2020, https://www.nytimes. com/2020/11/04/technology/california-uber-lyft-prop-22.html.

18 "Are Political Parties in Trouble?" Patrick Liddiard, Wilson Center, December 2018, https://www.wilsoncenter.org/sites/default/files/media/ documents/publication/happ_liddiard_are_political_parties_in_trouble_ december_2018.pdf.

19 "A Deep Dive into Voter Turnout in Latin America," Holly Sunderland, Americas Society/Council of the Americas, June 2018, https://www.as-coa.org/articles/chart-deep-dive-voter-turnout-latin-america.

20 "Historical Reported Voting Rates,Table A.1," United States Census Bureau, https://www.census.gov/data/tables/time-series/demo/voting-and-registration/voting-historical-time-series.html.

21 这就是为什么多年来，世界经济论坛投入更大精力，致力于确保参会者能够代表各方利益相关者，确保青年、文化领袖、公民社会、学术界的声音都能被听到。

22 "Ending Short-Termism by Keeping Score," Klaus Schwab, Project Syndicate, October 2019, https://www.weforum.org/agenda/2019/10/ how-we-can-end-short-termism-by-keeping-score/.

23 "Better Life Index," OECD, http://www.oecdbetterlifeindex.org/#/ 11111111111.

24 The Global Competitiveness Report 2019, World Economic Forum, p.27, http://www3.weforum.org/docs/WEF_TheGlobalCompetitivenessRepo-rt2019.pdf.

25 同上。

26 "What Is Natural Capital?" World Forum on Natural Capital, https://
    naturalcapitalforum.com/about/.

27 https://www.weforum.org/reports/the-inclusive-development-index-
    2018.

28 https://climateactiontracker.org/.

29 "Changing how we measure economic progress," The Wealth Project,
    https://www.wealth-economics.org/about/.

30 "Davos Manifesto 2020," Klaus Schwab,World Economic Forum,
    December 2019, https://www.weforum.org/agenda/2019/12/davos-
    manifesto-2020-the-universal-purpose-of-a-company-in-the-fourth-
    industrial-revolution/.

31 在此，我需要补充的是，这些内容也使得 2020 年《达沃斯宣言》
    不同于 2019 年美国"商业圆桌会议"上签署的《公司宗旨宣言
    书》。该宣言书中列出了一系列类似的利益相关者，企业要承诺为
    这些利益相关者提供价值，但其中并未谈及公平的竞争环境、缴纳
    应付的税款或高管薪酬。资料来源：https://www.businessroundtable.
    org/business-roundtable-redefines-the-purpose-of-a-corporation-to-
    promote-an-economy-that-serves-all-americans。

32 "Measuring Stakeholder Capitalism: World's Largest Companies
    Support Developing Core Set of Universal ESG Disclosures,"
    World Economic Forum, January 2020, https://www.weforum.org/
    press/2020/01/measuring-stakeholder-capitalism-world-s-largest-
    companies-support-developing-core-set-of-universal-esg-disclosures/.

33 "A Better World Starts at Home," Klaus Schwab, Project Syndicate,
    December 2019, https://www.project-syndicate.org/onpoint/citizen-
    assemblies-to-end-polarization-by-klaus-schwab-2019-12.

34 同上。

35 同上。

36 "Key Findings about Americans' Declining Trust in Government and Each Other," Pew Research Center, July 2019, https://www.pewresearch.org/fact-tank/2019/07/22/key-findings-about-americans-declining-trust-in-government-and-each-other/.

37 "Digital globalization: The new era of global flows," McKinsey Global Institute, February 2016, and "Globalization in Transition: The future of trade and value chains," McKinsey Global Institute, January 2019.

38 "The impact of digitalisation on trade," OECD, https://www.oecd.org/trade/topics/digital-trade/.

39 "5 things to know about Option V," Universal Postal Union, October 2019, https://www.upu.int/en/Publications/Factsheets-backgrounders/5-things-to-know-about-Option-V.

第九章

1 "Mærsk Hails Growth in Global Trade," *Financial Times*, November 2013, https://www.ft.com/content/35b9748e-4c55-11e3-923d-00144fea bdc0.

2 "Emission Reduction Targets for International Aviation and Shipping," Director General for Internal Studies, European Parliament, November 2015, http://www.europarl.europa.eu/RegData/etudes/STUD/2015/569964/IPOL_STU(2015)569964_EN.pdf.

3 2019 年 8 月，施杰翰接受了彼得·万哈姆的采访。

4 *Trailblazer: The Power of Business as the Greatest Platform for Change*, Marc Benioff, Random House, October 2019, p. 12.

5 *Dreams and Details*, Jim Snabe and Mikael Trolle, Spintype, 2018, p. 128.

6　*Dreams and Details*, Jim Snabe and Mikael Trolle, Spintype, 2018, pp. 128–129.

7　2019 年 8 月，施杰翰接受了彼得·万哈姆的采访。

8　"SAP's Global Revenue from 2001 to 2018," Statista, March 2019, https://www.statista.com/statistics/263838/saps-global-revenue-since-2001/.

9　"SAP Integrated Report: 2020 Targets Met Early," SAP, March 2018, https://news.sap.com/2018/03/sap-integrated-report-2020-targets-met-early/.

10　"The Values Are Constant in a Complex World," Mærsk, June 2019, https://www.Mærsk.com/news/articles/2018/06/29/the-values-are-constant-in-a-complex-world.

11　"Tax Principles," Mærsk, https://www.maersk.com/about/tax-principles.

12　"A New Bar for Responsible Tax," The B Team, https://bteam.org/assets/reports/A-New-Bar-for-Responsible-Tax.pdf.

13　Sustainability Report 2019, Maersk, https://www.maersk.com/about/sustainability/reports.

14　2017: Sale of Mærsk Tankers, 2018: Sale of Mærsk Oil, 2019: Mærsk Drilling listed on the Copenhagen stock exchange, https://www.Mærsk.com/about/our-history/explore-our-history.

15　2019 年 8 月，施杰翰接受了彼得·万哈姆的采访。

16　A.P. Moller – Mærsk, Sustainability Report 2018, February 2019, pp.18–19.

17　"Facebook Strategy Revealed: Move Fast And Break Things!", Henry Blodget, Business Insider, March 2010, https://www.businessinsider.com/henry-blodget-innovation-highlights-2010-2?r=US&IR=T.

18　"Want to Succeed in Life? Ask for Forgiveness, Not Permission", Bill Murphy, Inc. January 2016, https://www.inc.com/bill-murphy-jr/9-words-to-live-by-its-always-better-to-beg-forgiveness-than-askpermission.html.

19 "Competition Is for Losers," Peter Thiel, *Wall Street Journal*, September 2014, https://www.wsj.com/articles/peter-thiel-competition-is-for-losers-1410535536.

20 "Antitrust Procedures in Abuse of Dominance," European Commission, August 2013, https://ec.europa.eu/competition/antitrust/procedures_102_en.html.

21 "If You Want to Know What a US Tech Crackdown May Look Like, Check Out What Europe Did," Elizabeth Schulze, CNBC, June 2019, https://www.cnbc.com/2019/06/07/how-google-facebook-amazon-and-apple-faced-eu-tech-antitrust-rules.html.

22 "Why San Francisco's Homeless Population Keeps Increasing," Associated Press, May 2019, https://www.marketwatch.com/story/the-homeless-population-in-san-francisco-is-skyrocketing-2019-05-17.

23 "A Decade of Homelessness: Thousands in S.F. Remain in Crisis," Heather Knight, *San Francisco Chronicle*, 2014, https://www.sfchronicle.com/archive/item/A-decade-of-homelessness-Thousands-in-S-F-30431.php.

24 *Trailblazer*, Marc Benioff, October 2019, pp. 12–13.

25 "Marc Benioff Says Companies Buy Each Other for the Data, and the Government Isn't Doing Anything about It," April Glaser, Recode., November 2016, https://www.vox.com/2016/11/15/13631938/benioff-salesforce-data-government-federal-trade-commission-ftc-linkedin-microsoft.

26 *Trailblazer*, Marc Benioff, October 2019, pp. 12–13.

27 "You Deserve Privacy Online. Here's How You Could Actually Get It," Tim Cook, *TIME Magazine*, January 2019, https://time.com/collection/davos-2019/5502591/timcook-data-privacy/.

28 "Big Tech Needs More Regulation," Mark Zuckerberg, *Financial Times*, February 2020, https://www.ft.com/content/602ec7ec-4f18-11ea-95a0-4 3d18ec715f5.

29 "Benioff Comes Out Strong for Homeless Initiative, although Salesforce Would Pay Big," Kevin Fagan, *San Francisco Chronicle*, October 2018, https://www.sfchronicle.com/bayarea/article/Benioff-comes-out-strong-for-homeless-initiative-13291392.php.

30 "The Social Responsibility of Business," Marc Benioff, *The New York Times*, October 2018, https://www.nytimes.com/2018/10/24/opinion/business-social-responsibility-proposition-c.html.

31 "We can now measure the progress of stakeholder capitalism. Here's how," Brian T. Moynihan, World Economic Forum, October 2020, https://www.weforum.org/agenda/2020/10/measure-progress-stakeh older-capitalism-brian-moynihan/.

32 Measuring Stakeholder Capitalism, White Paper, World Economic Forum, September 2020, http://www3.weforum.org/docs/WEF_IBC_ Measuring_Stakeholder_Capitalism_Report_2020.pdf.

33 "BlackRock's Message: Contribute to Society, or Risk Losing Our Support," Andrew Ross Sorkin, *New York Times*, January 2018, https:// www.nytimes.com/2018/01/15/business/dealbook/blackrock-laurence-fink-letter.html.

34 同上。

35 有些人认为企业具有追逐短期利润的法律义务，因为它们对股东有"信义义务"。对于这些人，芬克的公开信的确起到了先发制人的作用。这位大股东称要以长远的眼光看待信义义务，而不是以季度营收为基础。

36 "The Battle over Green Investment Is Hotting Up," Gillian Tett, *Financial Times*, December 2019, https://www.ft.com/content/bacefd8

366利益相关者

0-175e-11ea-9ee4-11f260415385.

37　"BlackRock Seeks to Regain Lost Ground in Climate Fight," Attracta Mooney and OwenWalker, *Financial Times*, January 2020, https://www.ft.com/content/36282d86-36e4-11eaa6d3-9a26f8c3cba4.

38　"BlackRock Accused of Climate Change Hypocrisy," Attracta Mooney, *Financial Times*, May 2020, https://www.ft.com/content/0e489444-2783-4f6e-a006-aa8126d2ff46.

39　"BlackRock Punishes 53 Companies over Climate Inaction," Attracta Mooney, *Financial Times*, July 2020, https://www.ft.com/content/8809 032d-47a1-47c3-ae88-ef3c182134c0.

40　2019 年 11 月，拉里·芬克接受了彼得·万哈姆的采访。

41　有关安然公司的兴衰过程，参见："Enron scandal", Peter Bondarenko, Encyclopedia Brittanica, February 2016, https://www.britannica.com/event/Enron-scandal。

42　"See what happened to key players in Enron scandal", The Houston Chronicle, August 2018, https://www.houstonchronicle.com/business/article/Jeffrey-Skillings-release-to-halfway-house-13196786.php.

43　"Enron Opens Up Bidding On 12 of Its Major Assets," Kathryn Kranhold, *The Wall Street Journal*, August 2002, https://www.wsj.com/articles/SB1030487405721514155.

44　"A Natural Gas Transportation Leader", Northern Natural Gas, Berkshire Hathaway Energy, https://www.brkenergy.com/our-businesses/northern-natural-gas.

第十章

1　"Why New Zealand Decided to Go for Full Elimination of the Coronavirus," Alice Klein, *New Scientist*, June 2020, https://www.newscientist.

com/article/2246858-why-new-zealand-decided-to-go-for-full-elimina-tion-of-the-coronavirus/#ixzz6T1rYuK5U.

2 "New Zealand Isn't Just Flattening the Curve. It's Squashing It," Anna Fifield, *The Washington Post*, April 2020, https://www.washingtonpost. com/world/asia_pacific/new-zealand-isnt-just-flattening-the-curve-its-squashing-it/2020/04/07/6cab3a4a-7822-11ea-a311-ad-b1344719a9_ story.html.

3 "Why New Zealand Decided to Go for Full Elimination of the Coronavirus," Alice Klein, *New Scientist*, June 2020, https://www. newscientist.com/article/2246858-why-new-zealand-decided-to-go-for-full-elimination-of-the-coronavirus/#ixzz6T1rYuK5U.

4 PM Jacinda Ardern's full lockdown speech, Newsroom, March 2020, https://www.newsroom.co.nz/2020/03/23/1096999/pm-jacinda-arderns-full-lockdown-speech.

5 "The World's Youngest Female Leader Takes Over in New Zealand," *The Economist*, October 2017, https://www.economist.com/asia/2017/10/ 26/the-worlds-youngest-female-leader-takes-over-in-new-zealand.

6 "New Zealand Isn't Just Flattening the Curve. It's Squashing It," Anna Fifield, *The Washington Post*, April 2020, https://www.washingtonpost. com/world/asia_paci c/new-zealand-isnt-just-flattening-the-curve-its-squashing-it/2020/04/07/6cab3a4a-7822-11ea-a311-adb1344719a9_story. html.

7 "Coronavirus: New Zealand Records Biggest GDP Quarterly Fall in 29 years-Top Kiwi Economist," Newshub, July 2020, https://www.newshub. co.nz/home/money/2020/07/coronavirus-new-zealand-records-biggest-gdp-quarterly-fall-in-29-years-top-kiwi-economist.html.

8 "World Economic Outlook," International Monetary Fund, October 2020, Chapter 1, p. 56, https://www.imf.org/en/Publications/WEO/Issues/2020/

利益相关者

09/30/world-economic-outlook-october-2020.

9 "New Zealand Beat Covid-19 by Trusting Leaders and Following Advice— Study," Eleanor Ainge Roy, *The Guardian*, July 2020, https://www.theguardian.com/world/2020/jul/24/new-zealand-beat-covid-19-by-trusting-leaders-and-following-advice-study.

10 同上。

11 "New Zealand Beat the Virus Once. Can It Do It Again?" *The New York Times*, August 2020, https://www.nytimes.com/2020/08/13/world/asia/new-zealand-coronavirus-lockdown-elimination.html.

12 "Leading the Fight Against the Pandemic: Does Gender 'Really' Matter?" Supriya Garikipati (University of Liverpool), Uma Kambhampati (University of Reading), June 2020, https://papers.ssrn.com/sol3/papers.cfm?abstract_id=3617953.

13 "Do Countries with Female Leaders Truly Fare Better with Covid-19?" Alexandra Ossola, Quartz, July 2020, https://qz.com/1877836/do-countries-with-female-leaders-truly-fare-better-with-covid-19/.

14 同上。

15 世界卫生组织称其为"全政府"或"全社会"策略。参见：https://www.who.int/global-coordination-mechanism/dialogues/glossary-whole-of-govt-multisectoral.pdf.

16 Biography Bai Chong-En, Tsinghua University, People's Republic of China, http://crm.sem.tsinghua.edu.cn/psc/CRMPRD/EMPLOYEE/CRM/s/WEBLIB_SPE_ISCT. TZ_SETSPE_ISCRIPT.FieldFormula. IScript_SpecialPages?TZ_SPE_ID=251.

17 2019年9月，白重恩接受了彼得·万哈姆的采访。

18 "Redlining," Encyclopedia Britannica, https://www.britannica.com/topic/redlining.

19 "Key Facts about the Uninsured Population," Kaiser Family Foundation,

December 2019, https://www.kff.org/uninsured/issue-brief/key-facts-about-the-uninsured-population/.

20 "53% of Americans Say the Internet Has Been Essential During the COVID-19 Outbreak," Pew Research Center, April 2020, https://www.pewresearch.org/internet/2020/04/30/53-of-americans-say-the-internet-has-been-essential-during-the-covid-19-outbreak/.

21 "59% of US Parents with Lower Incomes Say Their Child May Face Digital Obstacles in Schoolwork," Pew Research Center, September 2020, https://www.pewresearch.org/fact-tank/2020/09/10/59-of-u-s-parents-with-lower-incomes-say-their-child-may-face-digital-obstacles-in-schoolwork/.

22 "Is a Successful Contact Tracing App Possible? These Countries Think So," *MIT Technology Review*, August 2020, https://www.technologyreview.com/2020/08/10/1006174/covid-contract-tracing-app-germany-ireland-success/.

23 "Why Singapore Has One of the Highest Home Ownership Rates," Adam Majendie, Bloomberg City Lab, July 2020, https://www.bloomberg.com/news/articles/2020-07-08/behind-the-design-of-singapore-s-low-cost-housing.

24 "HDB's Ethnic Integration Policy: Why It Still Matters," Singapore Government, April 2020, https://www.gov.sg/article/hdbs-ethnic-integration-policy-why-it-still-matters.

25 同上。

26 "Why Singapore Has One of the Highest Home Ownership Rates," Adam Majendie, Bloomberg City Lab, July 2020, https://www.bloomberg.com/news/articles/2020-07-08/behind-the-design-of-singapore-s-low-cost-housing.

27 "Singapore Remains the 2nd Most Expensive Housing Market in

利益相关者

the World after Hong Kong," CBRE, April 2019, https://www.cbre.
com/singapore/about/media-centre/singapore-remains-the-2nd-most-
expensive-housing-market-in-the-world-after-hong-kong.

28　"What Other Countries Can Learn from Singapore's Schools," *The
Economist*, August 2018, https://www.economist.com/leaders/2018/08/
30/what-other-countries-can-learn-from-singapores-schools.

29　"What Other Countries Can Learn from Singapore's Schools," *The
Economist*, August 2018, https://www.economist.com/leaders/
2018/08/30/what-other-countries-can-learn-from-singapores-schools.

30　"Education System Designed to Bring Out Best in Every Student: PM,"
The Straits Times, January 2020, https://www.straitstimes.com/singap
ore/education-system-designed-to-bring-out-best-in-every-student-pm.

31　"The Healthiest Countries to Live In," BBC, April 2020, http://www.
bbc.com/travel/story/20200419-coronavirus-five-countries-with-the-
best-healthcare-systems. 列格坦全球繁荣指数"衡量的是每个国家人
民的健康程度和获得为维持健康所需服务的程度，具体包括健康成
果、健康系统、疾病和风险因素，以及死亡率"。

32　"What Can the US Health System Learn From Singapore?" Aaron E.
Carroll, *The New York Times*, April 2019, https://www.nytimes.
com/2019/04/22/upshot/singapore-healthsystem-lessons.html.

33　"Is Singapore's 'Miracle' Health Care System the Answer for America?"
Ezra Klein, Vox, April 2017, https://www.vox.com/policy-and-politics/
2017/4/25/15356118/singapore-health-care-system-explained.

34　"What Can the US Health System Learn From Singapore?" Aaron E.
Carroll, *The New York Times*, April 2019, https://www.nytimes.com/
2019/04/22/upshot/singapore-health-system-lessons.html.

35　"Smart Nation: The Way Forward," Government of Singapore,
November 2018, https:// www.smartnation.gov.sg/docs/default-source/

default-document-library/smart-nation-strategy_nov2018.pdf?sfvrsn=
3f5c2af8_2.

36 "Transforming Singapore Through Technology," Smart Nation Singa-
pore, accessed October 2020, https://www.smartnation.gov.sg/why-
Smart-Nation/transforming-singapore.

37 "Surge in Covid Cases Shows Up Singapore's Blind Spots over Migrant
Workers," Stefania Palma, *Financial Times*, June 2020, https://www.
ft.com/content/0fdb770a-a57a-11ea-92e2- cbd9b7e28ee6.

38 "Singapore's 'democratic dawn'? Parties Adapt to New Landscape,"
Nikkei Asian Review, July 2020, https://asia.nikkei.com/Spotlight/Asia-
Insight/Singapore-s-democratic-dawn-Parties-adapt-to-new-landscape.

39 对于 GDP 的弊端我们并不难理解。当人们生产和消费石油或煤炭
时，GDP 就会上升。但当人们出行不再使用汽车，而改为使用自
行车或公共交通时（假设汽车更加昂贵），GDP 就会下降。当银行
取得财务利润时，GDP 也会上升。但当能够为我们的生活带来便
利的数字创新被引入时，GDP 丝毫不见提升。

40 "The Treasury's Living Standards Framework," New Zealand Govern-
ment, December 2019, https://treasury.govt.nz/sites/default/ les/2019-12/
lsf-dashboard-update-dec19.pdf.

41 "New Zealand's Ardern Wins 2nd Term in Election Landslide,"
Associated Press, October 2020, https://apnews.com/article/virus-
outbreak-new-zealand-mosque-attacks-auckland-elections-new-zealand-
b1ab788954f23f948d8b6c3258c02634.

42 "Uber and Lyft Drivers Guild Wins Historic Pay Rules," Independent
Drivers Guild, December 2018, https://drivingguild.org/uber-and-lyft-
drivers-guild-wins-historic-pay-rules/.

43 "I'm a New York City Uber Driver. The Pandemic Shows That My
Industry Needs Fundamental Change or Drivers Will Never Recover,"

　　　　　　　　　　　　　　　　　　利益相关者

Aziz Bah, Business Insider, July 2020, https://www.businessinsider. com/uber-lyft-drivers-covid-19-pandemic-virus-economy-right-bargain-2020-7?r=US&IR=T.

44　Humanity Forward, https://movehumanityforward.com/.

45　Data as a Property Right, Humanity Forward, https://movehumanityfor ward.com/data-property-right.

46　"Andrew Yang Is Pushing BigTech to Pay Users for Data," The Verge, June 2020, https:// www.theverge.com/2020/6/22/21298919/andrew-yang-big-tech-data-dividend-project-facebook-google-ubi.

47　"A Modern Union for the Modern Economy," Jeffrey M. Hirsch and Joseph A. Seiner, *Fordham Law Review*,Volume 86, Issue 4, 2018, https://ir.lawnet.fordham.edu/cgi/viewcontent.cgi?article=5483& context=frr.

48　"Sixth Annual 'Freelancing in America' Study Finds That More People Than Ever See Freelancing as a Long-Term Career Path," Upwork, October 2019, https://www.upwork.com/press/2019/10/03/freelancing-in-america-2019/.

49　"The New Balkan Dream Is a $2,000 Per Month Telecommute," Sandra Maksimovic, Deutsche Welle, August 2018, https://www.dw.com/en/the-new-balkan-dream-is-a-2000-per-month-telecommute/a-45258826.

50　"About Us, Gig Workers Rising," https://gigworkersrising.org/get-informed.

51　"Court Orders Uber, Lyft to Reclassify Drivers as Employees in Cali-fornia," Sara Ashley O'Brien, CNN, August 2020, https://edition.cnn. com/2020/08/10/tech/uber-lyft-california-preliminary-injunction/index. html.

52　同上。

53　"Human Capital: The gig economy in a post-Prop 22 world," Megan

Rose Dickey, TechCrunch, November 2020, https://techcrunch. com/2020/11/07/human-capital-the-gig-economy-in-a-post-prop-22- world/.

54 "The Government's Good Work Plan Leaves the Gig Economy Behind," Sanjana Varghese, *Wired Magazine UK*, December 2018, https://www. wired.co.uk/article/good-work-plan-uk-gig-economy.

55 "This New Program Aims to Train the Growing Freelance Workforce," Yuki Noguchi, NPR, January 2019, https://www.npr.org/2019/01/04/ 681807327/this-new-program-aims-to-train-the-growing-freelance- workforce?t=1597649731065.

56 "The Freelance Isn't Free Law," Freelancers Union, https://www.freelan cersunion.org/get-involved/freelance-isnt-free/.

57 "A Union of One," Ari Paul, *Jacobin Magazine*, October 2014.

58 "Gig Economy: EU Law to Improve Workers' Rights," European Parlia- ment, April 2019, https://www.europarl.europa.eu/news/en/headlines/ society/20190404STO35070/gig-economy-eu-law-to-improve-workers- rights-infographic.

59 同上。

60 "Gig Economy Protections: Did the EU Get It Right?" Knowledge at Wharton, May 2019, https://knowledge.wharton.upenn.edu/article/eu- gig-economy-law/.

61 "Want More Diversity? Some Experts Say Reward C.E.O.s for It," Peter Eavis, *The New York Times*, July 2020, https://www.nytimes.com/2020/ 07/14/business/economy/corporate-diversity-pay-compensation.html.

62 "Starbucks Ties Executive Pay to 2025 Diversity Targets," Heather Haddon, *The Wall Street Journal*, October 2020, https://www.wsj.com/articles/ starbucks-ties-executive-pay-to-2025-diversity-targets-11602680401.

63 "Black Lives Matter—for Pakistan's Sheedi Community Too," Zahra

Bhaiwala, Neekta Hamidi, Sikander Bizenjo, World Economic Forum Agenda, August 2020, https://www.weforum.org/agenda/2020/08/black-lives-matter-for-pakistans-sheedi-community-too/.

64 Global Shapers Community,World Economic Forum, https://www. globalshapers.org/.

65 "Meet the First African-Pakistani Lawmaker," The Diplomat, September 2018, https:// thediplomat.com/2018/09/meet-the-first-african-pakistani-lawmaker/.

66 "Black Lives Matter—for Pakistan's Sheedi Community Too," Zahra Bhaiwala, Neekta Hamidi, Sikander Bizenjo, World Economic Forum Agenda, August 2020, https://www. weforum.org/agenda/2020/08/black-lives-matter-for-pakistans-sheedi-community-too/.

结语

1 "US, Germany and UK could start Covid vaccinations as early as December", Helen Sullivan, *The Guardian*, November 2020, https:// www.theguardian.com/world/2020/nov/23/us-germany-and-uk-could-start-covid-vaccinations-as-early-as-december.

2 "World Economic Forum Aims to Make ESG Reporting Mainstream," Amanda Iacone, Bloomberg Tax, September 2020, https://news.bloomber-gtax.com/financial-accounting/world-economic-forum-aims-to-make-esg-reporting-mainstream.